日常生活と人間の風景

社会学的人間学的アプローチ

山岸　健

シチリア島、アグリジェント、神殿の谷、ヘラクレスの神殿

パリ、セーヌ左岸、リュクサンブール公園

三和書籍

汝自身を知れ――デルポイの神殿の銘

われ思う、ゆえにわれあり――デカルト

私は私と私の環境である――オルテガ・イ・ガセー

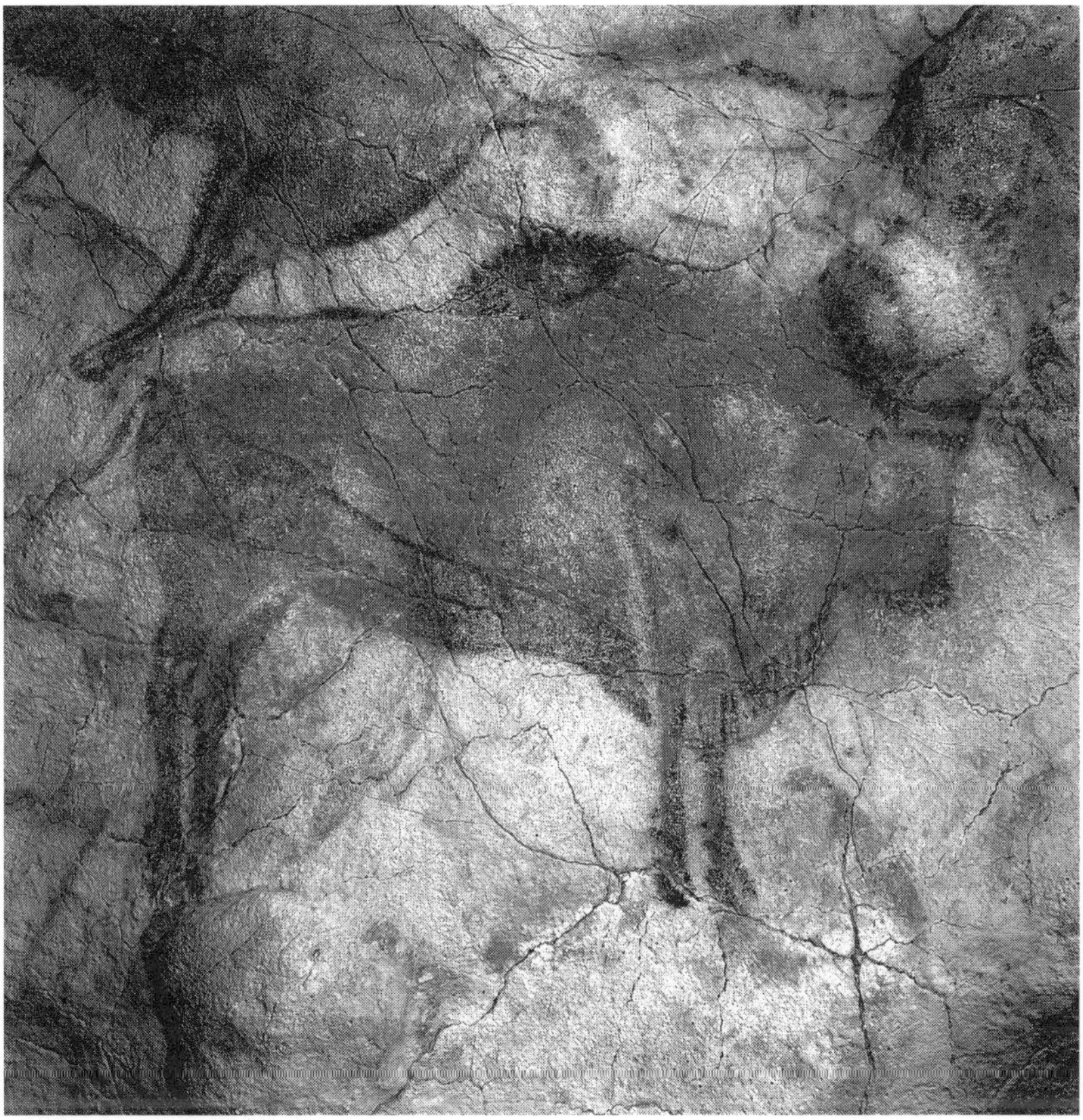

アルタミラの洞窟壁画

ピーテル・デ・ホーホ「デルフトの住居の中庭」1658 年
油彩、カンバス、73.5×60 cm、
ロンドン、ナショナル・ギャラリー

ミレー「二人の耕作者」1855 − 56 年

ミレー「歩き初め」1858 − 59 年

ミレー「野良仕事に出かける夫婦」1863 年

エーデルフェルト「リュクサンブール公園」1887年

パリ、セーヌ左岸、ソルボンヌ広場　1998年4月1日

同上、オーギュスト・コントの像が見える

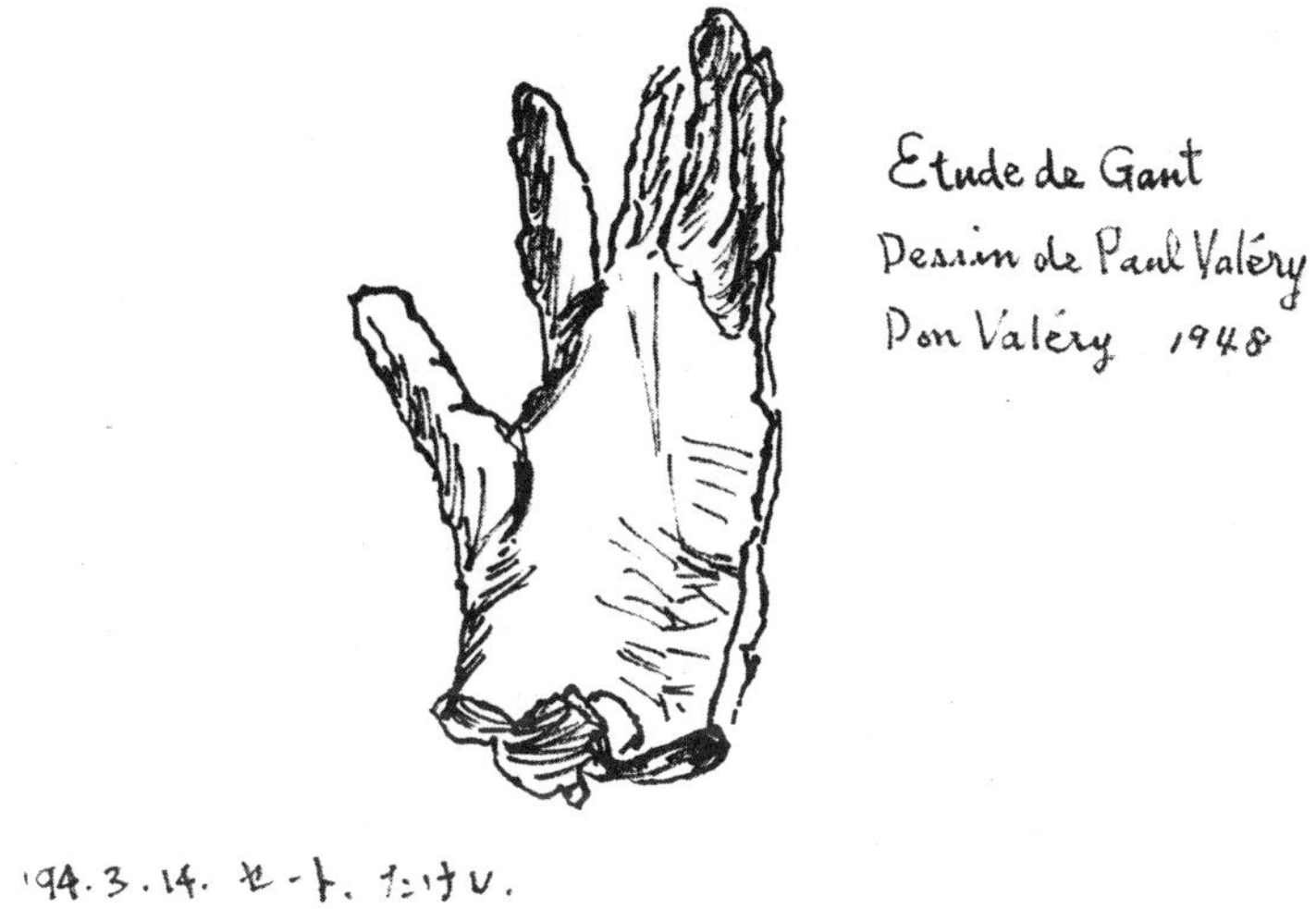

フランス、ヴァレリーの生まれ故郷、セートの美術館にあるヴァレリーの記念室でのスケッチ
手袋、ヴァレリーの素描

上越新幹線の車窓からのスケッチ、八海山
長岡に向かう時、右手にこの山が見える

塩原、小太郎淵　2002 年 8 月 6 日

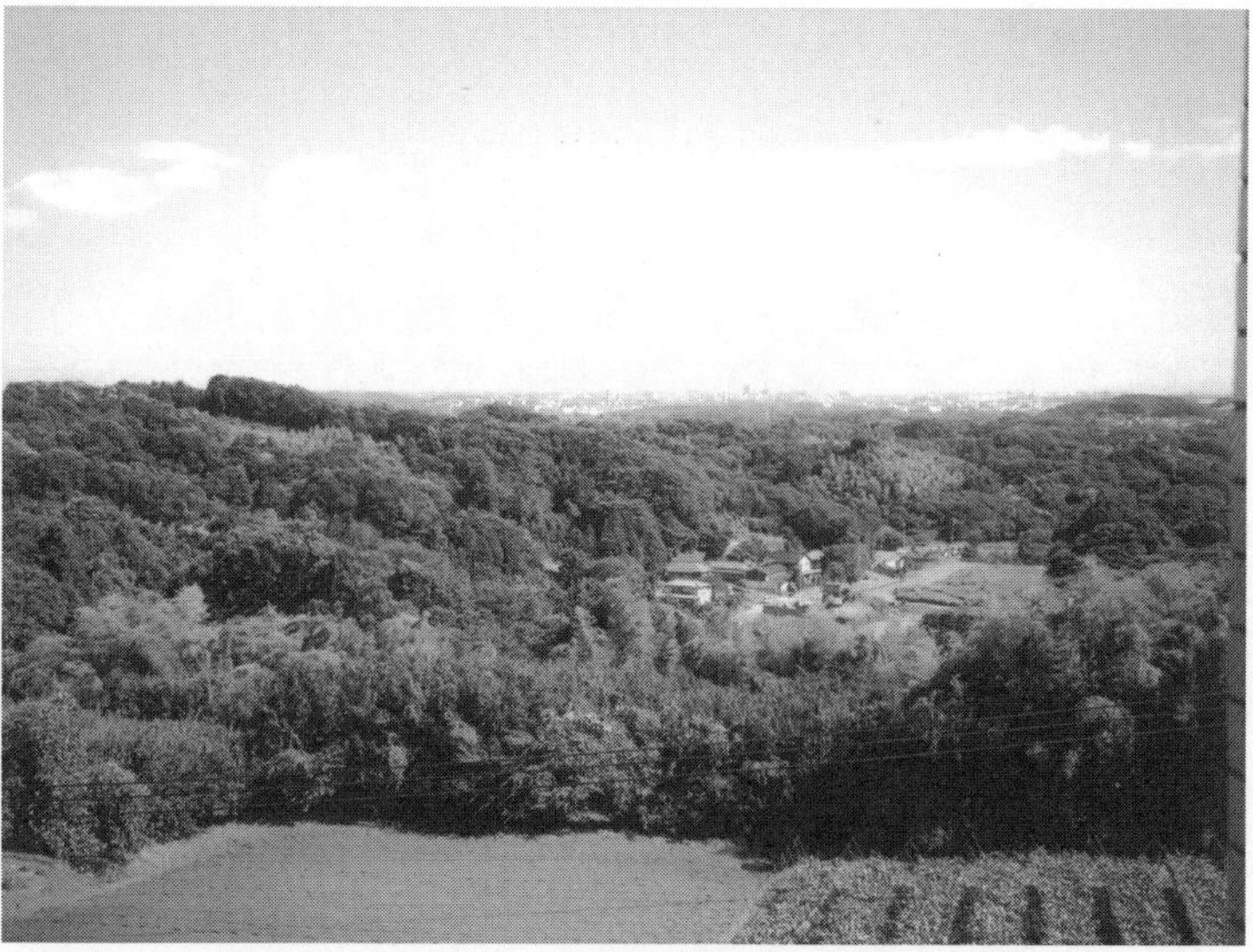

大妻学院多摩校、人間関係学部の研究室の窓から、多摩丘陵と谷戸の風景
多摩のアクロポリスからの眺めである　2002 年 8 月 9 日

日常生活と人間の風景　＊目次＊

口絵
プロローグ
I 谷戸の風景 21
II 晴れの日 39
III 人間について 51
IV 人間と生活と 71
V 日常生活の場面 133

Ⅵ　トポスの様相　177
Ⅶ　旅をめぐって　213
Ⅷ　パリ――スペクタクルとパースペクティヴ　287
Ⅸ　道と人間、人間の生活　337
Ⅹ　自然と人間と人間の生活と　355
Ⅺ　絵画と人間　385
エピローグ
項目一覧

プロローグ

「いつの時代にもくりかえし言われてきたことだが、」とゲーテはつづけた。「自分自身を知るように努めよ、とね。しかしこれは考えてみると、おかしな要求だな、今までだれもこの要求を満足に果せたものなどいないし、もともと、誰にも果せるはずはない。人間というものは、どんなことを志しても、どんなものを得ようとしても、外界、つまり自分をとりまく世界に頼るものだ。そしてなすべきことといえば、自分の目的に必要な限り、外界を知り、それを自分に役立たせることだ。自分自身を知るのは、楽しんでいるときか、悩んでいるときだ。また、悩みと喜びを通してのみ、自分が何を求め何を避けねばならぬかを教えられる。だが、それにしても人間というものは、不可解な存在であって、自分がどこから来てどこへ行くのかもわからず、世の中のこともろくろくわかっていないし、ましてや自分自身のことになると何よりもわからないのだ。私もやはり自分を知らないし、また知ることなど真平御免だね。」

——ゲーテ

エッカーマン、山下　肇訳『ゲーテとの対話』(中)、ワイド版岩波文庫、一二一ページ—一二三ページ、一八二九年四月一〇日　金曜日、

しかし結局のところ、私たち人間は、世界というこの大きな運命の絵画の前では、多かれ少なかれあの半可通な男と同じような役割を演じているものなのだ。明るい部分や気分のよいものには心を惹かれ、暗く、不快な個所には背をむけてしまい、全体は私たちを迷わせることになる。そして私たちは、そういう矛盾を転嫁できる唯一絶対の理念をむなしく探し求めているのである。

エッカーマン、山下　肇訳『ゲーテとの対話』(中)、ワイド版岩波文庫、二五八ページ、一八三一年二月二八日　月曜日

本当の実在界は我々が中にいる世界でなくてはならぬ。自分を包んでいる世界でなくてはならぬ。自分がその中にいる世界とは自分の知識の対象界ではなく、自分がその世界に生れ、働き、死んで行くものでなくてはならぬ。

哲学とか色々な学問とか宗教とか芸術とかいうものでも、日常経験から出立して要するにまた其處へ帰ってくるものに外ならない。

この日常経験というものがどういうものであるかというと、それはつまり我々が働く世界のことである。実際我々の生きている世界は我々が働いている世界である。ところが働くということはどういうことであるかというと、働くとは物を作ることである。つまりそういう我々の日常経験の世界は歴史の世界であると言っていい。（中略）我々の最も平凡な日常の生活が何であるかを最も深く掴むことに依って最も深い哲学が生れるのである。

それで今言ったように、我々の日常生活は我々が其處に働いている世界である。

——西田幾多郎

『西田幾多郎全集　第十四巻』岩波書店、一七七ページ、信濃哲学会のための講演、三　行為の世界（昭和九年一月五日より七日に至る三日間京都府教育会館に於て信濃哲学会員のための講演）——二六七ページ——二六八ページ、五　歴史的身体（昭和一二年九月二五、六の両日長野市女子専門学校講堂に於て信濃哲学会員のための講演）旧かなづかいを新かなづかいに改める二〇〇二年八月、酷暑の夏である。それでもどことなく秋の気配が感じられる。八月中旬を迎えたが、きびしい暑さがつづく。涼風がほしい。

春夏秋冬、私たちの暮らしは、微妙に移り変わる四季とともにある。時は過ぎゆく。私たちにとって人生の日々ほど大切な舞台と場面はないだろう。人びとがそこで生きている人間的世界、日常的世界に注目しつづけていきたいと思う。つぎつぎにさまざまな出来事が生じるところで、人びとのなかで、人びととともに私たちは生きているのである。社会的世界の様相が、私たちによって日々、体験されてきたのである。人間と人間との触れ合い、交わり、人間関係、さまざまな出会いと別れ——日常生活の舞台は、ほとんどいつも社会的な様相を見せているといえるだろう。生きている人びとのなかで私たちは、人生の日々を生きているだけではない。すでに世を去ってしまった人びとのかたわらで誰もが生きているのである。西田幾多郎の表現を用いるならば、歴史的社会的世界で日常生活が営まれているのである。西田は歴史的空間を究極のトポスと呼ぶ。このような歴史的空間は、西田においては、まさに歴史的社会的世界として、また、日常的世界、人格的世界、表現的世界、創造的世界として理解されるのである。彼の〈まなざし〉は、いつも生死に注がれている。プラクシスとポイエシス、それらのいずれもが彼のパースペクティヴとなっている。ギリシア語、プラクシスには行為・実践という意味がある。制作・創造——ポイエシスである。西田は、ポイエシスを働くことととして理解している。彼が見るところでは、社会とはポイエシスの様式なのである。

トポス——このギリシア語については、西田幾多郎は、特に詳細な考察を試みていないが、トポスという言葉には、場所、位置、村や町、部屋、坐席、さらに職業、余地、機会、また、人間が最後にいくべきところ、など多様な意味がある。トポスという言葉は、空間そのものではなく、いわば限定された空間、なんらかの意味や価値が与えられた空間を意味しているのであり、人間の居場所、身の置きどころが、トポスとして理解されるのである。集落も、墓や墓地もトポスなのだ。

この世に姿を見せた人間は、誰であろうと、さまざまなトポスにおいて、人びとのなかで、個人ではあるものの、人間として、人格として、唯一のこの私自身として、人生の日々を生きつづけているのである。

なんとさまざまな人びとのかたわらに身を寄せながら、私たちは生きていることだろう。メンバーシップ、リレーションシップ、フレンドシップ……語尾にシップという言葉が附いているいろいろな言葉に注目したいと思う。人生というとき、水の流れ、河川や海がイメージされる。

水の流れにおいてイメージされるのは、いうまでもなく生成である。流れに姿を見せている岩石がある。岩石をかむようにして流れる水がある。生をたえまなしの先への流れ、溢流、過去と未来として理解した人物がいる。ジンメルだ。彼は生成と存在において、生成と存在のからみ合いにおいて、生を理解したのである。ジンメルは、人間を限界なき限界的存在と呼んでいる。ジンメルが見るところでは、社会は出来事、また、表象として理解されるのであり、人間によって紡ぎ出された糸によって社会と呼ばれる織物は、かたちづくられているのである。人間は微細な糸の紡ぎ手として、日常生活の舞台に姿を見せているといえるだろう。心的相互作用、これはジンメルの言葉だが、彼は、微細な糸をイメージしている。

ところで織物という言葉を用いながら、絵画を理解した人物がいる。絵を描くということは、ゴッホにおいては、一筆、一筆の色彩とタッチによって、織物を織り上げていくことだったのだ。絵画の制作においては、描き手は、まさに紡ぎ手にひとしいのである。

オランダの画家、ゴッホの生活史に姿を見せるさまざまな国や土地、地方、トポスがある。さまざまな太陽や風景がある。彼が描いたいろいろな人びとがいる。ゴッホの画面に描かれた人びとの生活がある。ゴッホのよりどころ、居場所、トポスとなっていた画家がいる。ミレーその人である。ミレーのさまざまな作品においてクローズ・アップされてくるのは、人間と人間関係、人間の生活と労働、自然の大地と人間の大地である。農民の日常生活と大地の人間に注がれたミレーの〈まなざし〉、彼の生活感覚と生活感情、ミレーの自然描写、人間描写、人びとがそこで生きている日常的世界の表現、自然と人間の表現に注目したい。社会学の原風景、社会学と人間学の立脚点とトポスが、ミレーの絵に見られるからである。ミレーは、みごとなまでに生活の画家である。ミレーの目に映った風景がある。

風景——いうまでもなく大地の眺め、姿である。人間の風景、それは、人間の大地の眺め、光景なのである。人間も、人間の生活も、大地において、さまざまなトポスにおいて、考察される。理解される。手つかずの大地があるが、人びとの手が入っている、耕された、意味づけられた、大地がある。大地に根ざした人間の生活と労働がある。大地に築かれた、姿を見せた家・住居や集落がある。大地に位置づけられた人間の居場所がある。トポス、トポス、また、トポスなのだ。

トポスとならんで注目しないわけにはいかない、もうひとつの言葉がある。それは道という言葉だ。人びとがそこで生きている世界、人びとの生活、人間、人間関係……これらのいずれの理解にあたっても、トポスと道のいずれもが、視点とパースペクティヴとして注目されるのである。

人生行路、それははるかな道のりである。人生と呼ばれる旅ほど波乱に富んだ、まことに劇的な、また、数々の不安をはらんだ、見とおしがたい、だが、魅力的な旅はないだろう。平坦な道とはとうていいえないだろう。起伏がある一筋縄ではいかない道なのである。なかば見え隠れしているような道といってもよいだろう。人生と呼ばれる旅ほど変化に富んだスケールが大きな旅はない。誰もが人生を旅する旅びととして日常生活の舞台に姿を現しているのである。このような旅の場面、場面に姿を見せる人びとがいる。また、このような場面で体験される大地やトポスや道がある。風景がある。また、いろいろなスタイルとスケールの旅がある。

人びとが、私たちが、そこで生きている日常的世界、人間的世界、社会的世界につぎつぎに姿を見せるのは、人びと、人間ばかりではない。このような世界には、さまざまな道具が、作品が、風景が、また、ときとところに応じては、いろいろなオブジェやイマージュなどが、姿を現すのである。プラクシスとポイエシスの舞台と場面は、道具によって、作品によって、風景などによって、もちろん人びとによって、他者によって、人間によって、意味づけられているのである。方向づけられているのだ。

道ゆく人びと、旅する人びとの目に触れる道しるべや案内板、さまざまな地図がある。地図づくりは、いたるところでおこなわれているのである。マップとマッピングは、ひとつになっているといえるだろう。印づけること、方向づけること、意味づけること、秩序づけること、コスモスの構築、これらは、たがいに深く結びついているのである。フランス語 sens サンス、この言葉に注目しないわけにはいかない。このフランス語のふたつの意味群、そのひとつは、感覚・意味、もうひとつは、方向——まさに意味／方向である。意味づけることは、方向づけることなのだ。

人生に意味を——サン＝テグジュペリの言葉だ。Un sens à la vie世界と人間、たがいに切り離すことができない言葉だ。ここでいう世界とは、人間の生活と生存の舞台と領域をさす。

誰もが世界に生まれて、そこで人生の一日、一日を旅するのであり、人びとのなかで、人びととともに、さまざまなトポスや道を、道具や作品を、また、風景を、旅を、体験しながら、人生を生きるのである。西田幾多郎は、そこ（世界）に生まれて、そこで働き、そこに死ぬる、と表現している。

日常生活の場面は、全面的にプラクシスそのものといえるだろうが、人びととの出会いと触れ合い、交わり、さまざまな人間関係などが体験されるばかりではなく、社会的現実とならんで、まことに多様な現実が、つぎつぎに私たちによって体験されているのである。人びとがそこで生きている世界は、いずこにおいても、多元的現実として理解されるのである。

たとえば、一点の絵画作品や文学作品などを体験しながら、ふたつとない世界を体験する状態で、人間は生きるのである。生存という言葉を用いたいシーンだ。

人びとは、誰もが底知れない深さで世界を体験しているのではないだろうか。人生の舞台と場面には世界の深渕が姿を覗かせているように思われる。

ここからそこへ、それが体験・経験という言葉の意味である。日常性からの離脱、冒険、リスク、世界を見ること、感じること、もちろん世界に耳を傾けること、漂い流れてくる匂いに身を委ねること、さまざまな対象・客体に手で触れること……体験という言葉にはこのようなことが含まれているといえるだろう。世界を体験しながら、自分自身が体験されるのだ。他者との出会いと触れ合いにおいて、言語体験や道具体験や作品体験において、風景を体験しながら、世界が体験されるのである。人生の旅びとの一人として、できるだけ深く広く、世界を、さまざまな現実を、多様な意味領域を体験したいと思う。

世界を旅すること、それが体験なのである。旅という言葉と体験という言葉は、ひとつに結ばれているのである。ヨーロッパと日本とでは気候風土が異なり、太陽の光や吹く風、習俗、風俗、暮らし方、日常生活の姿、風景、集落、町なみ、広い意味で文化も自然も人びとの生活も異なる。

ところでミレーといえばバルビゾン派であり、バルビゾンの集落とそこでの生活である。また、バルビゾンの大地であり、当然、フォンテーヌブローの森である。

数年前のことになるが、春のある日、三月の末だったと思うが、私たち家族三人は、パリから列車でバルビゾンの地を訪れて、ミレーやテオドール・ルソーなどバルビゾン派の画家ゆかりのトポスをめぐり歩くことができた。忘れがたい旅だ。ミレーの家では、ミレーの生活と画業をありありと偲ぶことができたし、ルソーゆかりのトポスでも往時の画家たちの生活と活動をうかがうことができ、バルビゾン派を身近なところで理解することができた。パリからの幸いな小旅行だった。集落のはずれにあるレストランで昼食をすませてから、フォンテーヌブローの森を訪れたが、枝と梢と幹が交差しながら林立している明るい森が体験されたのである。森の入口附近にミレーとルソーを顕彰する記念碑、大きな石が飾られていた。私たちは、森の入口附近を散策するにとどまったが、それでも、まちがいなくフォンテーヌブローの森を身体で、全身で、五感で、感じ取ることができた。真夏ともなれば、フォンテーヌブローの森は、いたるところで暗がりが体験される、なかば混沌としたトポスとなってしまうだろう。いま、この森では、どのような光が、暗がりが、どのような雰囲気が、体験されるのだろう。どのような風が吹き渡っているのか。

森を目に見えない自然、可能な行為の総和と呼んだ人物がいる。オルテガ・イ・ガセーだ。彼のつぎのような言葉は、つねに私自身の視点とパースペクティヴとなっている。――私は私と私の環境である。オルテガがいう環境とは、身のまわりの風景をさす。生がオルテガのパースペクティヴとなっているが、彼は風景との対話的な生に注目したのである。オルテガは、あるところで、視点はパノラマをつくり出す、という言葉を残している。

ミレーにおいては、明らかに大地と人間と人間の生活、人間関係である。西田幾多郎がいうポイエシス、労働である。労働は、人間の生活、共同生活の一局面であり、ポイエシスとプラクシスとがたがいに結ばれることもある。日常生活と人間の風景が、まことに生き生きとクローズ・アップされてくるところに、ミレーの本領と画風が見られるのである。私たちは、ミレーにおいて、日常的世界を、自然と人間と生活によって意味づけられたトポスをありありと理解することができる。

私もミレーと同じように自然が好きだ、と日記に記した西田幾多郎の〈まなざし〉は、大地と人間、人間の風景に注がれている。西田の文章にまるでミレーがイメージされるような言葉がある（『西田幾多郎全集　第十二巻』九九ページ、続思索と体験、五　教育学について）。

時は過去から考へられるのでなく、現在から過去未来といふものが考へられるのである。我々は行為するものとして、この現実の底にいつも永遠なるものに触れるのである、時を越え包むものに撞着するのである。（中略）働く人はいつも現在の一角から世界を見るのである。働く人の足は地に着いて居なければならぬ、働く人はこの現実の大地に立ってゐなければならない。働く人はそこから世界を見るのである。

ミレーの絵が姿を見せるシーンだといってもよいだろう。西田が用いた注目さるべき言葉がある。歴史的現在、という言葉がそれである。歴史的現在は、世界、いわば、歴史的社会的世界と同義と解される言葉だが、彼は、ある文脈とトポス（本の特定の箇所をトポスと呼ぶ場合がある）においては、歴史的現在という言葉を用いている。西田が見るところでは、日常生活は、世界として理解されるのである。

デカルトの言葉、「われ思う、ゆえにわれあり」cogito, ergo sum をつぎのように言い直した人物が、西田幾多郎である。——「われ行為する、ゆえにわれあり」

フランス哲学について論じたとき、モンテーニュのアプローチと方法、彼の生活態度に注目した西田幾多郎は、フランス語 sens の言語様相に言及したうえで、日常的世界を哲学の α であり ω である、という。モンテーニュとともに日常的世界が姿を現したのである。この日常的世界を私はあえて社会学の α、ω と呼びたいと思う。日常的世界も、日常生活も、私たちにとって並々ならぬものなのである。

社会学は、まぎれもなく社会学だが、人間と人間の生活、人びとがそこで生きている世界へのアプローチが試みられて、人間と世界がモチーフ、主題領域としてクローズ・アップされる場合には、おのずから人間学の様相を帯びることになる。社会において人間が、人間の生活が、また、人間において社会が、社会生活が、理解されるのである。

平凡な日常生活 trivial round of daily life は、さまざまなドラマとエピソードが満ちあふれている生活なのであり、自明視されるような生活ではない。

西田幾多郎の高弟、務台理作が、つぎのような言葉を残している（『務台理作著作集第4巻　社会存在論』監修者　沢田允茂ほか、編集委員　古田　光ほか、編集協力　吉田傑俊ほか、こぶし書房、二七ページ―二八ページ、第Ⅰ部　社会存在論、二　行為的主体）。

ただ人のみがひとりになることが出来る。ひとりの性格を持つもののみが真の意味の個体性を持つのである。

（中略）

この意味で、人はひとりになり得ることによって彼自身の個体性を形作るものと云ってもよい。人はひとりで生きることを知る存在であると云ってもよいであろう。勿論個体性と云うのは、ただ人が個別に於いてひとりになるという云う意味ではない。ひとりに醒めた人は、この世の交わりの中にありながら、彼のひとりに深く生きることが出来る。ひとりとは、ただ彼の部屋の戸をとざして誰人とも語らないと云う意味で、世にそむいていることではない。たとえディオニュソス的祭りの狂乱のただ中にあっても、醒めたる人は全体の熱狂から彼ひとりへかえることが出来る。世の人との交渉のただ中にありながら、しかも彼自身の内に深く住むことこそ彼のまことのひとりであろう。彼はこのひとりに於いて、無にとりまかれた彼自身の位置を直観しているのである。即ち彼は彼の行為の中に於いて、世界と彼自身との結び付き方を直観しているのである。したがって彼のひとりの性格もまた単に彼の個別的ひとりから生れて来るのではなくて、世界の方から定められて来ると考えねばならない。彼の個体性は世界によって定められるのである。(中略)人はただひとりにかえり得るものでありながら、しかもただひとりで生きることが出来ないと云うのも真理である。矛盾と云えばまことにそれは矛盾である。元来に於いてひとりの概念は、行為的直観から導かれた。しかし行為は、ただひとりの我において成立するものではない。「我行為す」は、云うまでもなく他の汝に対する関係である。行為は我と汝の関係である。汝なくては我の行為は成立し得ない。したがって「我行為す」は、多くの個体の存在を前提しなければならない。個体はひとりの性格を持つにも拘らず、行為に於いて多くの汝とつながるものである。

私と汝というモチーフが、西田幾多郎に見られるが、世界は、人格的世界、まさに歴史的社会的世界なのである。他者あるいは他者の態度に方向づけられた行為であれば、社会的行為(マックス・ウェーバー)である。社会学の場面だ。あるところで、西田は、個人は社会である、という。人間を多面的に深く理解しないわけにはいかないのである。

務台理作がつぎのように論じている(同書、三二一ページ—三二三ページ、第I部　社会存在論、三　歴史的世界)。

「我行為す」から出立することは、世界の構造を明らかにするための唯一の手がかりであると云わなければならない。(中略)行為の存在するところ、すでにそこには表現的世界の限定が前提されていなければならない。しからざれば行為は物体の運動と択ぶところのないものとなる。行為の内容に対する世界のこのような限定のしかたをロゴス的世界性と名づけることが出来るであろう。勿論行為の内容が直ちに世界そのものであると云うのではない。世界とは行為の内容を限定し、形成し、それをそこにあらしめるものである。我は行為の主体であるが、その内容はロゴス的世界性によって、世界の壁に刻銘されるのである。この意味の世界性は、パトス的世界性と共に、一方に行為的主体の存在を根本的に規定すると共に、より多く他方に於いて行為の内容を現実的生命の表現として、一般に文化として根本的に規定しているのである。

この意味の世界は、行為的主体としての我の存在にとって常にその大前提となる。デカルトに欠けていたものは、実にこの意味の世界性格に外ならなかった。

務台理作は、自分自身の哲学を赤土道の哲学と呼んだ哲学者である。務台は、生まれ故郷、信州の赤土道に自分自身を一体化させている。大地の肌を思わせる赤土道に自分自身のトポスを見出したのである。昭和四二年、田中繁雄宛の書簡に赤土道の哲学という言葉が見られる（『赤つち道』（非売品）一九九六年（平成八年）五月刊、編者三郷村教育委員会「ふるさと三郷」編集委員会、発行者　三郷村教育委員会、八二ページ—八四ページ、赤つち道の哲学——昭和四二年　田中繁雄宛書簡——）。

「朝焼け雲」と題された文章につぎのような場面がある。務台理作の風景体験と風景感情に触れる思いがする文章だが、赤土道の哲学がにじみ出ている注目に値する言葉ではないかと思う（『赤つち道』九一ページ、朝焼け雲、一九六四年（昭和三九年）七月一八日、「信濃毎日新聞」に発表）。

夕焼け雲が美しく映えて、やがて静かにうすれて夕やみの中へのまれていく風景は、何かはかないものを思わせる。しかしそれはあまりに日常化されているので、それほどの深さというものを感じさせない。野に働く人はむしろ一日の休息の快さを感じるであろう。ところが朝焼け雲の与える風物的印象には何か人間そのものの孤独としか言いようのないものがある。孤独、寂寥、それに人間との安易な妥協を拒否する非常なものを感じる。朝焼け雲をこんなふうに見るのは私だけのセンチメンタリズムであろうか。

「朝焼け雲の中には夕焼け雲に見られない非常なものと結びついた人間のかなしみがある」。務台理作の言葉である（同書、九三ページ）。

土の色はさまざまで、赤土もあれば黒土もある。土地が変わると、大地の表情や様相、吹く風、人びとの日常生活、気風、風景、時には空の色なども変わるのである。

赤土道の哲学者、務台理作の生まれ故郷は、信州、安曇野の梓川流域に姿を見せている温村《ゆたか》だが、昭和二九年、近隣三村の合併がおこなわれ、三郷村が生まれたので、現在の三郷《みさと》村大字温野沢地区、そこが生誕の地である。山国、信州の風景のなかで故郷での生活が営まれたのである。誰の場合でも生まれ故郷や生家は、その人自身の生活史に重要なトポスとして、はっきりと刻まれているのではないかと思う。

今日という日は、過去から切り離された状態で浮かび漂っているのではなく、過去によって支えられているのであり、過去に根ざしているのである。現在を意味づけてくれている過去がある。また、現在の活性化、現在から未来に向かっての生活の方向づけに寄与しているような過去もある。鮮明な記憶がある反面、ぼんやりとした記憶や混沌とした状態の記憶もある。人びとそれぞれの生活史には見分けがたい領域や明るく晴れやかに照らし出されている場面や出来事がある。

私自身の青春の日々をふりかえって見ると、慶應義塾大学の日吉キャンパスと三田キャンパスが、晴れやかにその姿を見せる。圧倒的に印象深いのは、丘の上の三田キャンパス、三田の山である。山と呼ばれることはあるものの、丘である。この丘の上から東京湾の海、永井荷風がいう品川の海が見えた時代があったのだ。西脇順三郎先生は、三田の山をこのタンポポの丘と呼ぶ。戦後が三田の山にはまだいくらか残っているような時期だったが、昭和二九年、大学二年生の時から三田での大学生活が始まったのである。

大学の教室やそのほかの場所で接することができた私にとっての特別な先生方の氏名をつぎに記して、学恩に深く感謝したいと思う。

まず多方面にわたって特にいろいろと励ましとご指導をいただいた先生方――

佐原六郎先生、奥井復太郎先生、有賀喜左衛門先生、さらにつぎの先生方――務台理作先生（哲学）、守屋謙二先生（西洋美術史）、相良守峯先生（ドイツ文学）中井信彦先生（日本史学）……数多くの先生方の教えを受けたが、三田での日々が、さまざまな講義や対話、私が受けた研究指導などが、私の大切な土壌、よりどころ、支えとなっている。

西脇順三郎先生とは同郷（新潟県出身）ということで、個人的な触れ合いを体験させていただくことができた。教員になってからのことである。三田の山には自由な気風が流れていたように思う。いま、私は、社会学、哲学、文学、絵画などに深い関心を抱いているが、いずれも三田の山で培われたものである。トポスの力があるように思われる。

戦後、数年たったある夏の日、建築家、谷口吉郎と彫刻家、イサム・ノグチが、連れだって三田の山を訪れたとき、イサム・ノグチは、戦後、この三田山上の建築をいくつも手がけた谷口吉郎に向かって、ここはアクロポリスだ、と叫んだのである。谷口吉郎は、このトポス、キャンパスにおいて建築の交響楽、交響詩を奏でようと試みたのである。この建築家の三田での建築学の講義を書きとめたノートが、私の手もとに残されている。

一九九九年三月まで三田で過ごしたが、この年の四月から、まことに幸いなことに多摩のアクロポリスでの生活が始まったのである。大妻学院の多摩校は、丘の上に位置している。早くも数年たったが、このアクロポリスの人間関係学部で、いま、私は幸いな日々を過ごしている。多摩丘陵の緑と谷戸の風景、そしてすばらしい建築的空間、

心安らぐ人間的空間が体験されるトポスが、私の大切な生活の舞台となっている。四季の移り変わりには目を見張るものがある。四季おりおりの風景が目にしみる。このトポスは、人間のトポスであり、風景のトポスなのだ。

三田山上、慶應義塾大学の旧図書館の赤煉瓦の外壁の上部を飾っている時計がある。その文字盤――飾り文字でラテン語一一文字がそれぞれの時刻にあたるところにデザインされている。――時は過ぎゆく TEMPUS FUGIT そして一二時にあたるところにデザインされているのは、砂時計だ。

三田では、時は過ぎゆく。大妻女子大学の三学部と大妻多摩中学・高等学校がそこにある多摩のアクロポリスでは、四季は巡る、である。大地のいたるところに大空を旅する太陽とともに日時計が姿を見せているといえるだろう。天候にもよるが、光と影によってまるで日時計がイメージされるトポスと風景が、そこ、ここで体験されるのである。太陽は、大空の旅びと、人間は、人生と呼ばれる大きな旅の旅びとなのである。

さまざまな時計があるが、日時計ほど晴れやかな明るい時計はない。日時計は、全面的に太陽の時計なのだ。だが、それは光の時計にすぎないわけではなく、光と影の時計である。光と影は同格なのだ。とはいうものの、日時計は、つねに太陽を待ちわびている時計なのである。光が失われると、日時計は、たちまち眠りにつく。そして光とともに日時計は復活する。日時計には太陽と人びとの〈まなざし〉がふさわしい。

多摩のアクロポリスには建築とひとつになっている日時計はない。だが、よく晴れた日には、このアクロポリスのさまざまなトポスで私は、しばしば日時計をイメージする。この丘の上で体験される光と影のドラマには見るべきものがあるように思われる。

ドイツ、ローテンブルク、市庁舎前広場の建築の外壁を飾っている日時計（最上部）

フランス、シャルトル大聖堂、日時計の天使

I　谷戸の風景

空間と時間とは事物の現実存在の条件であり、個々に直観であって、概念ではない。これらの直観は、いかなる対象にも関わらず、空虚なのであり、直観の単なる形式である。空間と時間とは、事物そのものではなく、事物の属性や性状でもなく、感性の形式なのである。感性は、受容性すなわち触発される感受性である。

――カント

『カント全集19　講義録I』岩波書店、二九七ページ、形而上学L2（一七九〇年代初頭のものと推定される講義録）、存在論（空間と時間）、氷見　潔訳

擬装がいちばん容易なのは、ただ語りあっているときである。いな、きわめて逆説的に響くけれども、手紙となっただけでも擬装は根本的にもっとむずかしくなるのである。人間というものは手紙の場合、自分だけを頼りとし、外を眺めずに心の内を眺めているからである。彼は他人のもの、遠くのものを手もとに引きよせることがむずかしく、他者にあたえる印象という基準を念頭に置くこともない。それに反して、この他者のほうでは、書き手と無縁な気分で落ち着いて手紙を見わたし、折りにふれて何回となく読みかえし、こうして隠された意図でもたやすく見つけだしてしまう。著者というものを人間としても知るようになるには、彼の著書によるのが最も容易である。

――ショーペンハウアー

『ショーペンハウアー全集3　意志と表象としての世界・正編II』斎藤忍随ほか訳、白水社、一三四ページ、第三巻

サン＝シモンは、社会や、社会を司る諸法則や、富の分配において暴力的で不当なものを補正する技法についての研究を思い立った最初の人物だった。オーギュスト・コントはこれを彼から継承した。（中略）社会学は、A・コントの考えのなかでは、未来の学問であり、社会的物理学と呼ばれる学問だった。社会学は実証的哲学の目的であり、他の諸学は、社会学を目標とするような手段である。（中略）コントは、進化の観念の理論家たるコンドルセの影響を被った。社会学は歴史学と生物学にその支柱をもつのである。

――ベルクソン

『ベルクソン講義録Ⅲ　近代哲学史講義　霊魂論講義』合田正人・江川隆男訳、法政大学出版局、一二四ページ、一二六ページ、Ⅱ　近現代哲学史講義（全八講）アンリ四世校　一八九三―一八九四年

人間関係はつねにぼくらが努力を続けるための助けとなる。

――カミュ

『カミュの手帖〔全〕』大久保敏彦訳、新潮社、一二四ページ、第四ノート（一九四二年一月―一九四五年九月）

1　一九九九年、谷戸の煙

一一月二四日、雨の谷戸である。秋色を帯びた谷戸が、雨中で煙っている。谷戸の片隅から立ち昇る煙がある。そうした煙が、雨のなかで微妙な表情を見せている。日本画を眺めているような景色が、視界を飾っている。

一二月一日、秋が深まっている。初冬の気配がどことなく感じられる。谷戸からかなりの白煙が立ち昇っている。午後一時半、曇り日の谷戸である。正午頃には薄日が射していたが、空には薄雲が広がってしまった。目前の谷戸の白煙が弱まっている。秋色は日ましに深まっている。多摩丘陵、谷戸の秋である。秋色に包まれた谷戸の景色は、しなやかなソフトな表情を見せている。色づいた波打つカーペットと呼びたい風景だ。勢いを増して白煙が立ち昇り始めた。白煙の風情がある。

谷戸の平地、丘の入江と呼びたくなるようなところに居を構えている人びとがいる。そこには数軒の家がある。庭先の白煙なのだろうか。それとも耕地、畑の片隅から立ち昇っている白煙なのか。煙が弱まっている。

波打つ丘陵のはるかかなたに、ごく小さく町田の市街地の建物やビルなどが、うすぼんやりと姿を見せている。眼下の谷戸は、町田市の北端にあたるところの谷戸なのである。多摩市と町田市のほとんど接点の眺めだ。多摩市の瀬戸際から町田の丘陵地を見ていることになる。谷戸の丘陵なのである。

谷戸は岬となった丘の入江なのである。丘陵のはざまに姿を見せた帯状の平地である。丘陵の切れこみと呼ぶこともできるような独自の地形、それが谷戸と呼ばれるところである。光を浴びて谷戸がくっきりと浮かび上がる日があるが、今日の谷戸はほとんど眠りについている。

一二月三日（金）、千代田キャンパス、大妻講堂、学祖、大妻コタカ先生、三〇年祭、一〇時から、そのあと貸切バス二台に分乗して、多摩墓地へ、一号車に乗車、斉藤先生と同乗。

大妻コタカ先生、大妻龍馬先生の墓前で祈りを捧げる。あたりに秋色が漂っていた。墓参のあと、玉川屋で直会。終了後、野崎先生、斉藤先生とともにタクシーで調布駅へ、京王で多摩センターまで、そこからふたたびタクシーで多摩のアクロポリスに向かう。

西日、夕日を浴びて谷戸を抱えた丘陵の一部が明るく光り輝いている。

(1999. 11.24, 12.1, 12.3)

2 土

――畑と谷戸と土手――

ほとんど毎日のように土を目にしている。研究室の個室の眼下に土の地肌が見える。そこは畑地であり、昨年四月からこの畑地の季節による変化をたっぷりと楽しんできた。楽しむ、という言葉をつつしむべきかもしれないが、時には日毎に変わるといえるような畑の風景に驚きの念を抱き、また、畑の表情のあまりの美しさに感激しながら、四季の変化を豊かに体験することができた。畑地を眺める楽しみがあったことは確かなことであり、それはほんとうに大きな楽しみ、感激をともなった楽しみだった。

大地の表情の微妙な変化、あざやかな変化は、窓から眺める畑の変化や、その先に姿を現している谷戸のすばらしい景色において生き生きと体験されたのである。谷戸がせり上がるような地形の土地にこの畑地があり、ほとんどそこに、眼下に畑地を見ることができるところに、大妻学院の多摩校、まさに多摩のアクロポリスが姿を見せている。

谷戸は、多摩丘陵の原風景ともいえる地形であり、まことに魅力的な風景だ。いわば丘の岬と入江と呼ぶことができる谷戸には細長く延びているお盆のような平地が見られるが、いま、窓から眺めると、土の地肌が現れており、いくらか整地がおこなわれているようにも見える。

畑の畝によって生まれた縞模様が美しい。畑の少し先だが、畑と地つづきのところに梅林があるようだ。白い花をつけている。白梅の梅林にちがいない。作物となっている梅畑なのだろう。畑のまわり、そこ、かなたの谷戸の風景は、春景色である。いくらか眠気が感じられるような、おっとりとした風景だ。やがて若葉のシーズンともなると、目が奪われるような谷戸が眼前に、眼下に姿を現すはずだ。

土は私たちの郷愁をさそう眺めである。土に触れる感触がある。手に触れる土の感じがある。土手の眺めがある。兵庫県に生まれた柳田国男は、少年時、縁あって関東の利根川べりで生活したことがあったが、帆かけ舟がヌッと現れた時の驚きについて書いている。陸の白帆だったのだ。柳田は、利根川の土手を体験したはずである。土の風景がある。風土という言葉がある。風土に根ざした人びとの生活がある。

(2000. 2. 28)

3　〈からきだの道〉

唐木田、小田急の多摩線の終着駅、始発駅である。私にとっては大学への通勤の駅である。小田急の新百合ケ丘から約一五分で唐木田、住宅地が開けているが、多摩のアクロポリスの麓まで歩いて五、六分、そこに大妻学院の多摩校がある。丘の上に晴れやかにキャンパスの風景が展開している。

駅から大学までのほぼ中間の地点、多摩丘陵のひとつの麓に公園がある。そこから〈からきだの道〉をたどることができる。二〇〇〇年三月三日の夕方、キャンパスから駅に近づきながらこの公園へ、〈からきだの道〉を歩く。散策の道として整備されている。登り降りの多い丘の道だった。全長は一・八キロメートル、かつては唐木田に住んでいた人びとの生活道路だった、と案内板にあった。住宅地が見え隠れするような丘の中腹の散策路だった。枕木のような木製の階段をいくつも踏みしめながら、起伏のある道をたどった。丘の麓をめぐる道ではなかったが、ケヴィン・リンチがいうエッジという言葉を用いるならば、エッジ（縁）の道と呼ぶことができる小径だった。途中に白梅の小さな林があった。ひとつの紅梅によって白梅が飾られていた。小規模な梅畑だった。

展望台があった。そこから多摩ニュータウンを望むことができた。多摩センター方面が、視界の中心となるような眺めだった。

多摩市はニュータウンとして広く知られているが、時代をさかのぼるならば、田園風景や丘陵や谷戸の風景がいたるところで体験されたところなのである。唐木田あたりには水田があったようだ。村の眺めが広がっていたのだろう。

新興住宅地の景観がある。人びとの暮らしがある。多摩のアクロポリス、丘の上の大学のキャンパスから谷戸の風景を望むことができる。町田方向を向いた時である。ニュータウンの風景に時代と人びとの生活の姿をうかがい知ることもできる。

宮　柊二の短歌がある（『宮　柊二歌集』宮　英子・高野公彦編、岩波文庫、二三五ページ）。

故郷も職場も違ふ人ら住む多摩ニュータウン夏の雲輝る

〈からきだの道〉を四季おりおりにたどりたいと思っている。この道は、人びとの生活の匂いが漂ってくる自然歩道なのである。

(2000. 3. 4)

4　畑

谷戸に春の気配が漂い始めている。四月に入った。それでも冬枯れの様子は、そこ、ここに残っている。これから一挙に春らんまんとなるのだろう。

ほとんど眼下といってもよいところに畑がある。昨年の四月から前方に広がっている谷戸の風景とこの畑の眺めによって、日々、どんなに慰められてきたことだろう。四季おりおりの景色の変化には驚きを禁じ得なかった。畑の様子はまことに微妙に変化している。畝づくり、うえつけ、日ごとの生長、収穫……見ていてあきない眺めだった。多摩の自然は、谷戸の丘や岬にあたるところにたっぷりと残っているが、畑の方はといえば、まことにていねいに人の手が入っている。大地を耕すこと、それは人間のきわめて人間的な営みではないだろうか。大地を耕す、心を耕す、こうして教養、やがて文化という言葉が姿を見せるのである。

畑の畝はまことに整然としていて美しい。栽培される作物によって畑の風景にはさまざまな色調が見られる。畑の眺めは目にやさしい眺めだ。

鶯の鳴き声が耳に触れる。窓を開けて耳を傾けていると、鶯の音がはっきりと鳴り響く。

畑を見ると薄い布地のようなもので畑がおおわれているところがある。畝の模様が目に触れる。かなり生長している野菜畑がある。

キケロのつぎのような言葉がある（キケロ、吉田正通訳『老境について』岩波文庫、四五ページ、第一五章）。

大地は柔げられ鋤きあげられた胸をもって播かれた種子をうけいれ、まづその種子の隠されたま丶をだいてゐる、さういふことからこの種子埋めをする處の畠均らしという言葉が出たのである。次に、大地はおのれの熱と圧力とによってぬくめられたる種子をふくらませ、さらにその種子から萌えあがる嫩芽をさそひだし、その嫩芽は元根の繊細にさ丶へられ漸次に発育し、かつ節立った莖によってつつ立たされ、いはゞ発情期のあひだはかまによって閉ぢこめられてゐる。はかまからぬけでたときは穂の列をならべそろへた実をむすんでをり、なお小禽の啄みにそなへて髯の砦をもって守られてある。
大地に立ち向かう時、人間の身体も、気力も全開状態となるのである。

(2000. 4. 3)

5 新緑の谷戸

谷戸の地形と風景をどのように説明すればよいのだろうか。細長いお盆のような土地（まさに盆地だ）を囲む丘の連なり、丘の岬と入江、ほとんど毎日のように目にしている目前の、眼下の谷戸をこのように表現したいと思う。多摩丘陵の顕著な特徴的風景、それが谷戸なのである。盆地へおりていく道があり、その盆地を通って、抜けて先へ進む道がある。盆地は谷戸の平坦地なのである。それほど高くはない丘だが、新緑に包まれて、さまざまな緑のなかで輝きわたっている限りなくソフトな丘だ。こんなにもさまざまな緑があるものかといいたくなるほど、微妙な緑のじゅうたんが視界に広がっている。盆地に姿を見せている家々がある。

眼下は畑、畑地の表情を見あきることはない。その畑のすぐ先にちょっとした梅林があるのだが、いまは新緑の梅林、まさに梅畑だ。新緑、若葉を得て、谷戸の景色は、燃え立つばかりに美しい。午後の日ざしを受けて、緑は一段と明るい。光の関係で丘の緑、さまざまな樹木や林が、浮き立って見える。さまざまなバリエーションの緑だが、いずれの緑色もクッキリとした緑色となっている。風の音が耳に触れる。

谷戸の盆地の道は、カーヴが見られる道であり、窓から眺めると、間隔がある電柱が、道のアクセントとなっている。そうした道をいく車がある。多摩のアクロポリスから眺めた谷戸、盆地を抜けて先へ進む道は、町田市の小山田方面に向かうのである。丘の緑のうねりのかなたに日ざしを受けて町田市のさまざまな建物が白く輝いて見える。はるかに、はるかに先へと向かうならば、そこは横浜市の緑区である。

二〇〇〇年五月一日、あと五分で四時、空にはいくらか雲が出ている。空に空色がにじんでいる。

谷戸の風景を目にするようになってから丸一年が過ぎた。ほとんど毎日といってよいほど多摩の丘陵と谷戸の風景を眺めているが、こうした風景と景色は、私にとって日々、新鮮であり、見あきない。季節感がみごとににじみ出ている風景だ。谷戸と丘陵の四季によって身も心も、そして目も、どんなに慰められてきたことだろう。風景体験の深さには底知れぬものが感じられる。「景色は気分」というアミエルの言葉に共感を覚える。

谷戸は、いまや私自身のアイデンティティの一部となっている。緑を追いつづけたい。

(2000. 5. 1)

6　緑、そして新緑

新緑のみずみずしい色彩感、あくまでも、しなやかで、やさしい色調は、私たちにとって心地よく、気持が安らぐ。窓の外に見えるのは、多摩丘陵の谷戸の景色である。日毎に緑が深まりつつあるように感じられるが、初々しい緑がまだ目につく。二〇〇〇年五月二二日の谷戸の風景だ。さまざまな緑によって織り上げられた緑のじゅうたんが視界をかざっている。谷戸のかなた、町田方面の景色は、なかばかすんでおり、眠りについているかのようだ。手前、ほとんど眼下ともいえる梅林、その先の竹林の緑は、特に目につきやすい。竹林の方は、いくらか黄ばんだ緑だ。背丈の低い梅林の方は、このうえなくやさしい、初々しい緑である。まさに眼下といえる場所の畑地の四季の表情をこの一年、たっぷりと楽しんだが、いま窓から畑地を見ると、農作業に余念がない。畝の草取りらしい。幅広の帽子をかぶった婦人の姿が目に触れる。左手の畑地には横じま模様のさまざまな畑が姿を見せている。正面の畑地のいろいろな畑は、縦じま模様を描いており、じゃがいも畑があるようだ。植つけを待っている畑もある。大地は生きているのである。ミレーをイメージするような情景が、この窓からしばしば体験される。

先日、上越新幹線の車窓風景を体験したが、車窓につぎつぎに浮かび上がってきた雪国の緑があった。長岡の郊外の新緑は、目にまぶしいほど光り輝いていた。

三月末のパリを思い出す。ブーローニュの森やヴァンセンヌの森の新芽と新緑が、目にやさしかった。パリは、このふたつの森によっても支えられている光の都なのである。ラ・セーヌとこの大きなふたつの森は、パリの人びとにうるおいと安らぎをもたらしている。数年前、ブーローニュの森の水のほとりのレストランで昼食を楽しんだことがあったが、いま思うと、夢のように楽しいひとときだった。パリは、セーヌ河にも、ブーローニュの森にもあるのである。

目を開けると、水と緑と美しい景色、という言葉を私たちに残してくれたのは、ジャン＝ジャック・ルソーである。緑の発見者としてルソーの名を挙げる人もいる。人跡未踏の森と無人島は、ルソーにとって魅力的な場所だった。そして湖。ルソーの生活史を見ると、あるとき、彼はヴァンセンヌの森に姿を見せている。緑ほど生命感にあふれた色はないだろう。

(2000. 5. 22)

7 谷戸と山ノ端

地形をきちんと読み取ることができるような地図がある。地形図があるが、多くの地図は、多かれ少なかれ、地形図といえるだろう。目的と用途に応じて、その都度、有効とされる地図が選ばれるのである。

地形と風景は、ほとんど不可分な状態にあるといえるだろう。フラットな風景がある。起伏に富んだ風景がある。谷戸の風景がある。こうした風景は、東京、多摩丘陵と呼ばれる地方、地域の原風景として知られている。私は谷戸を丘の岬と谷間と呼ぶことができる丘の入江と呼びたいと思う。丘陵地に開かれた入江状の盆地こそ谷戸なのである。

町田市域、その北端にあたるところに小山田と呼ばれるところがある。上小山田町、下小山田町と呼ばれる町域がある。鶴見川の源流域と呼ぶことができる地域である。里山と呼びたくなるような丘陵と谷戸、谷々が体験される土地である。

多摩市の一画、唐木田方面からこうした小山田方面に向かう道筋、ルート、コースがある。地図で見ると、小山田界隈には善次ケ谷、小ケ谷、山谷、堂谷、桜ケ谷、田中谷戸などという地名が、つぎつぎに見出される。このあたり一帯は、文字どおりの谷戸の多摩なのである。いたるところで山道の様相が体験されるのである。

小山田緑地と呼ばれるところがある。このあたりの自然と風景が保存されている小山田の風致地区がある。小山田緑地、小山田の道と刻まれた石標が目に入ってくる地点がいくつもある。多摩地方の自然景観が保存されているのである。

二〇〇一年二月二七日、唐木田、多摩のアクロポリス、大妻学院の多摩校のキャンパスから善次ケ谷を経て小山田方面に向かう。前後、左右に姿を見せていたのは、まぎれもなく谷戸の風景だった。わずかに早春の気配が感じられたのである。季節が変われば、緑ゆたかな自然が体験されるコースだ。小山田緑地の地内を歩む。風景はすばらしかった。トンボ池があった。小山田の道をたどった。車道にもどり、小ケ谷を過ぎると、そこにバス停があった。山ノ端、と名づけられたバス停だった。山ノ端、みごとに地形と風景が生きている名である。山ノ端と呼びたくなるような地点と風景がある。

谷戸を歩みゆく気分がある。風致地区の風景と自然がある。道祖神の里があるのである。

(2001. 5. 22)

8　大地と谷戸

谷戸の春雨である。多摩の山肌、谷戸の丘陵部から生じた霧が局部的だが漂い流れている。雲が垂れこめていて、空は重い。谷戸の低地も丘陵部、谷戸の岬と呼びたくなるところも春雨で煙っている。谷戸のそこ、ここには早春の気配が感じられる。

多摩のアクロポリスからの谷戸の眺めは、息を呑むほど美しい。今日は春雨といくらかの春霞のために風景はなかば眠りについているといった感じだ。谷戸の鮮明な風景は、目が洗われるほど美しい。四季の移り変わりがみごとなまでに体験されるこのアクロポリス、この小高い場所は、自然のすばらしい展望台となっているのである。谷戸の盆地をゆく道ぞいに点々と民家が姿を見せており、こうした民家が谷戸の点景となっている。谷戸は大地のおだやかな起伏がゆったりと感じられる大地の片隅なのである。

窓のすぐ下に広がっている畑地は竹林などによって縁どられているが、畑地につづくところにある梅林の白梅の花が開き始めている。帯状の畑地の縞模様が目にやさしい。縦横さまざまな畝によって大地の模様が生まれているのである。緑色の畑地もある。ビニールでおおわれている畑もある。四季をつうじて見られる畑地の微妙な変化は、驚くばかりにみごとだ。さまざまな畑の表情は、日毎に変わるといっても過言ではない。大地はすばらしい母胎なのである。

春雨が降りつづいている。二〇〇一年三月一日、一二時二〇分、眼下は町田市、この多摩のアクロポリスは、多摩市と町田市の境界領域、多摩市の縁にその姿を現しているのである。谷戸の少し先の方には小山田緑地がある。春雨はいつまで降りつづくのだろう。

この日、一七時を少し過ぎているが、多摩の谷戸は夕闇に沈んでいくところだ。

さまざまな地形があるが、微地形として谷戸のたたずまいと風情、風景は、なかなか魅力的だと思う。谷戸の風景は、私たちに居場所を提供してくれる風景のように思われる。谷戸はやはり陸の入江なのだ。

多摩丘陵は数々の谷戸によって独特の景観が体験される貴重な地域といえるのである。丘陵や谷戸の自然環境の保全、保護については周到な心くばりが必要ではないかと思う。大地を傷つけることがないように注意がはらわれなければならない。
人間は大地に抱かれながら、生活を築き上げてきたのである。大地の人でない人はいないはずだ。大地こそ人間の故郷なのである。

(2001. 3. 1)

2002年8月9日、谷戸の風景

Ⅱ　晴れの日

社会概念を最も広く解すれば、諸個人間の心的相互作用を意味する。（中略）人間の社会関係は、絶えず結ばれては解け、解けては再び結ばれるもので、立派な組織体の地位に上ることがなくても、永遠の流動及び脈搏として多くの個人を結び合わせるものである。人間が見つめ合う、嫉み合う、手紙のやりとりをする、午餐を共にする、これという利害がないのに同情や反感をもって触れ合う、親切への感謝から二度と解けぬ絆が結ばれる、誰かが誰かに路を尋ねる、互いに相手のことを考えて着飾ったり化粧したりする。──以上は、人間と人間との間に生ずる一時的或いは永続的な、意識的或いは無意識的な、仮初の或いは由々しい、数知れぬ関係の中から全く勝手に選んだものであるが、そういう関係が絶えず私たちを結び合わせているのである。ここに見られる諸要素間の相互作用というもの、これこそ、社会という極めて明白でありながら謎の多い生命体が強靱であり弾力がある所以、多彩であり統一がある所以なのである。

──ジンメル

ジンメル、清水幾太郎訳『社会学の根本問題　個人と社会』岩波文庫、二〇ページ─二一ページ、第一章　社会学の領域人間とは「世の中」自身であるとともにまた世の中における「人」である。従って「人間」は単なる人でもなければまた単なる社会でもない。「人間」においてこの両者は弁証法的に統一せられている。

人は行為することなしには何らの「間」「仲」をも作り得ぬ。が、また何らかの間・仲においてでなければ人は行為することができない。だから間柄と行為的連関とは同義なのである。このような間・仲は、机の間、水の中というごとき静的な空間ではなくして、生ける動的な間であり、従って自由な創造を意味する。それが人間の共同態なのである。

「不在」はある人がどこにもいないことを（すなわちその人がないことを）意味するのではなく、単にただある場所にいないことを意味するに過ぎない。（中略）そこで在は、主体的に行動する者が何らかの人間関係においてあることを示唆すると言わなくてはならぬ。在宅とは家庭の中にいることであり、在郷とは村落共同態の中にいることである。（中略）従って自由に去来するとはかかる人間関係の中を自由に去来すること、すなわち人間の間柄における実践的交渉を意味するのである。かかる実践的なかかわりなくして何人も社会的な場所にいることはできない。かく見れば在とは人々がそれぞれの社会的な場所に去来しつつあることであり、従って「人間」が己れ自身を有つことである。（中略）

存在とは「人間の行為的連関」であると言わねばならぬ。これが我々の存在の概念である。

――和辻哲郎

和辻哲郎『人間の学としての倫理学』岩波全書、岩波書店、二〇ページ—二一ページ、二八ページ、三八ページ—四〇ページ、第一章
人間の学としての倫理学の意義

9 開学式
——一九九九年一一月六日——

一九九九年一一月六日、秋晴れの日、多摩のアクロポリスで開学式が挙行された。数年におよぶ準備期間を経て、めでたく一九九九年四月、大妻女子大学にふたつの新学部が生まれたのである。人間関係学部、比較文化学部、いずれも、時代の、社会の、人びとの要請にこたえて姿を見せた学部である。

秋色に包まれた丘の上のキャンパスは、当日、式典、祝典のムードに包みこまれていた。式場となったのは、新たに完成した学生会館棟の大教室だった。明るく開けた広々としたロビーをそなえた八〇〇人余が入れる大教室は、講堂の趣が感じられる美しい空間であり、参加者の席がきちんと区分けされていた。壇上の右手には来賓席が設けられていた。式典は、進行の順序に従って、整然ととりおこなわれ、終了後、階下の食堂で祝宴が催されたのである。

多摩のアクロポリスにはさまざまな階段とステージが姿を見せている。アクロポリスから最初の階段をのぼると、そこは第一ステージ、デザインが施された校門が、このステージを飾っている。第一ステージから第二ステージへと向かう階段がある。

校門をくぐり抜けると左手に学生会館棟が姿を現す。第二ステージから学生会館棟の三階にある大教室にアプローチできる会館棟内部の階段がある。その階段に向かう小径がある。当日は、第二ステージに受付が設けられた。

もちろん第一ステージには学生会館棟の一階、入口がある。高低差、段差のある空間と場所が、大妻学院の多摩校のキャンパスで体験されるのである。第二ステージからさらに奥へと向かう階段がある。人間関係学部の新棟は、最後のステージ、レベルの左手の奥にある。学園通りと呼ばれる並木道と奥へ、奥へと向かう方向性と、さらに幾層にもわたる段差によって、多摩のアクロポリスは、意味づけられているのである。方向づけられているのである。

段差をともなった奥へと向かうパースペクティヴは、並木道の外側、両サイドに見られるみごとな直線的回廊によって一層、アクセントが効いた印象的な眺めとなっている。

式典の当日、建築的空間も、人と人との触れ合いや交わり、出会いや人間関係が体験される行動空間、人間的空間も、みごとなまでに統一的に秩序づけられて(意味づけられて)いたのである。地位と役割、職務分担と持場は、晴れの日、特別な意味を持っていた。

(*1999. 11. 6*)

10　紅白の幔幕／卒業式

幕といえばステージの幕がただちにイメージされるだろうが、そのほかにもいろいろな幕がある。開幕、閉幕という言葉がある。カーテン・コールという言葉もある。

体育館に紅白の幔幕が張りめぐらされることがある。そうすると晴れの舞台、式場、特別の場所が生まれる。紅白の垂れ幕によって晴れの、フォーマルな、浄められた場所が姿を見せるのである。

紅白の幕がそこに張りめぐらされると、いかにも晴れがましい感じが、そのあたりに漂う。非日常的な空間、ふだんとは異なった特別な舞台が、紅白の幕の内側で私たちによって体験される。紅白の幕によって意味づけられた空間、そうした空間は、まさに特定の価値が与えられた、秩序づけられた場所（トポス）なのであり、調和がとれた、明るいコスモスなのである。

空間はなんとさまざまな仕方で意味づけられていることだろう。方向づけられていることだろう。中心性、境界性、方向性によって空間は独自のトポス、場所として意味づけられている。空間はふたつとない領域となっているのだ。

三月、卒業式のシーズンだが、ある私立の女子高等学校の卒業式につづいて出席する機会が得られた。体育館に紅白の幔幕が張られている会場があった。体育館はフォーマルな式典会場となっていたのである。学生一人、一人が校長先生から卒業証書を手にする光景を壇上で目にした。卒業式の式次第がある。紅白の幕は、式次第にふさわしい。

空間も、私たちの生活も、さまざまな仕方で秩序づけられてきたのである。晴れの日や式典にふさわしいフォーマルな服装がある。卒業生は制服姿で卒業式に臨んでいた。制服が式服となっていたのである。

地鎮祭の時、目に触れる紅白の幔幕がある。紅白の幕はめでたい幕なのである。生活の知恵はこのような紅白の幕にも見られるといえるだろう。

日本の文化をこのようなさまざまな幕などにおいても理解することができるはずである。色彩のシンボリズムという表現がある。紅白に見られるこうしたシンボリズムがあるのである。

卒業生は胸に花飾りをつけていた。制服が晴れ着となっていたのである。制服の花飾りは、紅白の幔幕にふさわしい。紅白の幕によって晴れの日の舞台が演出されていたのだ。

(2001. 3. 15)

11　旗

校旗に凝縮された学校の歴史、学校関係者、在学生、卒業生それぞれの深い思いがある。校旗とは学校そのものであり、それはまさに風格であって、学校のシンボルなのである。

卒業式の壇上に飾られた校旗ほど晴れがましい旗はないだろう。飾られた校旗によって式場の緊張感が高まる。飾られた花瓶の花と校旗によって卒業式の会場、空間が意味づけられる。そうしたものによって、シンボルによってふたつとないトポス、場所が生まれるのである。

壇上の指定された席に着席して、卒業式の進行を見守る。感激の時が流れる。大妻学院、大妻女子大学の美しいぬくもりがある講堂で大妻中学校の卒業式が挙行されたのである。指定された席もまた、トポスなのだ。眼前に、すぐそこに校旗が飾られていた。その右手の方には飾られた花が姿を見せていた。みごとな演出だった。卒業式そのものが、式次第にしたがって統一的に、しかも劇的に演出されていたのである。音楽の効果もあった。唱歌の場面があった。在校生が歌う「螢の光」、卒業生が歌う「仰げば尊し」がホールに流れた。校歌斉唱で卒業式がしめくくられたのである。

旗といえば国旗がクローズ・アップされてくるが、国旗のほかにもさまざまな旗がある。運動会などで目にする万国旗がある。オリンピックの時などに見られる旗手がいる。

画家、レンブラントの代表作、「夜警」に姿を見せている旗がある。

見方によっては旗を布切れと呼ぶこともできるが、旗は布切れにすぎないわけではない。シンボルを理解しようとする時、旗に注目することは好都合である。旗とはまさにシンボルの代表的事例なのである。旗を軽視することなど思いもよらぬことだ。旗とはいつも人びとの〈まなざし〉の焦点となってきた、人びとのよりどころなのである。

校旗に校章、私たちが目にするデザインだ。大妻学院の校章となっているのは糸巻である。糸巻は庶民の生活に根ざした文化そのものなのである。

アメリカの国旗をモチーフとして作品を制作した画家がいる。ジャスパー・ジョーンズだ。旗に見られるデザインがある。神社の祭礼時などに飾られるみごとな幟がある。

旗によってさまざまな舞台が整えられることを誰もが体験していることだろう。合図として用いられる旗もある。旗はただの道具ではない。

(2001. 3. 21)

12　地鎮祭

大妻女子大学の千代田新図書館の地鎮祭に出席した。場所は九段小学校の前で、ローマ法皇庁の崖下にあたるところ、この辺は坂も多く、変化に富んだ地形が体験されるところだ。

地鎮祭の式場、祭場はテント張りで紅白の幕によって飾られていた。正面には祭壇が設けられており、そのあたりは特別に浄められていた。赤と紫の縦縞模様が点々と入っている幕によって祭壇が飾られていた。式次第が掲げられていたが、次第のなかには降神の儀、昇神の儀という段があった。式次第のなかほどで鍬入れの儀という場面があった。

この鍬入れの儀においては、設計の会社の代表者、大妻学院の代表者、そして建設会社の代表者によって、まさに道具入れのと呼べるような次第が演じられたのである。初めに姿を見せたのは鎌、つぎには鍬、最後に鋤、いずれも木製でミニサイズの道具だった。エイ、エイ、エイというかけ声が、つぎつぎに響いた。かけ声とともに鍬入れがおこなわれたのである。

鍬入れの儀にはこのように鍬のほかに鎌と鋤が姿を見せていたのである。

地鎮祭の舞台には砂が敷きつめられており、また、ベニヤ板の床が造られていた。この舞台は完璧なまでに浄められた特別なトポスとなっていたのである。

散米のシーンもあった。二人の神主が敷地をまわって、散米がおこなわれたのである。

地鎮祭は大地と天空とがひとつに結ばれた祭式だが、私たちがこの祭式の場で体験するのは、浄められた場所と無事安全の祈願なのである。仮設の舞台だったが、正式に整えられたコスモスが、この舞台で体験されたのである。地鎮祭の手順、次第、方法、スタイルがあるのである。祭が終了したあと、隣りの会場で直会がおこなわれた。

一九九七年の吉日、大妻学院の多摩校のキャンパスで人間関係学部棟の建設にあたって地鎮祭がおこなわれた、その日のことが千代田で思い起こされたのである。

地鎮祭ほどトポスというモチーフがはっきりと浮かび上がってくる儀式、祭事があるだろうか。場所、トポスは、あくまでも具体的で明確に限定された空間なのである。大地のこの一点、一地点が、トポスとして理解されるのである。

建築は科学と芸術のみごとな綜合ともいえるものであり、それは空間と場所への、また、時間への、人間への挑戦ではないだろうか。

安全祈願祭、それが地鎮祭なのである。


(2001. 3. 22)

13　辞令伝達式
——二〇〇一年四月二日——

二〇〇一年四月二日（月）、大妻学院の辞令伝達式の日である。千代田キャンパスに出かける。記念館の理事長室で辞令を手にする。そのあと関係する人びとの辞令の伝達にあたって立会いの役を果たす。

晴れの大切な日である。ギリシア語のトポスという言葉には地位、職位、職という意味もある。立場と役割が、責任が自覚されたうえで、人びとそれぞれのアイデンティティが確かなものとなる舞台、それが辞令の伝達式なのである。メンバーシップがクローズ・アップされてくる晴れがましい席だ。

メンバーシップ、リレーションシップ、このようにシップという語尾がつく言葉がいくつかあるが、辞令の伝達は同船の合図なのである。役割を果たす、役割を演じる——私たちの誰もが日々、体験していることだが、ある意味では、日常的世界は劇場のような様相を見せているのである。生活の現場では見物席にいて舞台を眺めつづけているようなわけにはいかないのである。

辞令の伝達においては職場と立場がはっきりと自覚される。責任の所在が明らかとなる。トポスという言葉は場所を意味する言葉だ。居場所、身の置きどころ、住居、町や村などを意味する言葉だが、地位、職位、職という意味もあるから、トポスという言葉には人間が姿を覗かせている。仕事場、職場のポジション、一点、特定の場所が、トポスという言葉においてイメージされるのである。

辞令伝達式は人事の式である。四月を飾る式だ。人生の門出などという言葉が目に触れる月だ。新年度がスタートするのである。入社式がおこなわれる月でもある。それから入学式、四月は特別な月だ。

人びとそれぞれにとってどのような職業に就いていたか、どんな仕事をしてきたのかということは重要な意味を持っている。退職すれば生活が大きく変わってしまうだろうが、生きがいがある充実した日々を望まない人はいないはずだ。生活設計、人生についてのヴィジョン、生活信条、生活のスタイル、生活の理念などが、人生の旅びとにとっては課題となるのである。

大妻学院のシンボルとなっているのは、糸巻である。大妻コタカ先生によって示された一筋の道がある。私学、それぞれの思想と理念がある。糸巻は庶民の生活をシンボライズしているものである。大妻学院では糸巻がまわりつづけているのである。


(2001. 4. 2)

Ⅲ　人間について

人間というものは、この世のさまざまな問題を解いてみせるために生まれてきたわけではない。問題の発端がどこにひそんでいるかを探りだし、それから先は理解できる範囲内に自分をとどめておくべきなのだ。

――ゲーテ

エッカーマン、山下　肇訳『ゲーテとの対話』（上）、ワイド版岩波文庫、二〇八ページ、一八二五年一〇月一五日〔一二日〕水曜日

おそらく人生の最もすさまじい徴候は、人間が自分の人生をなんとか耐えていけるものにしようとして営むさまざまな事柄――行動のとり方や楽しみごとや信仰などにみられる。人生に耐えていくために人間がとらえようとするものほど、人間としての水準の深さを示すものはほかにない。

――ジンメル

『ジンメル著作集11　断想』白水社、三四ページ、Ⅰ　断想、土肥美夫訳

人格は何時も歴史と社会とに結び付いているものである。人間は此の世界を離れて有るのではない。(中略)日本語に訳すといけないが人格という言葉は面白い言葉である。Personという此の言葉はもとどこから出たかというと、ラテン語のPersonaからであってPersonaとは舞台へ出て役者の被る面のことである。つまり芝居をやるときの役者の役割というようなことである。(中略)我々の歴史の舞台に出て働く役者、それが人格である。そう考えた方が本当なのだと思う。

——西田幾多郎

『西田幾多郎全集 第十四巻』岩波書店、二六二ページ、信濃哲学会のための講演、四 現実の世界の論理的構造(昭和一〇年一月七日より九日に至る三日間京都府教育会館に於て信濃哲学会会員のための講演)

ところで現実というとき、先ず考えられるのは我々の生活である。この現実を顧みて知られることは、我々が世界の中で生活しているということである。我々がそこにいて、そこで働くこの世界は、環境と呼ばれている。環境というと普通に先ず自然が考えられるが、自然のみでなく社会もまた我々の環境である。むしろ我々がそこにある世界は何よりも世の中或いは世間である。「世界」という言葉はもと自然的対象界でなく人間の世界を意味した。(中略)

人間は環境を形成することによって自己を形成してゆく、——これが我々の生活の根本的な形式である。我々の行為はすべて形成作用の意味をもっている。

——三木 清

三木 清『哲学入門』岩波新書、一ページ—二ページ、六ページ—七ページ

14　人間

人間にとっては人間こそまさに限りなき探究が望まれるような驚くべき深さを見せているモチーフではないだろうか。人間は人間から離れるわけにはいかないのである。人間を見るためのみごとな鏡がある。それこそ生活なのである。生活の場面、場面、行動や行為のその場、その場において、また、人と人との触れ合いと交わりのその都度の舞台において、人間の姿が顕わとなるのではないだろうか。人びとのなかにおいてこそ、生活の舞台と場面においてこそ、誰もが自分自身を見るための鏡を手に入れることができるのではないかと思う。他者との交わりと触れ合いほど人間にとって有意義なことはない。それだけではない。風景体験もそれに劣らず私たちにとって重要な意義を持っているのである。人間はさまざまな風景によっても支えられてきたのである。

人間にとっては人間は、いつも問題含みの存在／生成なのである。人間にとっての無限の課題、それが人間だといえるだろう。

一九三二年に世に出たアンリ・ベルクソンの作品、『道徳と宗教の二源泉』につぎのような言葉が見られる（平山高次訳、岩波文庫、二四九ページ）。

人間は、その行動が確かでなく、逡巡し模索し、成功を希望し失敗を恐れて計画を立てる、唯一の動物である。人間は、病気にかかりやすいことを自ら感じ、死の免かれ得ないことを知る、唯一の動物でもある。（中略）人間は、社会生活を営むすべての生物のうちで、公共の利益が問題である時に利己的関心に負けて、社会的な一線から外れ得る唯一の存在である。（中略）人間は、恐怖と希望をめざめさせる不確かな未来を表象することなしには、その思惟能力を行使し得ない。

ベルクソンは、また、「理性をそなえた唯一の存在であるホモ・サピエンス（人間）は、自己の存在を不条理なものに懸け得る唯一の存在でもある」と述べている（同書、一二六ページ）。

世界開放性という視点から人間を理解したマックス・シェーラーは、人間を否を言い得る者、あくなきファウストと呼ぶ。

おそらくいつの時代においても、人間は、デルポイの神殿の銘、〝汝自身を知れ〟という言葉を忘れることはできないだろう。

15　人生の旅びと、人間

生活するということは、ただ漠然と日々を過ごすということではなくて、いつも人生の道程や行路を自覚しながら、しかも人間の死を視野に入れた状態で、努力して生活を築き上げていくということではないだろうか。

平凡な日常生活 trivial round of daily life という言葉はあるものの、私たちの日々の暮らしを平凡という言葉で片づけてしまうわけにはいかないだろう。日常生活には数々のドラマやエピソードがつぎつぎに見出されるはずだ。自明性に疑いをかけながら、見なれた景色や風景を新鮮な目で見るようにすることが必要だと思う。

この世に一人の人間、個人として、この私が姿を見せていることは、よくよく考えてみるならば、不思議に包まれた驚くべき出来事ではないだろうか。二人として同じ人はいない。誰もがかけがえがない社会的存在なのだ。存在／生成という言葉を用いたいと思う。人びとのなかで、さまざまな人びとと触れ合いながら、日ごとに変わりゆく私たちなのである。人間を個体として理解しながらも、個体と個体との関係によって個体はより充実したものとなるといったのは、西田幾多郎である。彼が見るところでは、人間は、個人であるとともに社会なのである。人間を個人であるとともに社会とみた和辻哲郎に間柄存在という言葉がある。人間をさす言葉だ。人間を距離的邂逅的存在と呼んだのは、九鬼周造である。たがいに距離を縮めながら、めぐり会うことを望む存在、それが人間という見解だ。

なにかを目ざしながらの持続的な実践と行為に人間の価値を見出したのは、空と大地の人、サン＝テグジュペリである。人間においては、死こそが到達点なのである。

アルベール・カミュが敬愛した師でもあったジャン・グルニエの言葉を紹介したいと思う（グルニエ、井上究一郎訳『孤島』一六八ページ）。

心に感じられる形象の布置、これこそ地中海精神をつくりあげているものである。空間とは？　ある肩の曲線、ある顔の楕円形である。時間とは？　一人の青年が浜辺の端から端をめぐることである。（中略）人間がなにがしかの価値をもつとすれば、人間が行動の舞台装置として、風景よりももっと遠くに死をもつことである。

私たちの誰もが人生の舞台の主役なのだ。

16　人間の生活

人間の生活、それは人生をデザインして、人生を意味づけようとする人間の真剣な営みではないだろうか。日々の生活は、あくまでも具体的で実践的であり、持続的に築き上げられていくものではないかと思われる。そうした生活は、人びとのなかでくり広げられるさまざまな行為や行動によって道筋がつけられているのであり、特に社会的行為、他者にたいする働きかけは、つねに注目に値する。

具体的な社会的現実こそ、人生の旅びとである生活者にとっては足場であり、現場だが、人間は、さまざまなヴィジョンとイマジネーション、想像力に身を委ねながら、日常的な現実のなかにあっても、なかば夢見るような状態で生きてきたのである。ガストン・バシュラールは、人間をイメージの動物と呼んだことがあるが、まさにその通りだと思う。

人間とは、さまざまなイマージュのかたわらに身を寄せながら、さまざまなヒューマニスティックともいうべき現実、ソフトな現実に巻きこまれる状態で、意味の深みで生きてきた生活者なのである。

生存という言葉は、つねに生と死の境目に立ちながら、意味のなかで生きる人間の姿をさし示しているのである。命をつなぐ必要はあるのだが、人間は、人生の旅びとであることをみずから自覚しながら、深く精神的に生きることができるはずの生活主体なのである。精神的に心ゆたかに、ヴィジョンを描きながら、希望を抱いて日々の生活を方向づけていく（意味づけていく）ことができるところに人間の真骨頂があるのである。
西田幾多郎のつぎのような言葉がある（『西田幾多郎全集　第九巻』岩波書店、一八〇ページ―一八一ページ、哲学論文集　第三、三　絶対矛盾的自己同一、『思想』第二〇二号、昭和一四年三月）。

我々は此世界に於て或物を形成すべく課せられて居るのである。そこに我我の生命があるのである。我々は此世界に課題を有って生れ来るのである。（中略）現実とは我々を包み、我々を圧し来るものでなければならない。（中略）我々の自己に対して、汝之を為すか然らざれば死かと問ふものでなければならない。（中略）我々は身体的なるが故に、自己矛盾的であるのである。行為的直観的に我々に臨む世界は、我々に生死を迫るものである。

デカルトの言葉 cogito, ergo sum の考える cogito を「われ行為する」と表現した人が西田幾多郎である。

(2000. 2. 29)

---

17 人間と人間

──さまざまなシップ──

人生の旅びとにとって気がかりなことといえば、おそらく何よりもさまざまな人間関係ではないだろうか。リレーションシップとメンバーシップという言葉に注目しないわけにはいかないだろう。ほかにもシップという語尾がついている言葉がいくつもある。──フレンドシップ、スキンシップ……シップ、船、この言葉には生活を共にしている、一緒に生きている、一緒に旅をしている、などといった意味が見出されるように思われる。

社会生活の場面では明らかに船から船へ、なのである。イギリスのジョン・ダンは、島であるような人はいない、と言ったが、人生の旅びとである私たちは、同船者なのである。同じ船に乗り組んでいるのだ。ジョン・ダンは、こうした言葉につづくところで、誰もが大陸の一部なのだ、と書き綴っている。ルソーは、大地を人類の島と呼んだ人である。

海の上では船はまさに命綱なのであり、動く陸地なのだ。ひとつの都市や町にたとえられるような船もある。小舟もある。おだやかな海がある。荒波の日がある。海とはほとんど地平そのものではないかと思う。水平線を体験することは、私たちにとって大切な風景体験なのである。砂浜はどことなく頼りない。足をすくわれそうになる。波打際ほど微妙な大地はないだろう。

幼な子が両手を引かれてヨチヨチ歩きをしている絵がある。「歩くことを子どもに教えている二人の女性」と題されたレンブラントの素描がある。赤チョークで描かれている。一六三五年から三七年頃の制作と目されている作品だ。手と手との触れ合い、描かれた三人の人物のポーズ、まなざしなどによって心あたたまる人と人との触れ合い、人間関係、さまざまなシップ、そして原初の人間的空間がクローズ・アップされてくる絵ではないかと思う。

幼な子は両手を支えられた状態で歩き始めている。両サイドの人物は誰なのか。母親とおそらく祖母なのだろう。幼な子は両サイドの人物の〈まなざし〉によって包み込まれている。

人間、誰もがさまざまな人びとによって支えられた状態で生きているのである。私たちには多くの人びとの手が必要とされるのである。人間はたがいに支え手となりながら、人生の日々を旅しているのである。

幼な子を中心としたこの三人の人物が歩むその先にいったい何が姿を見せているのか。

(2001. 3. 9)

18　人間的秩序

人びとのなかで、人びととの触れ合いや交わりにおいて、私たち自身の能力や個性、人間性が花開くことほど注目に値することはないだろう。ここで私たちは、アランのつぎのような言葉に注目したい（『アラン著作集１　思索と行動のために』中村雄二郎訳、白水社、二四一ページ―二四二ページ、第一四章　個性）。

人間はけっして孤独な経験からは形づくられないということを、読みかえしてもらいたい。職業柄ほとんどいつもひとりでいたり、非人間的な自然とたたかっている場合でも、ともかく彼はただひとりでは成長しえなかったし、彼の最初の経験は人間および人間的秩序に由来している。のみならず、彼は最初は人間的秩序に直接依存している。子供はひとから与えられたものによって生き、その仕事は従うことであって、つくりだすことではない。われわれはすべて、言葉と思考とを同時に教える決定的な経験をとおして進む。われわれの最初の観念は、理解され、くりかえされた言葉に由来する。子供はいわば自然の光景からひきはなされ、はじめからけっしてただひとりでそれに近づきはしない。自然の光景は人から示されるのだし、その命名も人から教えられる。それゆえ、人間的秩序をとおしてはじめて子供はすべての事物を認識する。また、子供が自分について考えをもつのも、おそらく人間的秩序に由来する。なぜなら、命名するのは周囲の人たちだし、人々は彼を他の人々に示すとともに、彼自身にも示すからである。自己と自己ならざるものとの対立は、抽象的な理論にすぎない。最初の対立はたしかに、自己と他人とのあいだの対立であり、この対立は相関的である。他人のなかに私は自分の同類を見いだすし同類は私が彼を考えるように私を考えるからだ。いちばん最初母親と子供のあいだに行なわれるこの交換は、しだいに父親や友人や仲間へと移行する。

人間的秩序という言葉が、ここではしばしば目に触れるが、個性というタイトルがついている文章だ。アランは、コントの思想に注目した人だが、私たちは、社会学の舞台で、アランがここで用いている人間的秩序という言葉に特別の注意をはらう必要があるのではないだろうか。

(2000. 7. 2)

19 教育について

校舎や校庭の風景がある。それらは人びとの生活史や記憶の風景にどのような影を落としているのだろう。私たちの誰もが、さまざまなメンバーシップとリレーションシップのなかで生きている。こうした関係が特別にはっきりと浮かび上がってくる場面、人間関係の意義がはっきりと自覚されたり、体験されたりする現場がある。それは学校であり、教育と呼ばれる生活の舞台なのである。

教育は各種の学校においてのみ特別の意義を有するだけではない。人と人とが触れ合うところ、共同生活が営まれるところでは、どこでも、教育と呼ばれる人間の出来事が体験されるのである。人間の能力や可能性、内にあるものが外に引き出されること、それが教育である。生徒や学生と向かい合う教師は、生徒や学生の内にあるものを外に引き出すだけではなく、自分自身の可能性や能力もまた、生徒や学生によって外に引き出されるのだ。教育とは、つねに人間と人間とのあいだでの双方向的な触れ合い、相互作用なのであり、人間の資質や人間性、個人の可能性の開花なのである。

ところで人間の可能性や能力は、読書においても、音楽や絵画や演劇においても、また、旅をとおしても、さまざまな風景体験によっても、外に引き出されるのである。

人間は他者によって、作品によって、また、旅体験を初めとして、さまざまな世界体験によって支えられているのである。

人生の旅びとである生活者、人間は、生涯にわたって学びつづけないわけにはいかない社会的存在である。後退は許されない。人間はつねに前へ前へと進まないわけにはいかない生成／存在だからである。

人間は世界の片隅に身を委ねながら生きているが、世界の驚くべきスペクタクル、光景から目をそらすことはできない。生きるということは、さまざまな驚きをつぎつぎに体験するということなのである。

教育の現場からさまざまな驚きや人生の日々を生きる喜びと楽しみが失われてしまったならば、これほど心いたむ悲しいことはない。
カントは、すべての人は、学校によって、また、世間によって陶冶を受ける、という。後者の場合には、社会人として人生という巨大な演劇のなかで、一役を演ずるのである（『カント全集』第一四巻、理想社、人間学遺稿、坂部恵訳、参照）。人生はドラマなのだ。

(2000. 5. 25)

20　バルザックと人間学

バルザックは、独自の人間学を構想していた文筆家である。「一八二〇年来私は、社会生活を根本から分析し、その成果を四つの著作にまとめようという構想をあたためてきた。いずれも政治道徳と科学的考察を織りまぜ、風刺をきかせた評論である」とバルザックが『近代興奮剤考』の序にあたるところで書いている。このうち第三作にあたる作品が、『社会生活の病理学、または食、住、歩きかた、言葉づかい等々、あらゆる社会的形態をまとって現れる人間の思考に関する数学的・物理的・化学的・先験的考察』である（未完、邦訳のタイトルは、『風俗のパトロジー』バルザック、山田登世子訳、新評論、ここでのバルザックは、この邦訳の一四八ページ—一五〇ページ、参照、近代興奮剤考、序)。

つぎに『近代興奮剤考』に見られるバルザックの言葉を紹介したいと思う(同書、一五〇ページ、近代興奮剤考　序)。

良かれ悪しかれ人は成長して、それぞれ性格も違った独立の人格となる。そして結婚とあいなるわけだが、ここから二重生活が始まるのだ。社会が育むよろずの気紛れに従い、社会がつくり出すよろずの法律に従って生きるからである。この法律ときては、出来上るのに議会も王様も野党も与党もいらないくせに、どんな法律より良く守られる。何しろ人は服を着るにも家に住むにも、喋るにも歩くにも食べるにも、馬に乗るにも馬車に乗るにも、一服するにも酒に酔うにも醒めるにも、すべて社会が定めた不変の規則に従って生きている。流行によってわずかな変化はあるにしろ、事が大きくなったり小さくなったりするだけで、何かがすっかり変ってしまうことは滅多にない。してみれば、こうした外面生活の法律を集成して、その哲学的表現を探り、その病を明らかにするのはきわめて重要な仕事ではなかったか。表題(さきほどの『社会生活の病理学』をさす、筆者注)が妙に聞こえるかも知れないが、私もブリア＝サヴァランも共々こう考えている。現代社会はわれわれ人間の欲求や必要や嗜好をそれだけの数の傷とも病ともしている、と。(中略)われわれの身体のどこを取っても思考の現れ出ないような場所は一つとしてない。(ブリア＝サヴァランは、『味覚の生理学』の著者である、筆者注)

(2000. 4. 15)

21 人びとのなかで、他者にたいして

家族全員で食卓を囲む。食事を摂りながら、話がはずむ。なごやかなひとときだ。テンニエスがいうゲマインシャフトの生活が体験される。家で at home くつろいで at home 自分自身にもどることができる人が、どんなに多いことだろう。公職についている人が、自宅にもどって、衣服をぬいで、自分にもどる状態については、モンテーニュの『エセー』に一シーンが見られる。服装をかえるということには深い意味があるのである。家でくつろぐ時の略装やふだん着がある。公式の席に出るときのフォーマルな服装や制服がある。街着や仕事着がある。

家のなかと街のなか、駅のプラットホームとではずいぶん様子が違う。見知らぬ人びとのなかに自分自身を見出すことがどんなに多いことだろう。まったくの見知らぬ他者がつぎつぎに姿を見せる場合がある。道を歩く時、旅先の土地で一日、二日を過ごす時、電車のなかでのひととき、駅前広場を歩く時、そうした時、私たちはまさに匿名の一個人なのであり、人びとから見るならば、見知らぬ他者たちの一人にすぎないのである。誰でもあり、誰でもない nobody everybody このような状態の人間をハイデッガーは、〈ひと〉das man と呼んだのである。das man とは、日常性の主体をさす言葉である（『存在と時間』一九二七年）。

人と人とが出会った時、すれちがうとき、他者がそこに現れた時、いったい何が起こるのか。見知らぬ人びとに取り囲まれている時、私たちは、いったいどのような態度をとりながら、どのように行動するのか、どのような行

為をそこで繰り広げるのか。表情や〈まなざし〉は、どのような状態にあるのか。人間と人間との関係は、どのような様相を見せるのか。社会学は、このような状態、状況、場面に注目しながら、人間の理解と社会の理解をめざす独自のアプローチ、パースペクティヴ、方法なのである。人間は、本来、主体的な行為者なのである。

存在の在について言及した時、和辻哲郎は、「在は、主体的に行動する者が何らかの人間関係においてあることを示唆すると言わなくてはならぬ」[※]と述べている。人びとのなかで、他者にたいしてどのような態度をとり、どのように行為するか——これは誰もが日々、生活の場面で遭遇しつづけている日常的な生活の課題なのである。

(2000. 3. 1)

※　和辻哲郎『人間の学としての倫理学』岩波全書、三九ページ。

22　誕生日

――一月二六日――

家族とは、そのメンバー、一人、一人の誕生日に食卓を囲みながら、一緒に誕生を祝うことができるような人びとをさす、ということもできるだろう。喜びを分かち合いながら生活をともにすることほど心楽しいことはない。テンニエスは、親密な水入らずの生活をゲマインシャフトの生活と呼んだのである。

日付をめぐる人間の深い思い入れがあるのではないかと思う。記念日や誕生日に寄せる人びとそれぞれの感慨がある。記憶の糸がたぐり寄せられるような日がある。

誕生日ほど思い出深い晴れやかな日はないだろう。おそらくこの世に一人の人間が姿を見せることほど驚くべき出来事はないだろう。人びとのなかに、人びとのあいだに初めて姿を現した幼な児ほど人びとの〈まなざし〉を浴びる存在はないだろう。生まれたばかりの幼な児、また、子どもは、両親にとって至上の宝であり、関係する人びとにとって希望の星なのである。

人生のスタート、そして両親と親子関係がクローズ・アップされてくるドラマ、それが人間の誕生なのである。いうまでもなく誕生日は、人間、個人のアイデンティティを晴れやかに飾る日なのである。生年月日は、個人のチェック・ポイントなのだ。

家族、一人、一人の誕生日は、家族全員の記念日なのである。誰もが家族の輪のなかで生きているはずだからだ。和辻哲郎がいうように、人間は間柄存在なのだ。和辻は、主体的で実践的な広がりを根本的空間と呼んだが、人間の誕生は、こうした根本的空間の出現のドラマなのである。

一九九二年一月二六日、私たち家族三人は、イギリス中部のストラトフォード・アポン・エイボンを訪れた。シェイクスピアゆかりの土地で体験された恐ろしく深い霧を思い出す。シェイクスピアの生まれ故郷で私たちは、家族の誕生日を祝ったのである。

生活史を飾る晴れやかな日として誕生日は、特別な意味を持っている。年に一度、誕生日はやってくる。だが、人間は循環的な存在ではない。ジャンケレヴィッチは、人間を不可逆性そのもの、まさに生成として理解している。人間は前方に進むように促がされているのである。今日は、二〇〇〇年一月二六日。

(2000. 1. 26)

重要文化財、門西家住宅　山梨県下部町

同上

イロリ端は社会的に秩序づけられた（意味づけられた）トポスなのである。

イロリとイロリ端においてイメージされる人間の風景に注目しないわけにはいかない。

Ⅳ　人間と生活と

人間は、自然のほかのすべての部分と同じように、意志の客体性である。（中略）人間はこの意志それ自体の限定された現象なのである。とはいえ人間は、意志の最も完全な現象である。（中略）

人間は経験の歩みのなかで、つけ加えられた認識をとおして、おのれが何であるかを経験する。（中略）人間というものはあらゆる認識に先立っておのれ自身の作品である。認識はただこの作品を照らすためにつけ加わるにすぎない。こういうわけであるから、人間はあれやこれやのものであろうと決心することもできず、別人になることもできない。彼はこのひとたびだけ存在するのであり、おのれが何であるかを引きつづいて認識するのである。古くからある見解では、人間はおのれが認識するものを欲する。わたしの場合では、人間はおのれが欲するものを認識するのである。（中略）

人間とは徹頭徹尾、意欲することと欲求することとの具現である。数知れぬ欲求のかたまりである。（中略）——生そのものは岩礁と渦巻とにみちた海である。（中略）——死こそ労苦に満ちた航海の最終の目的地である。しかも人間にとっては、回避してきた岩礁すべてよりもさらに容易ならぬものなのである。（中略）

さて人間の生活はすべて、意欲と達成とのあいだを流れつづけている。

——ショーペンハウアー

『ショーペンハウアー全集3　意志と表象としての世界　正編Ⅱ』斎藤忍随ほか訳、白水社、一九九ページ、二〇八ページ、二四一ページ—二四二ページ、二四四ページ

沈黙は言葉にとって自然であり、休息であり、未開の原野である。言葉は沈黙によって生気をとりもどす。（中略）

人間は、自己がそこから生じ来たった沈黙の世界と、自己がそこへと入ってゆくところの他の沈黙の世界——即ち死の世界——との中間に生きている。人間の言葉もまた、沈黙のこの二つの世界の中間に生きており、そしてこの二つの世界によって支えられる。

人間の顔は、沈黙と言葉とのあいだにある最後の境界である。つまり、顔は、そこから言葉が発生するところの壁なのだ。

沈黙はあたかも一つの器官のように人間の顔のなかに存在している。（中略）

自然、すなわち風景も、人間の姿や人間の顔に影響を及ぼす。しかし、風景の沈黙の力が作用することが出来るためには、人間の顔のなかの沈黙を必要とするのである。（中略）

風景は、人間の顔のなかに自分自身の記念碑を置いているかのようだ。そしてまた人間の顔は、自己自身の風景のうえに飛翔しているようなのである。

——ピカート

マックス・ピカート、佐野利勝訳『沈黙の世界』みすず書房、三五ページ、三七ページ、言葉における沈黙、一〇九ページ、一一八ページ—一一九ページ、人間の顔と沈黙

23　戴帽式

さまざまな帽子があるが、仕事と結びついている帽子といえば、駅で働く人びとの帽子、看護婦の帽子、そのほかさまざまな帽子を思い浮かべる人びとが多いだろう。学生、生徒の制服や制帽があるが、バスの運転士の制服、制帽もある。いろいろな仕事着や職業に応じた姿、かたち、服装、スタイルがある。

制服や制帽という時、ただちに看護婦の姿を思い浮かべる人びとは、少なくないだろう。服装もなかなか印象的だが、看護婦の制帽は、いずこにおいてであろうと、目にとまる。目にしみる。看護婦の制帽にもいろいろあるが、こうした制帽ほど象徴的な制帽は、少ないだろう。帽子なし、という看護婦の姿をイメージすることはできないだろう。

慶應義塾大学医学部附属厚生女子学院、また、改組された看護短期大学で社会学の講義を担当した時期がある。厚生女子学院では、かなり長期にわたって教壇に立ったが、その当時、何度か戴帽式に出席したことがある。医学部の北里講堂で戴帽式がとりおこなわれた、その時の光景が、いまでも目に浮かぶ。

暗闇のなかに浮かぶともしび、光、キャンドル・サービス。キャンドルの式典と呼びたいくらいだった。一人、一人が頭上に制帽をいただく儀式だが、まことに厳粛のうちにプログラムが進む。父兄、父母が参加しての式である。

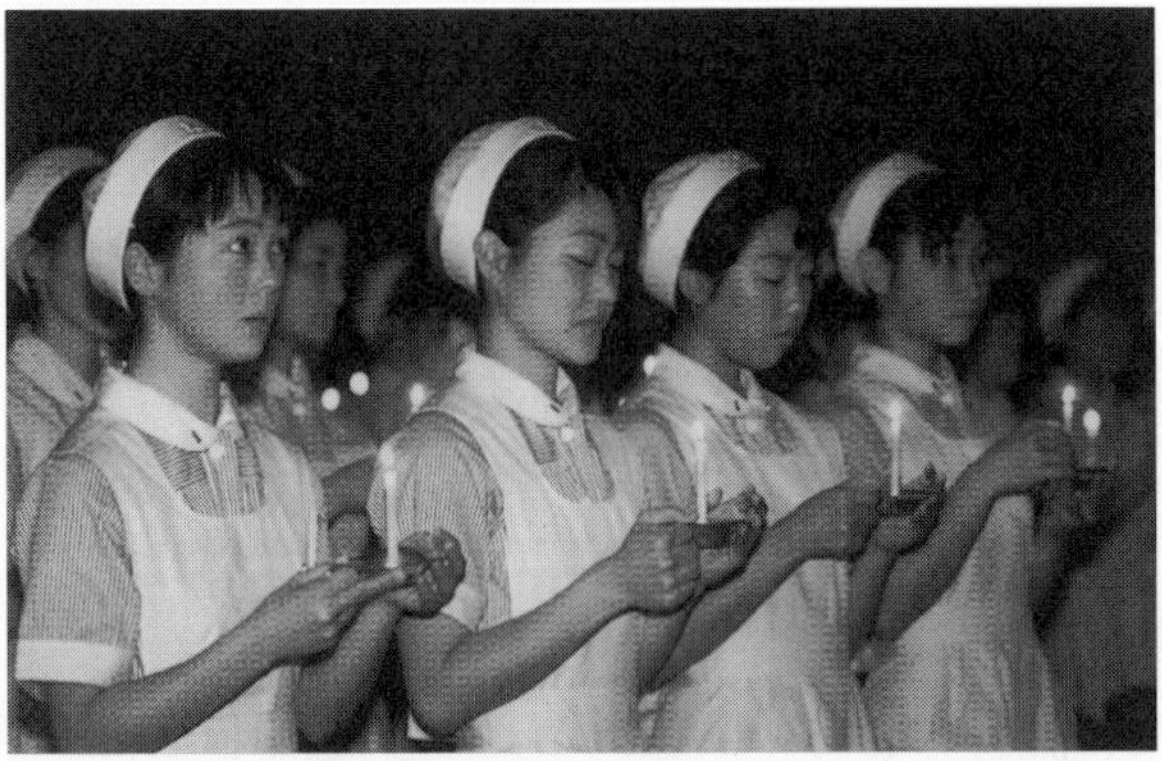

さまざまな式典があるが、職業の使命感がこれほどまでにはっきりと胸に刻み込まれる式典は、ほかにそれほど数多くはないだろう。簡素ではあるものの、戴帽式は、私たちを深い思いに誘いこんでくれる式典だった。

ナイチンゲールの精神が、よみがえってくるような舞台だった。人間につくす、という点で看護婦の仕事は、特別に深い意味を持つ。手と手との触れ合い、手仕事、深い人間理解、他者理解、心からのやさしさ、人生についてのしなやかなヴィジョン、これらのいずれもが、看護の現場で日々、求められるのである。人間関係の微妙な様相が、医療や看護の舞台でこまやかに体験されるのである。

ある意味では、戴帽式は、式典のなかの式典であり、看護婦の帽子は、帽子のなかの帽子である。看護や医療の現場では、人間的空間は、こうした帽子や看護婦の制服によって意味づけられているのである。

さまざまな絵画に姿を見せている帽子がある。ファッションの仕上げは、帽子や手袋によっておこなわれるようにも思われる。

(2000. 4. 23)

24　贈物
――カーネーションの日――

花屋の店先がにぎわっている。二〇〇〇年五月一四日、日曜日、母の日である。カーネーションを求める人びとが店先にあふれている。花に託した人びとの思いがある。

花束の画家といえば、シャガールだろう。男の手から女の手へと手わたされる花束が描かれている絵がある。プレゼントといえば、なんといっても花束だ、と思っている人びとがいることだろう。人間と人間との触れ合い、交わり、関係などにおいて姿を見せる花や花束がある。贈答の形式や儀礼や方法がある。さまざまな交換の様相やスタイルがある。たとえば等価交換、半返し、などと呼ばれる形式やスタイルがある。

ヒルティのつぎのような言葉をつぎに紹介したい（ヒルティ、草間平作、ほか訳『眠られぬ夜のために　第二部』岩波文庫、五一ページ、三月二日）。

人びととの交わりにおいては（従ってとりわけ教育の場合でも）、本当に大切なことは、相手の好意を得ることである。ところが、このことは――残念ながらこう言わねばなるまいが――実に大多数の人たちの場合、子供も大人も、未開人も文明人も、仰々しい挨拶や忠言などでよりも、むしろささやかな贈物でもする方がうまく目的を達せられる。贈物は、半ば、あるいはすっかり不和となった人たちのあいだでも、不思議に和解のはたらきをすることがよくあるものだ。

贈物に一番適しないのは、花屋や温室で求めた嵩張った、したがって高価な花束である。これはすぐ萎れて、もてあましものになる。贈物として一番よいのは、もし季節がゆるすなら、自分で摘んだ野の花の小さな花束か、庭でとった一輪のばらの花か、そのほかなにか日用の品などである。まあ一度、そんなものでためしてみるがよい。

贈答の儀礼についての心得は、生活の知恵として大切なものだ。気持ちが率直につたわるように、礼を失しないように、心くばりが必要とされるのである。

社交を社会化の遊戯形式と呼んだのはジンメルである。

花は私たちの生活の場面、場面に姿を現す。日常生活や社会生活には、さまざまな儀礼や約束事、社会的規範が、姿を覗かせているのである。さまざまな花言葉がある。

(2000. 5. 14)

25　ジンメルの〈まなざし〉とアプローチ

〈まなざし〉と会話に社会の原風景、社会の始まり、社会理解の糸口を見出したのは、ジンメルである。心的相互作用のさまざまな局面と様相において社会と人間へのアプローチがおこなわれたのである。ジンメルは、人間を社会―存在と呼ぶ。生の哲学によりどころを見出していたジンメルのパースペクティヴにおいては、人間は限界なき限界的存在、まさに生として理解されたのである。そうした生は、社会的な生という様相を帯びており、社会的な生として立ち現れているのである。社会的な生をモチーフとして人間と社会の考察を試みた独自のアプローチこそ、ジンメルの社会学なのである。

微細な糸とジンメルが呼ぶ心的相互作用のさまざまな様相とスペクタクルにおいて、人間社会の表情が理解されたのである。人間はまさに微細な糸の紡ぎ手なのであり、社会と呼ばれる織物は、人間によってたえまなしに紡ぎ出されているのである。ジンメルが見るところでは、社会とは、出来事であり、生起するところのものなのである。ジンメル――社会は『私の表象』《meine Vorstellung》なのである。

社会は生活の場面、場面で、おりあるごとに、私たちによって意識されたり、イメージされたり、回想されたり、具体的に体験されたりしているのである。

そこに一脚の椅子やひとつのソファーがあるだけで、他者や一人の人間が、たちまちイメージされることをおそらく誰もが体験していることだろう。さまざまな道具や作品においても同様ではないだろうか。マルセル・プルーストの小説を読むとき、私たちは、プルーストの肉声に触れる思いがするのである。ゴッホの絵を見るとき、私たちは、ゴッホと対面するのである。

人間と人間との触れ合いにおいて体験される深い思いや感動がある。私たちにとってもっとも大きな財産となるものだ。記憶によみがえる人びとと声なき会話、対話をおこなうことがある。私たちは、すでに世を去ってしまった人びとによっても、支えられているのである。人間は相互的な支え手として、人生の旅路を声をかけ合いながら、歩んでいるのである。

(2000. 3. 1)

26 人間と人間との関係の諸様相
――ジンメルの〈まなざし〉――

ジンメルの〈まなざし〉は、日常生活の場面に注がれている。人と人とのさまざまな触れ合いの様相が平明に記されているところが魅力的だと思う。彼は社会を出来事として理解したのである。ジンメルのアプローチにおいてクローズ・アップされてきたのは、人と人との心的相互作用、まさに彼が微細な糸と呼んだものである。

道ゆく人びと――すれ違う人びとのことを気にしながら、人びとのかたわらを通り過ぎることがある。知らぬまにたがいにすれ違う場合がある。知っている人なので、あいさつの言葉を交わすことがある。気まづい状態にならないように心くばりをおこなう場合がある。人と人との触れ合いや交わりのなんと微妙なことだろう。つぎにいかにもジンメルらしい表現を見ることにしよう（ジンメル、清水幾太郎訳『社会学の根本問題――個人と社会――』岩波文庫、二〇ページ―二二ページ、第一章　社会学の領域）。

社会概念を最も広く解すれば、諸個人間の心的相互作用を意味する。（中略）人間の社会関係は、絶えず結ばれては解け、解けては再び結ばれるもので、立派な組織体の地位によることがなくても、永遠の流動及び脈搏として多くの個人を結び合わせるものである。人間が見つめ合う、嫉み合う、手紙のやりとりをする、午餐を共にする、これという利害がないのに同情や反感をもって触れ合う、親切への感謝から二度と解けぬ絆が結ばれる、誰かが誰かに道を尋ねる、互いに相手のことを考えて着飾ったり化粧したりする。――以上は、人間と人間との間に生ずる一時的或いは永続的な、意識的或いは無意識的な、仮初の或いは由々しい、数知れぬ関係の中から全く勝手に選んだものであるが、そういう関係が絶えず私たちを結び合わせているのである。

現代、科学技術が高度に発達した今日この頃、人びとは、日々、どのような触れ合いと交わりを体験しているのだろうか。はがきや手紙に私たちは、どれくらい愛着を感じているのだろう。

私たちが交わす一言、二言によって社会と呼ばれる織物が紡ぎ出されつづけているのである。ジンメルは〈まなざし〉に着眼している。絵画についても関心を抱いていたジンメルは、感覚の領域に分け入っている。

(2000. 3. 8)

27 人間

「社会的・歴史的限定といふものを離れて具体的人間といふものはない」といったのは、西田幾多郎である。彼のつぎのような言葉を紹介したい(『西田幾多郎全集　第一二巻』岩波書店、九九ページ、右の言葉は、九八ページ、教育学について、岩波講座『教育科学』第一八冊、昭和八年二月)。——「時は過去から考へられるのでなく、現在から過去未来といふものが考へられるのである。我々は行為するものとして、この現実の底にいつも永遠なるものに触れるのである、時を越え時を包むものに撞着するのである。(中略)夢みる人には真の現在といふものもなければ、従って過去も未来もない、時といふものもなければ歴史といふものもない。働く人はいつも現在の一角から世界を見るのである。働く人の足は地に着いて居なければならぬ、働く人はこの現実の大地に立ってゐなければならない。働く人はそこから世界を見るのである」。

西田幾多郎は、人間を行為において、ポイエーシス的自己、歴史的身体として理解したのである。こうした人間は、日常的世界、歴史的・社会的世界、表現的世界を生活の舞台として生きているのである。

生活の現実は、ささいなものではなく、なによりも具体的で切実なものであり、誰もが身が切られるような思いで、生活を築き上げげつつあるのである。たがいに協力しながら、声をかけ合いながら、手をとり合いながら。

ミレーの「晩鐘」は、夕闇が迫るなかで、祈りを捧げているカップルが描かれているが、生活と労働がモチーフとなっている絵といえるだろう。大地の表情に魅せられない人はいないだろう。夕映えの大地だ。地平線が望まれる。晩鐘の響きが漂い流れて二人の耳に触れているシーンである。かすかに、かすかに耳に触れている音なのだろうか。静寂のなかでの一点の音なのだろう。

大地ののびやかな空間が広がる空とともに描かれているが、二人の人間的空間に注目したい。たがいに向き合っているようなポーズといえるが、微妙な身体の向きによって、二人の間に表情に富んだしなやかな空間が生み出されている。農具や車やかごやじゃがいもにもミレーの目が注がれている。

(2000. 2. 25)

28　歩く

自分自身の身体が気になる時、気がかりなことがある。痛みが感じられる時、睡眠不足の時、たまたまほんのちょっとしたことで筋を違えてしまった時、けがをした時……ふだんは自分の身体のことを気にすることもなく行動していたのに、身体のトラブルに悩まされることがある。苦労しながら、おそるおそる歩かざるを得ない場合がある。身体ほど私たちにとって微妙なものがあるだろうか。まるで空気のようにも思われる身体、そうした身体が私たち自身に重くのしかかってくることがある。おそらく誰もが多少なりとも、こうしたことを体験してきたのではないだろうか。

二〇〇〇年七月一一日、横浜線沿線の成瀬駅前からバスに乗る。七時少しすぎのことだった。座席に腰をかけてしばらくすると、目が不自由な婦人が乗車してきて、少し離れたところに席をとった。これまで時どき見かけた婦人で、同じ町内会のメンバーであるKさんであることがすぐに分かった。杖を手にしている。生け花のための花を包みこんだかなり大きな長い包みをかかえている。飾り花だったのか。いつもの停留所で私が先に降りてKさんの下車を待つ。歩道に出たKさんに声をかける。途中までご案内します、と。するとKさんは、ただちにこう言った。──ありがとうございます。そのあとでつづいてKさんの声が耳に触れる。──触わってもいいですか。よろしいです、と私。Kさんは、私の右腕のひじに触わる。そっと、軽く。少しゆっくりと歩く。Kさんに歩きながら、たずねる。触わりながら歩くと、歩きやすいですか。Kさん——杖を使いながら歩く時よりずっと歩きやすいです。テンポと動きがつかめるので歩きやすいということだった。ゆるやかな坂道を歩き、すぐに曲り角。左へ鋭角に曲がるところだ。曲がります、という。Kさん、はい。ふたつ目の右へゆるやかにのぼる角まできて、そこでKさんにまた言葉をかけて別れる。Kさんの家はその先の角を右へのぼっていった左側にある。別れる時、Kさんは、いつも通っているところなので、大丈夫です、という。

ほんの数分間のKさんとの歩行だったが、私にとっては、心に残るほのぼのとしたひとときだった。いくらかKさんのために役に立ったという喜びもあった。

私たちは、人びとからさまざまなサポートを受けながら、人生を旅しているのである。

(2000. 7. 11)

29　街頭風景
――ポーの群集の人――

街路では人びとは、いったい自分自身をどのような人物として見ることができるのだろう。道ゆく人びとに誰の〈まなざし〉が注がれているのだろう。多数者の一人、という気楽さはあるが、路上では誰もが抽象的な人間となってしまうように感じられる。道ゆく特定の人びとの服装や動きが目についたり、気になったりすることもあるが、路上では誰もがたがいにほとんど無頓着という場合がどんなに多いことだろう。

一八四〇年代に入って発表されたポーの小説に「群集の人」と題された作品がある。ロンドンの通りに面したキャフェでそれとなく外を眺めていた私の目に気になる男の姿が映ったのである。病が回復して、上々の気分だった私だったが、私はキャフェを出て、一人の年とった男の跡を追い始める。夜を徹して男の姿を追いつづけ、つぎの日の夕方まであち、こちと動きまわる男を追跡する。いきつもどりつするような場面もあったが、結局、私は追跡を断念してしまう。この短編小説の展開は、おおよそこのようなものだが、ポーのこの小説、そして群集の人と呼ばれる人間像にボードレールも、ベンヤミンも注目している。ポー、ボードレール、ベンヤミン、この三者のトライアングルの中心に群集の人が姿を現す。ポール・ヴァレリーもこの群集の人に着目して、デカルト的人間と群集の人を対比させている。

群集の人をモチーフとして小説を書いたポーの視野には、フランスのモラリストの一人、ラ・ブリュイエールの姿が浮かんでいる。自分一人でいること（孤独であること）に耐えられない人間の不幸というラ・ブリュイエールのモチーフが、ポーを貫いているのである。

街路、路上の人びとの姿と表情、動きについては、フリードリッヒ・エンゲルスの『イギリスにおける労働者階級の状態』においても興味深い叙述が見られる。舞台はロンドンだ。

ベンヤミンの視野には、エンゲルスも、またジンメル（「感覚の社会学」）も姿を見せている。ジンメル——たがいに言葉を交わすこともなく、ただその姿を眺めているだけの人間は、そうした場合とは逆の状態にある人間よりも一層、不安な気分を体験するのである。これは街路、路上でのことではなく、乗物、電車のなかでのことだが、街頭においても、こうしたジンメルのアプローチは、私たちに問題を投げかけてくるのではないだろうか。さまざまな他者の出現と動きは、私たちにとって気がかりな出来事なのである。

(2000. 5. 6)

30　孤独と群集と

孤独と群集と――これはなかなか大きなモチーフだ。エドガー・アラン・ポーの短篇小説に「群集の人」と題された作品がある。この小説は、一人の人物が気にかかった人物をもっぱら追跡する。後をつけるという仕組の作品で犯罪が生じるわけではない。追跡のドラマと呼びたくなるようなこの小説に探偵小説の原型を見ることができるという見解もある。小説の舞台はロンドンだ。

ポーに注目していた一人の人物が、ボードレールである。彼の視野には群集の人が入っている。ポー自身は、「孤独でいることに耐えられないこのおおいなる不幸」というラ・ブリュイエールの『カラクテール』の言葉をエピグラフとして掲げながら、「群集の人」を仕上げている。

群集のなかで実感される孤独がある。孤独感は独自の生活感情ではないだろうか。大勢の人びとのなかでは誰もがたちまち匿名的な状態に置かれてしまう。

三木清に「孤独について」というエセーがある。彼はつぎのように書いている（三木清『人生論ノート』、新潮文庫、六五ページ）。

孤独というのは独居のことではない。独居は孤独の一つの条件に過ぎず、しかもその外的な条件である。むしろひとは孤独を逃れるために独居しさえするのである。隠遁者というものはしばしばかような人である。

孤独は山になく、街にある。一人の人間にあるのでなく、大勢の人間の「間」にあるのである。孤独は「間」にあるものとして空間の如きものである。「真空の恐怖」――それは物質のものでなくて人間のものである。

孤独は内に閉じこもることではない。孤独を感じるとき、試みに、自分の手を伸して、じっと見詰めよ。孤独の感じは急に迫ってくるであろう。

(2000. 2. 7)

ジンメルは、孤独を人間と人間との心的相互作用の局面、様相として理解している。ゲーテは、異国のヴェネツィアで、人びとのなかにあって、初めて孤独を実際に体験したのである(『イタリア紀行』)。人間は群集と孤独のはざまで身を支えているのだろうか。

31　手のスペクタクルとドラマ

人間の身体は、どこであろうと表現に富んでいるが、なかでも顔と手ほど注目に値する表現の舞台はない。表情といえば、ただちに顔がクローズ・アップされてくるにちがいないが、手の表情は、顔に劣らず豊かである。顔にもいろいろな動きが見られるが、手の動きは、顔とは比べものにならない。全身の動きや感情の動きが手に集中しているかのように思われる時がある。手はなみなみならぬ表現の舞台なのである。

彫刻家、ロダンがいかに手の動きと表現に苦心をはらい、努力していたかということは、その作品において容易に推察されるところである。手は身体の急所なのだ。ロダンには手がモチーフとなった作品があるが、高村光太郎も手をモチーフとして作品を制作している。その姿かたちにおいて、手はなかなか魅力的だ。視点のとり方によって手の相貌は著しく変わる。日本の仏像においても手はまことに印象深い。私たちはこうした仏像、仏教彫刻の数々の作品においてまことに微妙な手や指の表情を目にしてきている。

さまざまな手のポーズに熱中した人物とあえて呼んでもよい人物がいる。ポール・ヴァレリーだ。彼を手の哲学者と呼ぶこともできると思う。彼のつぎの言葉を見逃してしまうわけにはいかない（『ヴァレリー全集カイエ篇2』筑摩書房、三四七ページ、哲学、寺田透訳）。

机の上においた自分の手をじっと眺める。するとその結果かならず哲学的茫然自失が生ずる。私はこの手の中にあり、かつない。この手は私であり、またない。

ヴァレリーは手についてさまざまな言葉を残しているが、ここに紹介した言葉は、私にとってもっとも印象深いものである。人間のアイデンティティ＝存在証明は、当然、言葉や言語活動に見出されるだろうが、それだけではなく、手にも見出されるのである。手は身体の一部であるだけではない。人間の創造的行為や世界構築のための活動の拠点として、人間の支えとなるものとして手は、注目に値するのである。

手のドラマとあえて呼ぶことができる出来事がある。サリヴァン先生とヘレン・ケラーのあいだに水が姿を見せる舞台である。掌も、指も、水も印象深い。

『最後の晩餐』――みごとな手のドラマだ。

(2000. 7.30)

32 人間の手
――ヴァレリー、そして――

ポール・ヴァレリーの『カイエ』――ヴァレリーの理解にあたっては、彼の思いが書き綴られた、この『カイエ』をひもとかないわけにはいかない。ヴァレリーは絵ごころ豊かな人でもあったが、ところどころに淡彩画やいろいろなスケッチも見られるので、『カイエ』のひとときは、なかなか楽しい。

『カイエ』は大型サイズのページ、造本で私たちの目に触れる。そうしたページのひとつだが、九つもの手のポーズがスケッチされた一ページがある（Paul VALÉRY, *CAHIERS*, *Tome Premier 1894-1900*, Copyright by Centre National de la Recherche Scientifique, Paris 1957）。九ポーズのうち八ポーズは、左手をさまざまな状態と姿で眺めたものであり、一ポーズは、右手の姿である。

ヴァレリーは、まるで視点とパースペクティヴを楽しんでいるようにさえ見える。さまざまなポーズの手をスケッチしているところがヴァレリーらしい。それればかりではない。彼は手をめぐってさまざまな言葉を残している。ヴァレリーが見るところでは、手こそ身体の急所、要所であり、人間の証人そのものなのである。ヴァレリーは、自分の手に疑いをかける。この手は私の手、この手に私はある、だが、疑いをかけていくと、この手はどこまで私の手なのか、次第に不安がつのる。いずれにしてもヴァレリーは、まさに手の人なのである。手の哲学者だ。

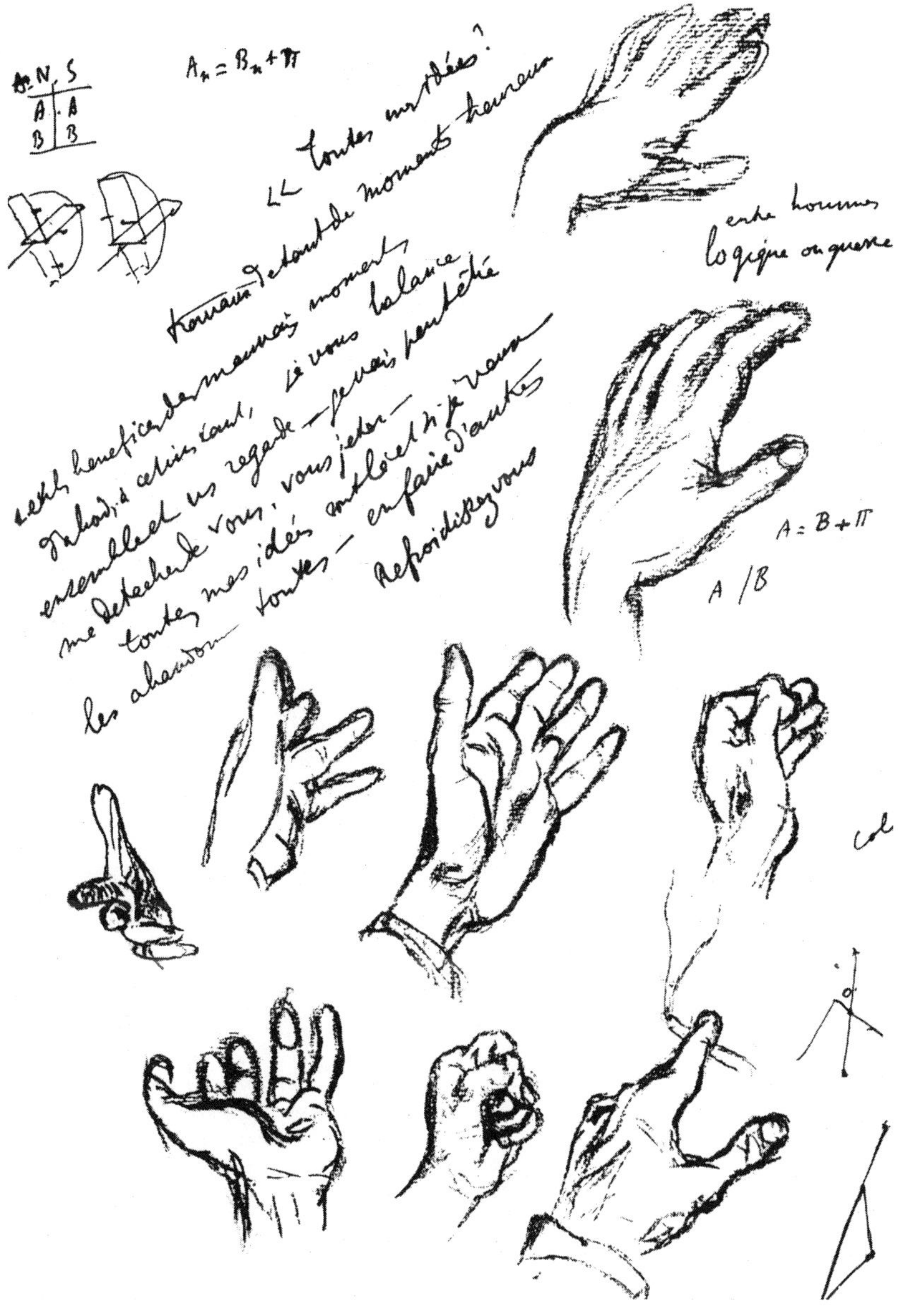

私たちの視界、目がとどくところにいつも姿を見せている手の姿かたちは、私たちにとってもっともなじみ深い、見なれた風景だ。だが、掌や指や手の細部をじっと眺めていて、不思議な気分に襲われない人は、おそらくいないだろう。手にはどことなく大地の相貌や表情、さまざまな地形、風景などが見え隠れしているように感じられる。ホーフマンスタールの「チャンドス卿の手紙」に姿を見せる手もある。リルケは、手を三角洲と見ている。ある意味では、人間のアイデンティティの急所、瀬戸際に姿を見せる眺め、それが手ではないだろうか。道具世界の主役、スターとしてクローズ・アップされてくるもの、それが手である。指である。水 w-a-t-e-r とともに人間の手があざやかに姿を見せるシーンが、ヘレン・ケラーの生活史の一ページを飾っている。手に触れる冷たいものが水と名づけられていることを覚った彼女は、ものには名前がつけられていることを理解したのである。サリヴァン先生の名を忘れるわけにはいかないシーンだ。

(2000. 5. 5)

33 人間の手

人間の手は身体の一部分ではあるものの、身体の諸部分、さまざまな局部のなかで、手ほどみごとな眺めが体験されるところが、他にあるだろうか。人間の全体性や個性や持味などは、手にことごとく凝縮されているようにさえ思われる。

手にはさまざまな手や道具や作品などが姿を見せているといっても過言ではないだろう。いろいろな道具の手がある。扉にも手がついている。そうしたさまざまな手と人間の手が結ばれるのである。人びと相互の握手がある。

絵画作品といえば、目と〈まなざし〉だが、絵画には光が、また、手が、たっぷりと入り込んでいるのである。人間の手のきめこまやかな動き、微妙な動きに驚きを覚えない人は、いないだろう。

画家はまるで人間の手を描くことに熱中してきたのではないかとさえ言いたくなる。レオナルド・ダ・ヴィンチ、デューラー、ピカソ、そのほか、あまたの画家たちが手の描写、手の表現に心血を注いできたのである。顔とならんで人間の手は注目に値するモチーフだったのだ。手はまさに人間の全体性と本質、核心そのものなのである。人間を理解しようとする時には、手に注目しないわけにはいかないのである。

堀口大学の第五詩集、『人間の歌』（昭和二二年五月五日、宝文館刊）には、「手」と題された詩がおさめられている（『堀口大学詩集』平田文也編、白凰社、八四ページ）。

手

手。天鵞絨。闇の皮膚。音楽の体温。乾いた粘膜。湿度ある吸盤。夜の紫陽花。手。手袋の内側。

この手はまぎれもなく自分自身の手なのだが、それでも自分の手、自分の手と自身自身との関係に疑いをかけた人がいる。ポール・ヴァレリーだ。ヴァレリーの『カイエ』には自分の手のさまざまなポーズを描いた彼のスケッチが見られるページがある。そうした彼の手のスケッチを模写したことがある。

ヴァレリーの故郷、セートのミュージアムのヴァレリーの記念室で彼が描いた手袋を記念に私のスケッチブックに模写した旅の日を思い出す。ポール・ヴァレリーは、手と手袋の人でもあったのである。手の地平と領域は、まことに広大であり、限りなく深い。この手袋のスケッチについては、口絵をごらんいただきたいと思う。

34

右手と右手

――人間と社会の原風景――

自然そのままの石がある。切り出された石は、その状態において文化となった自然である。ていねいに人間の手が加えられた石がある。作品として姿を見せた石がある。

ロダンの彫刻に「ラ・カテドラル」と題された作品がある。素材は、石、手のぬくもりが感じられるほど、きめこまやかに仕上げられた作品だ。男女、それぞれの右手がモチーフとなった彫刻であり、セーヌ左岸にあるロダン美術館（かつてのビロン館）にこの作品が所蔵されている。パリでこれまで何度かこのロダンゆかりの館を訪れ、「ラ・カテドラル」を見ているが、忘れがたい作品だ。何度もこの作品をスケッチしている。

「ラ・カテドラル」――男女、二人の人物の右手と右手が触れ合わんばかりのポーズを見せている。人間の、人間関係の、社会の、まさに原風景と呼びたくなるようなポーズであり、スペクタクル、光景だ。人間の風景として、まぶたに残る作品ではないかと思う。

視点のとり方とアプローチの仕方に応じて、「ラ・カテドラル」（一九〇八年）の眺め、パースペクティヴは、微妙に変化する。彫刻とは、私たちに移動しながら作品を眺めることを促すオブジェなのである。

手が触れ合うところから、人間のドラマ、生活のドラマは始まる。ものに触れることはもっとも重要な世界体験だが、他者の手に触れるということは、かけがえがない人間的体験、社会的体験なのである。

西田幾多郎の言葉をつぎに紹介したいと思う（『西田幾多郎全集』第八巻、二八六ページ、二八八ページ、二九〇ページ、哲学論文集　第二、一　論理と生命）。――「道具を有ち物を造る所に人間があるのである。人間は創造的であり、我々の生命は歴史的でなければならない。（中略）環境が我々の死んで行く所であり生れ出る所である時、即ちそれが世界である時、生命の独立性がある。そこに生命の具体的実在性がある。（中略）私と汝と相逢ふと云っても、唯、無媒介的に相逢ふと云ふのではない。私と汝とは表現的媒介によって相対するのである。（中略）表現的に自己自身を限定する世界に於て私と汝と相逢ふといふことができる。社会といふものはかゝる世界の自己限定として形成せられるものである」。西田幾多郎は、世界を歴史的・社会的世界、表現的世界と呼んでいる。

(2000. 2. 23)

35　芸術
――中原中也の芸術論ノート――

さまざまな人間の営みのなかでも芸術と呼ばれるジャンルこそ、人間の相貌や〈まなざし〉や手、人間の限りなく広々とした深い生存の領域があざやかにクローズ・アップされてくるジャンルではないだろうか。作品とその制作・創造、ポイエシスに注目することがなかったら、人間の理解は、不徹底となってしまうだろう。

ここでは中原中也の「芸術論覚之書」からふたつの言葉を紹介したいと思う（『中原中也全集3　評論・小説』角川書店、八一ページ、評論、芸術論覚之書）。

一、「これが手だ」と、「手」といふ名辞を口にする前に感じてゐる手、その手が深く感じられてゐればよい。

（中略）

一、知れよ、面白いから笑ふので、笑ふので面白いのではない。面白い所では人は寧ろニガムシつぶしたやうな表情をする。やがてにっこりするのだが、ニガムシつぶしてゐる所が芸術世界で、笑ふ所はもう生活世界だと云へる。

ここでは「芸術論覚之書」のごく一部だけを目にしたが、このエセーは、全体としてそれほど長くはない。中也には二ページたらずのエセー「宮澤賢治の世界」があるが、少しばかり表現を変えて、ここで目にしたふたつの文章が、ほかの四つの文書ともどもエセーにおさめられている。賢治がかりに芸術論を書いたとしたら、述べたのではないかと思われることをノート風に中也は書きつけてみたのである。宮澤賢治の世界について書いた時、冒頭で中也はこう書いている（同書、九六ページ、宮澤賢治の世界）。――「人性の中には、かの概念が、殆んど全く容喙出来ない世界があって、宮澤賢治の一生は、その世界への間断なき恋慕であったと云ふことが出来る」。

中也の詩的宇宙がある。賢治においても驚くべき宇宙が体験される。言葉のとぎすまされた輝きと豊かな生存感情が、いろいろな詩篇においてほど感動的に体験されることはないだろう。ひとつの言葉は、ふたつとない宝石にも比せられるのである。

言葉に注意深く気づくということは、生活者である私たちにとって大切なことではないだろうか。芸術の扉は、人びとに広く開かれているのである。

(2000. 7. 23)

36　視覚と触覚、救いの手

視覚と触覚との違いに注目することは、私たちの世界体験を理解するうえで、すこぶる重要だと思う。触れるとは、対象への積極的アプローチ、果敢ともいえるアクティブなアプローチなのである。見るとは距離をとりながらの対象へのアプローチといえるだろう。目で見て確かめることはできるものの、それだけではまだ不安が残る。手で触わって見て、初めて安心し、なっとくすることができるのである。日常生活の場面でおそらく誰もがこうしたことを体験しているのではないだろうか。ジャン・ブランのつぎのような見方に共感を示す人びとが多いことだろう（ジャン・ブラン、中村文郎訳『手と精神』叢書・ウニベルシタス三〇二、法政大学出版局、一六八ページ―一六九ページ、第二部　触れることによる認識、第一一章　眼と手）。

視覚によって、人間は、自由に利用できるパノラマを展開しながら、そうした延長の上を放浪する。やがて出て行くために、立ち寄り、愛着を寄せ、これを断ち切る。行き、戻り、再出発するのである。そのことこそ、〈視覚は総合的にして瞬時的である〉という言い方によって表現されていることである。視覚はわれわれを連続性の核心そのものに位置づけるのである。

反対に、触覚は、世界を不連続性のカテゴリーの下で与える継起と分析とを伴う。この点において、触覚的延長は、思惟される延長というよりは、むしろ体験される延長なのである。実際、〈触れる〉ということがありうるためには、手は探検に出かけて、われわれを他性から疎隔する距離を征服しなければならない。触れようと努める手は、次元に対する暫定的勝利をしきりに探しているのである。たしかに、手は前後左右に進むことができる。しかし、眼とは違い、手だけが、〈世界の距離を真に測ろうとする者を待ち受ける労苦〉を知っている。なぜなら、〈触れること〉のパノラマはありえないし、手にとっては、すべての事物が海のなかの孤島のようなものだからである。

「握るが、しかし握り潰すことはせず、触れるが、しかし溶け合うことはしない手は、われわれが自分を世界へと開き、次いで自分の上に閉じる媒体である」とジャン・ブランはいう（同書、一七二ページ）。手がいうことをきかない状態は、悲劇的で絶望的というべきだろう。手の自由は救いなのである。

(2000. 5. 5)

37 耳

——寅彦／コクトオ／大学——

目は前方に向かって開かれているが、誰もが四方八方に注意をはらいながら、行動しているのである。目を閉じることができても、耳はいつもそのままだ。

寺田寅彦は、つぎのような言葉を残している（寺田寅彦『柿の種』岩波文庫、二八ページ、大正一〇年三月、渋柿）。——「眼は、いつでも思った時にすぐ閉じることができるようにできている。しかし、耳のほうは、自分では閉じることができないようにできている。なぜだろう」。

風景といえば、目に映る風景や視野にただちに気づく人びとが多いだろうが、耳に触れる風景や耳の記憶もあるのである。視野にたいして聴覚の野という言葉を用いることができるだろう。手で触れることができるところこそ私たちに現実感をもたらしてくれる信頼できる野であるように思われるが、聴覚の野を軽く見ることはできないだろう。両手で耳をふさいでしまったら、どうなるか。とまどいと不安を隠すことはできないはずだ。いたたまれなくなってしまうだろう。人間は、身体の部分、細部と全身によって、世界につなぎとめられているのである。耳は目と同格なのであり、耳は不眠不休で監視役をつとめているのである。

堀口大学は、「海の佛蘭西近代詩」と題されたエセーのなかで、つぎのようなコクトオの詩の一部を紹介し、言葉を添えている（『堀口大学全集6』七三ページ、季節と詩心、昭和一〇年、所収）。

私の耳は貝の殻
海の響をなつかしむ

これはジャン・コクトオの「カンヌ」と題する詩の一小節だが意味からいっても、イマアジュからいっても、完全に、二重三重に反射し合って、建築術の所謂せりもちの方法で構成された短詩の賞嘆すべきレユシットだ。

人間は、四六時中、自分の耳によって世界と結ばれているのである。彫刻家、三木富雄が耳をモチーフとした作品を制作しつづけた気持を理解しないわけにはいかない。

（2000. 2. 24）

38　携帯電話と人間

人間——人の間、誰もが人びとのなかで、さまざまな人びととほとんどたえまなしに触れ合いながら、自分自身の身を、心身を支えつづけているのである。

コミュニケーションとトランスミッションにおいて社会をイメージしたり、理解したりしたのは、ジョン・デューイである。彼が見るところでは、人間は、サインとシンボルの世界で生きているのである。

人間とは、まさにさまざまな応答のなかで、たがいに声をかけ合いながら、共同生活を営んでいる人生の旅びとなのだ。人生の旅は、一人旅ではない。確かに誰もが唯一の個人としてこの世に、世界と呼ばれる舞台に姿を見せているが、人びとは共演者として演技しているのだ。すべてこの世は、舞台なのだ（シェイクスピア『お気に召すまま』）。

ジョン・ダンがいうように、島であるような人は、いないのである。

二〇〇〇年、この現代においては、携帯電話は、まぎれもなく時代の風俗となっており、世相となっている。何年か前は、携帯電話はそれほど普及していなかったが、今日では、いたるところ、携帯電話であり、時には、電車のなかで、左右の人びとが、携帯電話を手にしている場合がある。右の人も、左の人も通話中などということもある。携帯電話で車内でビジネスをくり広げている人がいる。打ち合わせや約束をしている人、いま、どこどこと話している人、あと何分で、などと話している人、大声で通話中の乗客、携帯電話を握りしめつづけている人、まるで電話番となっているような人、この私は、まさに携帯電話なのだ、という風に見える人、マナーを心得ていない無作法な人、歩きながら通話中の人……携帯電話において人びとの暮らしと時代が理解されることは確かだが、人びとは、沈黙や真実の語らいを忘れてしまってはいないのだろうか。

糸電話で遊んだ子どもの頃を記憶している人びとは少なくないだろう。

電話の即時性や距離の克服、その利便性には驚くべきものがあるが、電話の落とし穴は、ないのだろうか。

カフカの『城』に姿を見せる電話がある。

(2000. 2. 14)

39 声

人間の声ほどまことに微妙な表情が体験される音声、音、出来事があるだろうか。それは音のなかの音ではないかと思う。人びとそれぞれの個性は、全身に、身体の部分、部分におのずから滲み出ているが、身体つきや顔と並んで、あるいは、それら以上に声には人びとそれぞれの特徴があるように思われる。人間のアイデンティティは、声にも、筆跡にも、歩き方にも、話し方にも、顕著に見られるのである。

対面の状態で会話しているとき、直接、耳に触れる声音がある。電話で通話している時、体験される人の声がある。声の表情がどことなく対話の場合と異なるように感じられることがある。

声の特徴や表情を言葉で表現することは、なんと難しいことだろう。すべての音についてこうしたことは言えるだろうが、人間の声については格段に難しいのではないかと思う。

堀口大学の第五詩集、『人間の歌』（昭和二二年五月五日、宝文館刊）に見られる詩、「母の声」をつぎに紹介したいと思う（『堀口大学詩集』平田文也編、白凰社、六五ページ）。

母の声

母は四つの僕を残して世を去った。
若く美しい母だったさうです。

母よ、
僕は尋ねる、
耳の奥に残るあなたの声を、
あなたが世に在られた最後の日、

幼い僕を呼ばれたであらうその最後の声を。

三半規管よ、
耳の奥に住む巻貝よ、
母のいまはの、その声を返せ。

幼き日に母親と死別した堀口大学の深い悲しみと愛惜の情が、切々と伝わってくる作品だと思う。人間と人間の関係、人間の絆が、人間の声に凝縮されて、クローズ・アップされてくる。この詩を評して、「純真な抒情詩の本質だけを何の夾雑物もなく投げ出したのがなかなかに有難い」と書いた人がいる。佐藤春夫だ（同書、一九〇ページ、「母の声」の解説、参照）。忘れ難い声がある。声に耳を傾けたい。

40　漱石／人生の日々

人生の日々をどのように生きるかということほど私たちにとって切実で大切な課題はないだろう。限りある命を大切にしながら、日々、晴れやかに、心ゆたかに、楽しく、と思わない人はいないだろう。生きている喜びを人びとのなかで、自然との触れ合いのなかで、また、作品を体験するなかで、感じることができれば、幸いといえるだろう。路傍の草花や目にしたふとした風景に心が動かされることがある。心の持ち方、人生観、生活感情によって私たちの日々は違った色合いを見せるのではないだろうか。

夏目漱石のつぎのような言葉がある（夏目漱石『硝子戸の中』角川文庫、一六六ページ―一六七ページ、硝子戸の中。大正四年一月一三日から二月二三日まで「朝日新聞」に連載、四月、単行本として岩波書店から発行）。

　不愉快にみちた人生をとぼとぼたどりつつある私は、自分のいつか一度到着しなければならない死という境地について常に考えている。そうしてその死というものを生よりは楽なものだとばかり信じている。ある時はそれを人間として達しうる最上至高の状態だと思うこともある。

　「死は生よりも尊い」

　こういう言葉が近ごろでは絶えず私の胸を往来するようになった。

しかし現在の私は今のあたりに生きている。私の父母、私の祖父母、私の曾祖父母、それから順次にさかのぼって、百年、二百年、ないし千年万年のあいだに馴致された習慣を、私一代で解脱することができないので、私は依然としてこの生に執着しているのである。だから私の他に与える助言はどうしてもこの生の許す範囲内においてしなければすまないように思う。どういうふうに生きてゆくかという狭い区域のなかでばかり、私は人類の一人として他の人類の一人に向かわなければならないと思う。

漱石の気持が私たちに伝わってくるが、漱石が「生のなかに活動する自分」(漱石の表現)を肯定する態度をとっているので、ほっとする。人間にとって死が気がかりであることは避けがたいことだろうが、目一杯、力強く、しなやかに、人間的に生きることによって、私たちの生存の深まりが期待されるのではないかと思う。人生と呼ばれる旅は、すばらしい旅であるはずだ。〃人生に意味を〃——サン＝テグジュペリの言葉である。

(2001. 3. 4)

41 世の中に住む／漱石

日々の生活の場面で私たちがたえず巻き込まれている出来事といえば、人間関係や社会的状況ではないだろうか。人びとのなかで、私たちの誰もが自分自身の身を、身心を支えつづけているのである。

夏目漱石の「硝子戸の中」、その三三にはつぎのような言葉が見られる（夏目漱石『硝子戸の中』角川文庫、二二七ページ―二二九ページ）。

世の中に住む人間の一人として、私はまったく孤立して生存するわけにはゆかない。しぜん他と交渉の必要がどこからか起こってくる。時候の挨拶、用談、それからもっと込み入った懸け合い――これから脱却することは、いかに枯淡な生活を送っている私にもむずかしいのである。

（中略）

私のひがみを別にして、私は過去において、多くの人からばかにされたという苦い記憶をもっている。同時に、先方の言うことやすることを、わざとひらたく取らずに、暗にその人の品性に恥をかかしたと同じような解釈をした経験もたくさんありはしまいかと思う。

他に対する私の態度はまず今までの私の経験からくる。それから前後の関係と四囲の状況から出る。最後に、曖昧な言葉ではあるが、私が天から授かった直覚が何分か働く。そうして、相手にばかにされたり、また相手をばかにしたり、まれには相手に彼相当な待遇を与えたりしている。

しかし今までの経験というものは、広いようで、その実はなはだ狭い。ある社会の一部分で、何度となくくりかえされた経験を、他の一部分へ持ってゆくと、まるで通用しないことが多い。

人間と人間の関係、人と人との触れ合いと交わりほど心くばりが必要で微妙なものはない。ワン・パターンではうまくいかないのである。人間はいつもいろいろに気分づけられながら生きているのであり、誰もが背後にさまざまな事情を抱え込みながら、人びとの前に姿を現しているのである。そして身辺の状況は刻々と変わりつつある。とにかく生きること、それは人びとのなかで人びとに働きかけていくことであり、人びととの関係を築いたり、維持したりしていくことなのである。漱石は人情界、世間を切り詰めていくと、結局、男と女の関係に帰するという見方をしている。社会的世界の人間模様と図柄に注目したいと思う。

42 義務と好意
――漱石、修善寺の記憶――

夏目漱石の生活史に修善寺の大患と呼ばれる出来事が刻まれている。そうした出来事をふりかえった漱石の文章につぎのような場面がある（夏目漱石『思い出す事など　他七篇』岩波文庫、七八ページ、八〇ページ、思い出す事など、二三）。

余は好意の干乾びた社会に存在する自分を甚だぎこちなく感じた。

人が自分に対して相応の義務を尽してくれるのは無論ありがたい。けれども義務とは仕事に忠実なる意味で、人間を相手に取った言葉でも何でもない。従って義務の結果に浴する自分は、ありがたいと思いながらも、義務を果した先方に向って、感謝の念を起しにくい。それが好意となると、相手の所作が一挙一動悉く自分を目的にして働いてくるので、活物の自分にその一挙一動が悉く応える。其所に互を繋ぐ暖い糸があって、器械的な世を頼母しく思わせる。

電車に乗って一区を瞬く間に走るよりも、人の背に負われて浅瀬を越した方が情が深い。

（中略）

医師は職業である。看護婦も職業である。礼も取れば、報酬も受ける。ただで世話をしていない事は勿論である。彼らを以て、単に金銭を得るが故に、その義務に忠実なるのみと解釈すれば、まことに器械的で、実も蓋もない話である。けれども彼らの義務の中に、半分の好意を溶き込んで、それを病人の眼から透かして見たら、彼らの所作がどれほど尊とくなるか分らない。病人は彼らのもたらす一点の好意によって、急に生きて来るからである。余は当時そう解釈して独りで嬉しかった。そう解釈された医師や看護婦も嬉しかろうと思う。

漱石の〈まなざし〉は、世相と人情に、社会と人間に注がれている。医療と看護、介護や介助の現場ほどこまやかな心づかいと心あたたまる人間関係が求められる生活の舞台はないだろう。漱石は、ここで「暖い糸」という言葉を用いているが、ジンメルが見るところでは、人間と人間との心的相互作用、いわば微細な糸によって社会が紡ぎ出されているのである。人間は社会の織り手なのだ。

(2000. 2. 15)

43　木曜会
——友情の交響楽——

誰もがさまざまな人びととの人の輪のなかで生きているのである。人の輪に入れない時ほどつらい思いをすることはないだろう。一家団欒とは、本来、集まって車座にすわることを意味する言葉なのである。

ある人を中心としての集いがある。その人物と集まってきた人との触れ合いや人間関係がクローズ・アップされてくるだけではない。姿を見せた人びと相互の出会いと触れ合い、交わりが見られるのである。

夏目漱石を囲むかたちでの集い、木曜会について和辻哲郎が文章を残している。木曜会の気分（和辻の言葉）は、和辻には非常に快く感じられたので、月に一、二度くらいは和辻は木曜会に出席したのである。「客間はたぶん十畳であったろうが、書斎の側だけには並び切れず、窓のある左右の壁の方へも折れまがって、半円形に漱石を取り巻いてすわった」と和辻は、書いている（『和辻哲郎随筆集』坂部恵編、岩波文庫、一五六ページ、漱石の人物）。

和辻が顔を出した当時、木曜会はもう六、七年もつづいていたのである。和辻は、つぎのように述べている（同書、一五七ページ—一五八ページ）。

漱石を核とするこの若い連中の集まりは、フランスでいうサロンのようなものになっていた。木曜日の晩には、そこへ行きさえすれば、楽しい知的饗宴にあずかることができたのである。が、そこにはなおサロン以上のものがあったかもしれない。人々は漱石に対する敬愛によって集まっているのではあるが、しかしこの敬愛の共同はやがて友愛的な結合を媒介することになる。人々は他の場合にはそこまで達し得なかったような親しみを、漱石のおかげで互いに感じ合うようになる。従ってこの集まりは友情の交響楽のようなふうにもなっていたのである。漱石とおのれとの直接の人格的交渉を欲した人は、この集まりでは不満足であったかもしれない。寺田寅彦などは、別の日に一人だけで漱石に逢っていたようである。

木曜会の雰囲気と光景がおのずから浮かび上がってくる文章だ。友情の交響楽、という表現によって、この集いがいかに楽しい心ゆたかな集まりであったかということがよく分かる。和辻哲郎は、人間を間柄存在と呼んだ人である。間柄の交響楽である。

(2000. 4. 2)

44　西田幾多郎とドストイェフスキイ

——人間の理解をめぐって——

人間をどのように見るか。これまでなんとさまざまな視点から人間へのアプローチが試みられてきたことだろう。古代ギリシアではアリストテレスの人間理解がこれまで広く知られてきている。——ポリス的動物、アリストテレスは、共同生活と言語生活に注目したのである。群をなす、ということは、人間以外の動物においても見られるが、言葉、言語は、人間において独自の注目さるべき出来事なのである。

ところでアリストテレスらを視野に入れていた西田幾多郎は、身体的・行為的・人格的自己に注目しながら、日常的世界、歴史的・社会的世界、歴史的人間、自覚的人間、そして当然のことながら、創造的自己について考察を深めていったのである。西田はライフ life の研究者の道を歩んだのである。

作られたものから作るものへ、西田のエセーにおいてしばしば目に触れる言葉だ。「人間的存在」と題された彼のエセーにつぎのような言葉が見られる（『西田幾多郎全集　第九巻』岩波書店、五三ページ—五五ページ、哲学論文集第三、一　人間的存在、『思想』第一九〇号、昭和一三年三月）。

併し上に論じた如く、作られたものから作るものへと動き行く世界の極限に於て、作られて作るものの頂点として人間といふものが現れるのである。人間は何處までも無限に深い歴史的バラストを脱することは出来ない。又之を脱すれば、人間といふものはなくなるのである。（中略）自己矛盾的存在として、我々が自己自身を否定することによって物を見、物を見ることから働く所に、理法といふものがあるのである（働くことによって物を映し物を映すことによって働く）。故に理性といふものは人間に内在するのではなく、超越的なるものによって媒介せられる所に、理性といふものがあるのである。（中略）真に理性的なるものは、超越的に媒介せられるものでなければならない。

私は是に於てドストイェフスキイの小説を想起せざるを得ない。彼の問題は人間とは如何なるものであるかであった。而して彼はそれを深刻に徹底的に追及した。「地下室の手記」の主人公の云ふ如く、直情徑行の人はすぐ憤激した牡牛のやうに角を下に壁に打当る。併し自由のない所に人間はない。科学は自由意志などいふものはないと云ふが、人間は数学の公式でもなければオルガンの音栓でもない。「罪と罰」の主人公は高利貸の老婆を殺した。併しそれは金を取る為でもなく、それによって人を救ふ為でもなかった。唯、ナポレオンの如く強者にはすべてが許され得るか、自由を試すためであった。然るに彼は唯一匹の虱に過ぎないことが明になった。「カラマーゾフの兄弟」に於て有名な大審問官の云ふ所も、之に外ならない。ドストイェフスキイは人間をその極限に於て見た、その消点（vanishing point）との関係に於て見たのである。

こうした言葉が発せられる少し前のところで（同書、五一ページ）、西田幾多郎は、こう述べている。――「主体と環境とは個性を通じて相互否定的に相限定し、世界は作られたものから作るものへと個性的に自己自身を限定して行く。主体といふのは矛盾的自己同一の作用的方面であり、環境とは見られた物の方面である。作られたものから作るものへと、世界が個性的に動いて行くと云ふことは、世界が表現作用的に自己自身を形成し行くことである」。

西田幾多郎が見るところでは、世界は表現的世界であり、人格的世界なのである。ポイエシスの様式と見られた社会は、世界においてあるのであり、世界といえないような社会はないのである。

西田幾多郎がドストイェフスキイの文学作品に言及しているところに注目したいと思う。人間像の創出、人間の描写、人間の探究、生活と人生へのアプローチなどという点で小説はまことに示唆に富む興味深い領域なのである。人間が疑いなく人間そのものであること、人間の本質と人間性、そして人間のアイデンティティ、かけがえがないこの私……人生の旅びと、生活者である私たちにとって、こうしたことこそ重要なことなのである。

人間は徹底的に社会的存在である。そしてまぎれもなくこの私、個人なのだ。西田はあるところで個人は社会である、といった人だ。個人は社会——西田は人間関係において社会と個人の現実的な様相を理解している。さまざまな小説において世相と人間関係がクローズ・アップされてきていることは、周知のとおりである。

文学と哲学、また、文学と社会学というそれぞれのモチーフに注目したいものである。

(2001. 3. 5)

45 人間存在

――和辻哲郎のアプローチ――

「存在」という言葉の「存」を生存、主体の作用・行為として理解したのは、和辻哲郎である。この「存」という言葉には時間的意味が含まれているのである。和辻は、存生・存命・生存という言葉を挙げている。把持は忘失を含むのである。和辻が見るところでは、「存」とは、主体的に行動する者が何らかの人間関係においてあることを示唆するのであり、こうした言葉によって人間の間柄における実践的交渉が意味されているのである（和辻哲郎『人間の学としての倫理学』岩波全書、岩波書店、三七ページ―三九ページ、参照、第一章　人間の学としての倫理学の意義、四「存在」という言葉の意味）。

和辻哲郎の『倫理学』においては、主体的実践的な広がりが、根本的空間と呼ばれたのである。人間（存在）は、個人として、社会として、まさに個人と社会の両義性において理解されたのである。こうした場面に姿を見せたのは、間柄存在という言葉である。和辻は、根本的空間のほかに定位された空間、環境的空間、等質的空間などを挙げている。

和辻哲郎のアプローチ――道具はすでに間柄の表現なのであり、単にわれの「手にある物」ではない。住居である「家」は人間存在を表現しているのである（同書、二二八ページ、二三〇ページ、参照）。

「社会は『人間』である。社会の学は人間の学でなくてはならない。従ってそこでの根本問題は人と人との間柄である」。(同書、一二三五ページ、第二章　人間の学としての倫理学の方法、一五　人間存在への通路)。和辻は、倫理学の方から社会学を見ている。当然のことだが、社会学においても人間から目をそらすことは、できないのである。

(2000. 2. 15)

46　故郷

——花鳥山水風月——

故郷はふたつとない山河、忘れ難い山川草木、人びとが体験してきた花鳥山水風月などにおいて故郷なのである。先祖代々の人びとが静かに眠りについている土地、墓参が特別な意味を持っている土地、そうした土地が、故郷なのである。帰省という言葉に深い思いを抱いている人びとがいる。

故郷といえば生家であり、両親、兄弟姉妹、身内の人びと、なじみの友人、そして近隣の人びとである。故郷といえば、おそらく誰の場合でも、なつかしさ一杯ではないかと思う。町も道も家々も、そこ、ここのさまざまな片隅が、ことごとく思い出にあふれた特別な場所としてクローズ・アップされてくるのである。故郷は特別なトポスなのだ。

故郷に寄せる思いと感慨は人さまざまだが、故郷喪失などという言葉が目に触れることがある。故郷はよりどころであり、支えなのだ。故郷について語るということは、自分自身のアイデンティティについて語るということではないかと思う。生まれ故郷でなくても、故郷と呼びたくなるような土地について語ることができる人びとがいるはずだ。旅先の土地、一夜の宿をとった土地が、特別な記憶の場所となることもある。

イタリアを旅していたゲーテは、南国の太陽の国で自分がアルプスの北の国の人間であることをあらためて自覚したのだった。

故郷は風土において、風景において、光と風において、生活と風俗において、かけがえがない土地なのである。人間のアイデンティティ（存在証明・自己同一性）には故郷が住みついているのではないかと思う。それぞれの土地の言葉がある。方言がある。

いまでは姫路市に編入されているが、市川という川の西岸にあたる村、仁豊野が生まれ故郷だった和辻哲郎は、幼児の自分の記憶に残っているのは、若い母親自身の姿ではなくて、若い母親が動かしていたいろいろな物象の形である、と書いている。「第一にまざまざと出てくるのは糸車である。母親は暗い行燈のそばに坐って、その糸車を廻して糸を紡いでいた」と和辻の文章にある（和辻哲郎『自叙伝の試み』中公文庫、三八ページ、わたくしの生れた村）。和辻哲郎にとって忘れ難い体験は、蓮華畑の上を転げ廻って遊んだ時の、柔かい草の感触だった。

故郷の空に寄せる深い思いは、高村光太郎の詩に見られる。主人公は智恵子である。

(2001. 3. 3)

47　われ思う、ゆえにわれあり
cogito, ergo sum

cogito, ergo sum デカルトのこの言葉ほど広く知られた言葉はないといっても過言ではないだろう。疑いをかけつづけたデカルトが最後にいき着いて、もはやそれを疑うことはできないと悟ったこと、それがまさにこの言葉にいいつくされているのである。

コギト cogito という言葉には、思う、感じる、欲する、などという意味がある、という見解がある。あまねく知られたこの言葉をめぐって、さまざまな見方がこれまで呈示されてきたのである。たとえば、思うということをめぐって——われ思うではなくて、われわれが思うというべきではないのか、これはクーリーの見方である。順序としては、われあり、ゆえにわれ思う、ではないのか。

われ思う cogito といってしまってよいのだろうか。コギトにあたるところを「われ行為する」といったのは、西田幾多郎である。

デカルトは世界を見失っているのではないかとデカルトに疑いをかけたのは、オルテガ・イ・ガセーである。

デカルトのこの言葉は、ジャン＝ポール・サルトルに入りこんでいる。『嘔吐』の場面である。主人公のアントワーヌ・ロカンタンは、「われ思う、ゆえにわれ揺れる」と言う。ロカンタンは、自分自身を余計な存在、と呼ぶ人物だ。不条理という言葉が、この小説（一九三八年）に姿を見せている。

「われあり」のありの部分に彫琢を施していった人こそ、ハイデッガーである。世界＝内＝存在、共同相互存在、ひと das Man などという言葉は、社会学の分野においても、人間学の領域においても、特別に注目に値する言葉なのである。

「われ」も、cogito も、また「あり」も、ことごとく人間の理解にあたって、さらに日々の生活の理解にあたって、問題となるのである。人間の存在とならんで生成にも注目しないわけにはいかない。人間存在の本質をハイデッガーは、実存と呼んだのである。

フランスのモラリストのスタート・ラインに姿を現すモンテーニュは、私は私のなかを転がる、という言葉を残している。モラリストは、あくまでも人間から目を離さずに人間の理解と洞察に専心した人びとをさす言葉だが、フランスのモラリストという時、モンテーニュ、デカルト、パスカル、ラ・ロシュフコー、ラ・ブリュイエールらの名を挙げることもある。デカルトは、アムステルダムで人びとのなかにありながら、孤独を楽しむ。

(2000. 4. 2)

48 人間の社会

――コントとアラン――

パリ・セーヌ左岸にソルボンヌ広場と呼ばれる小さな広場がある。かつてのソルボンヌ大学、いまのパリ大学の玄関口と呼びたくなるようなところに位置する広場であり、いきかう学生の姿がたえまなしに目に触れる青春のスポットだ。この広場に高い石の台座に飾られたオーギュスト・コントの胸像が姿を見せている。一八三九年に社会学 la sociologie という言葉を世に送り出した、まさに社会学の命名者、創始者、コントだ。

オーギュスト・コントの思想に共感を抱いていたアランは、「人間の実質としての先入見」という文章においてつぎのように述べている（『アラン著作集4　人間論』原亨吉訳、白水社、一〇四ページ、一〇六ページ、一一八）。

私はコントのつぎの思想を好む。すなわち、象や馬や狼に欠けていたものは、おそらく、廟や神殿や劇場を築き、その周囲または内部に集まる暇だけだった、というのである。（中略）よく見れば、彼らすべてに欠けているものはモニュメントである。つまり、存続し、次の世代を教育するものである。そして、モニュメントのうちには道具をもかぞえねばならない。動物があとに残すものは、彼らに似た存在、そして自分の形に従ってあらたに生を営む存在のほか何もない。ハチの巣は、ハチそのものと同様に、やりなおしである。そして、この驚くべき共同体は、けっして社会ではないのである。

人間の社会——これこそ真に社会である——を作るものは、別種の遺産である。それは家であり、神殿であり、墓であり、シャベルであり、車輪であり、鋸と弓であり、境界標であり、碑銘と書物であり、伝説であり、礼拝と像であり、要するに、生者にたいする死者の支配であって、これによって、パスカルの有名な言葉によれば、人類は不断に学ぶただ一つの存在のごときものとなるのである。(中略)

彼ら(さまざまな動物をさす、筆者注)に欠けているのは、徴を生みだすものである墓のまえに立ちどまり、そこに石を一個つけ加えることなのだ。彼らに欠けているのは、行動から身をひかせる尊敬なのだ。礼儀と言ってもよい。

(2000. 5. 3)

コントは、ペール＝ラシェーズの墓地、セーヌ右岸で深い眠りについている。

49　記念と回想
――コント、アランとともに――

アランの文章に「記念」と題された、コントをふまえた言葉がある（『アラン著作集4　人間論』原亨吉訳、白水社、二一九）。アランの言葉を見ることにしよう（同書、一〇七ページ―一〇八ページ）。

動物は私たち同様によい記憶をもっている。馬は何年かたっても、よい宿屋へ行く曲がりかどを再認する。（中略）動物は、だから、忠実すぎて誤るのである。ただ人間だけが回想をもち、まったく別種の忠実さをもっている。回想は真と偽の入りまじったものであり、夢想は楽しげにこれを組みたてる。記憶は順応であり、私は〔これによって〕各状況に応ずる動作を学ぶ。回想は、むしろ順応の拒否であり、人間を生者の地位に保とうとする意志である。回想する人は、不死のものどもを作るのだ。

動物のうちに認められることといえば、彼らは記念を行なわず、モニュメントを作らず、影像を作らないということである。動物も私たちと同様に、いや私たち以上に、自然の祭を祝う。それに、アネモネやスミレも、ツグミやコウライウグイスにおとらず、春を祝うのだ。が、これはつねに順応にすぎない。だからこそ、動物社会はすばらしい記憶と同時に驚くべき忘却を示すのである。（中略）動物は、祖先のことなどいっこう考えずに、祖先のしたことをまた始めるのである。（中略）

オーギュスト・コントは、この種の考察をはるかにおし進めて、動物的社会というものはないと結論し、ついには、死者にたいする崇拝によって社会を定義するにいたった。雄大な思想だが、あとをつぐ者がなかった。

ポイントは、まさに死者による生者の支配（コント）なのである。

サインとシンボルの世界という言葉で人間の生存の領域と人間のアイデンティティについて述べたのは、ジョン・デューイである。そこに置かれたひとつの石は、ただの石ではないのだ。人びとの思いがこめられた、まさに回想の道しるべ、記念の石、シンボルそのものといえる石なのである。

人間とはさまざまなものやオブジェに思いを寄せながら、そうしたものによって支えられて人生を旅する社会的存在（存在／生成）ではないだろうか。人間にはさまざまなこだわりというものがあるのである。

(2000. 5. 3)

50　生活世界の諸様相
――フッサールと――

フッサールがいう生活世界とは、動物、鉱物、植物、人間の手によってかたちづくられたもの、人間が具体的にイメージされる可能的な事物経験の地平として理解されるのである。それのみが唯一の現実的世界であり、現実の知覚によって与えられた、そのつど経験された、また、経験されうる世界――フッサールはこうした世界を日常的な生活世界と呼んだのである。こうした世界は、私たちの具体的な生活のなかで、たえず現実的なものとして与えられている世界であり、人間にとっては、いつでもタッチしたり、関与したりできるものとして、意識されて眼前に与えられている世界なのである。生活世界は、まさに人間的関心の世界にほかならない。

人生の旅びと、生活者である私たちは、世界が人間の生活の舞台であることを手もとや身辺に見出されるさまざまな事物、他者たち、いろいろな風景、また、体験されるさまざまな出来事などにおいて理解しており、世界とは、まぎれもなく人間的世界なのだと思っているのではないだろうか。そこで人間らしい人間の生活が可能となるための生活の舞台づくりのために、人間は工夫をこらし、努力を傾注しつづけてきたのである。文化と文明の驚くべきほど多様なスペクタクルに目を見張らない人はいないだろう。意味の網の目、道具×シンボルなどとしても理解される文化のヴェールに手厚く包みこまれるような状態で、人間は、日々の生活を築き上げつづけてきたのである。だが、目をこらして見ると、いくらか視点を変えながら、生活の舞台と場面に注意を向けるならば、社会と文化と人間の根底に、生活の地平に、自然が全面的に姿を見せていることに誰もが容易に気づくにちがいない。生活世界は、明らかに社会的で文化的な様相を見せているが、こうした世界に自然はたっぷりと入りこんできているのであり、生活世界は、ある意味では、ことごとく自然によって裏づけられているのである。自然との対応において人間的世界が築かれてきたのである。

自然のままの石や植物がある。手が加えられた石や植物がある。完璧に人工的な事物やオブジェがある。明らかに人間は、さまざまな事物のかたわらに身を寄せ合いながら、生きてきたのである。カフカは、生活をものとともにあることとして理解している。

(2000. 2. 28)

51　西部劇、映画「真昼の決闘」

映画「幌馬車」は、いうまでもなくアメリカの西部劇を代表する作品である。幌馬車が襲撃されるシーンのスピード感があふれた映像は、映画芸術の白眉の一シーンといえるだろう。旅する人びとの姿がスクリーンを飾っているが、スクリーンには人間の機微に触れた、まさに人間のドラマが、クローズ・アップされているのである。映画「真昼の決闘」においては、姿を見せるのは、幌馬車ではなくて、西部開拓時代の鉄道であり、鉄の馬、蒸気機関車、列車である。線路であり、鉄道の駅だ。「真昼の決闘」も代表的な西部劇映画だが、この映画のあえて主役と呼ぶことができるのは、列車の到着時間であり、時計、時計の文字盤と針ではないだろうか。

映画の上映時間と呼ばれる時間があるが、この西部劇の上映時間は、出来事の時間的展開と同一なのである。緊迫した臨場感と深い時間体験は、ひとつに結ばれているのである。「真昼の決闘」に見られる人間模様と人間関係がある。人びとの表情と動きがある。この映画もまた、みごとなまでに人間のドラマなのだ。保安官は、四人を相手として単独で命がけで決闘する。加勢を得ることはできない。結婚したばかりの新妻が彼を救う味方となる。保安官は相手を倒す。ラスト・シーン、このカップルは馬に引かれた車に乗って、町を後にして、新天地をめざす。

このふたつの映画に姿を見せる開拓当時の西部の町の姿とたたずまい、町なみがある。

草創期のイギリスの鉄道で若き日に職を得たハーバート・スペンサーは、アメリカを訪れた時、西部の町の印象的な風景とたたずまいを目にしている。先を見こして、計画的な町のプランが姿を見せていたのである。スペンサーが見るところでは、すべての社会現象は、生活の現象であり、生活のもっとも複雑な表明なのであって、生活の

諸法則が理解される時にのみ、そうした社会現象が理解されうるのである。※
ソローの『森の生活』に姿を現す鉄の馬、汽車がある。鉄の馬は、時計の役をつとめるのである。
郷里、長岡の映画館でたまたま体験した「真昼の決闘」の感激を忘れることはないだろう。

(2000. 3. 21)

※ H. Spencer, Essays on Education (Everyman's Library 504), p.30 (What Knowledge is of most Worth?).

52 映画「真昼の決闘」
——人間関係のドラマ、時間のドラマ——

「民衆のファンタジーと感情生活は、映画の中で豊かにされ形成される」と述べた人物がいる。ベラ・バラージュだ。『視覚的人間』(一九二四年)のなかで目に触れる言葉だが、思わずその通りだ、と叫びたくなるような見解ではないかと思う。映画からうける深い感銘や感激がある。私たちの生活史にはっきりと印づけられた、いくつかの映画があるのではないかと思う。大学生の時だったかと思うが、長岡の映画館（富士館だったか）で兄弟で見たはずの映画、「真昼の決闘」は、私に強い感銘を与えてくれた映画のひとつだ。弟を連れていったのか、妹を連れていったのかよく覚えていないが、一人ではなかったようだ。

この映画は映画の上映時間と出来事の進行時間が一致している映画としても注目に値する作品なのである。ここではくわしくは筋がきには触れないが、この映画の展開が時計と駅と鉄道の線路などによって方向づけられている（意味づけられている）ことを指摘しておきたいと思う。犯罪を犯した一人の男が出所して西部のある町にもどってくるのだが、その列車の到着までの時間が次第に切迫したものとなっている。保安官は加勢してくれる人びとを必死になってさがす。だが、誰も加勢してくれない。この映画には男と女の関係、間柄というモチーフが見出されるから、人間関係という主題が指摘されもするのだが、「真昼の決闘」は、まちがいなく緊張感に富んだみごとな西部劇なのである。西部の町とそこでの人間関係がクローズ・アップされてくる映画だ。

線路が何度も大うつしされる。時計の文字盤もそうだ。保安官役はゲーリー・クーパー、彼の妻の役を演じるのは、グレース・ケリー。役どころがそろっている。

決闘のシーンがみごとである。映画のテーマ・ソングは広く知られている。この映画は西部劇を代表する映画のひとつだ。

さきのバラージュは、「画廊の中の立像の美的ポーズではなく、労働しているときや日常の街路での人間の歩行や身振りが文化なのである」と書いている（ここでのバラージュ――ベラ・バラージュ、佐々木基一・高村　宏訳『視覚的人間　映画のドラマツルギー』岩波文庫、一四ページ、序言――三つの口上、三五ページ、視覚的人間）。

「真昼の決闘」では街路は決闘の舞台となっている。列車で駅頭に立った男一人、だが、彼の仲間、数人が駅で男の帰りを待っている。多勢に保安官は一人で立ち向かう。結婚式を終えたばかりの彼の妻が保安官の力になる。大事なきを得て二人は町を去っていく。

(2001. 3. 25)

V　日常生活の場面

こうして、清水の舞台からとび降りる覚悟で洋裁を習いましたのに、残念なことには、この当時は洋服が実用的でないと言う、今考えますと、まるで逆のようなお話ですが、とにかく、そんな理由から私は、また和裁の学校で勉強をする事になりました。ここでは、今迄のボンネットやアフタヌーンとも別れて、桃割れに結い、花かんざしをさし、それに縞の着物に現在なら七分コートと間違えられそうな長い羽織を、ゾロリと着込んで、ほうばの下駄を二足用意して、歯のちびれたのをお天気用、ちびれていないのを雨降り用にして歩いたものですが、暫くして、羽織袴に靴をはくと言った、和洋折衷の恰好に変りました。勿論、日本髪は束髪に変り、そしてその日その日の気分で色とりどりのリボンをかけたりしたものだと、その頃を思い出しておりますと、時の流れが、服装に大きな影響を与えています事に気がつきます。（中略）

私の今日を築いてくれましたのは、有言実行型と申しますか、言ったことは必ず実行するという主義で、責任を持ち、人の嫌がる仕事はまず自分でやり、その中から人間学を学び取るという事を、モットーとしておりました。

――大妻コタカ

大妻コタカ『ごもくめし』大妻学院、昭和三六年初版、昭和五四年改訂、一六五ページ―一六七ページ、この道三〇年、昭和二九年一月、ＮＨＫから「明るい茶の間」の時間に放送したもの

「人間の学」に関するあらゆる思考がここに記入されねばならない。専門的=哲学的なものはなし。

日常の静かな沈思の下にあって、われわれの本質の深みから成長してくる思考だけが現実のアクセントをもち、また、その点でこれらの思考が現実のなかに置き換えられたことが認識できる。これらの思考は恋の思いのように陶酔的であり、その本質は意志である。それらは生き生きとして動性に満ち、魂のなかに萌え出る成長、前進、生成のすべてを迎え入れる。

人間生活全体のなかに手を差し込むだけで充分である。そしてそのときみたちが掴むものが興味深い。この警告はとりわけぼく自身のためのものだ！　つねに具体的なものから出発すること！　自然に発生するアイディア！　イデーから出発するのではなく！　さもないとたちまちブレーキがかかってしまう。

日没後の窓。これらの窓は、内側に金色の紙を貼ったように見える、数軒の家ではその紙がすこしずれたり、皺がよっていたりする。数軒の家では茶色の包装紙を貼りつけたよう。すこし開かれた窓では、ぼろぼろになったり裂けたりした、煤けた金色に見える。――やがて褪色と無血化。

――ムージル

『ムージル日記』ローベルト・ムージル、圓子修平訳、一九三ページ、〔日記　ノート11〕一九〇五、二三二ページ、〔六五五〕、〔日記　ノート11〕、三五六ページ、〔日記　ノート6〕一九一二年三月四日、三八二ページ、〔日記　ノート7〕、一九一三年八月四日

53 ホモ・エスペランス

——生活の場面と人間——

人生の日々は驚くばかりにすみやかに過ぎ去っていくように感じられる。この一日は、誰の場合でも、貴重な一日なのである。充実した一日を望まない人はいないだろう。日常生活を平凡なという言葉で一括してしまうわけにはいかないのである。日々の生活は、本来オリジナルなスタイルと方法で営々として築き上げられていくのである。一日を生きることに情熱を傾注していない人など見あたらないはずだ。人生においては数多くの驚きと感動が体験されるのである。ささいなこととして片づけてしまうわけにはいかないことが、生活の場面ではあまりにも多い。生活をどのようにイメージするか、人生についてどのようなヴィジョンを抱き、人生と生活をどのようなスタイルで、どのような方法によってデザインするか。生活設計、ライフ・プラン、ライフ・デザインは、人生の旅びとである私たちにとって、きわめて重要な意義深い試みなのである。

すべては生活において、生活から、といってもよいだろう。生活を見る目を養うことは、人生の旅びとにとって大切なことだと思う。

社会を理解するための鍵のひとつは、生活に見出されるのである。クーリーは、ゲーテの『タッソー』に注目しているが、人びとのなかで自分が誰であるのかということが理解される、また、生活というものが自分を明らかにしてくれる――こうした考えがゲーテのこの作品に見られたので、クーリーは、ゲーテを高く評価している。クーリーは、あるところでゲーテをもっとも理想的な社会学者とさえ呼んでいる。

クーリー自身は、社会を生活の位相 a phase of life として理解している。

日々の生活は、まさに人生の位相であり、人生の場面なのである。いま、この時、いま、ここ――私たちはその都度のさまざまな瞬間において最善を尽さないわけにはいかないのである。不安や苦悩をぬぐいさることはできないだろうが、充実した生存感、生きる喜びをできるだけたっぷりと体験したいものだと思う。人間は希望から見離されてしまっているわけではない。

エーリッヒ・フロムは、人間をホモ・エスペランス、希望を抱くことができる人間と呼んでいる。進むべき方向、進路がはっきりしている人は、動きようがある幸せな人だ。行為と行動において人間のアイデンティティが築かれていくのである。

(2000. 7. 23)

54　生活／パースペクティヴ

私たちの誰もが、日々、ぬきさしならない状態で生活に巻きこまれてしまっている。暮らしの渦中、まっただなかで自分自身の身を支えている人びとは、こうした生活を覗きこんで見たり、離れたところから眺めたりすることは、とうていできない。

そこで私たちにとって必要となるのは、他者との触れ合いと交わり、さまざまな作品を体験すること、旅に出ること、作品の制作と創造などなのである。

初めから人間は、人びとのなかに、さまざまなものやオブジェや作品のかたわらに、いろいろな道具や装置の手前に、風景のなかに、環境（世界）に自分自身を見出す。

パースペクティヴ、遠近・眺望・視野などと訳出される言葉だが、距離のとりようがないところで私たちは生活を対象化して見るようにつとめなければならないのである。

人間にとっての世界を鏡と見たのは、モンテーニュである。自分自身が誰であるのかということを理解するためには、また、生活へのアプローチを試みるためには、私たち自身の身辺に見出されるものに〈まなざし〉を注がないわけにはいかないのである。

カッシーラーのつぎのような言葉に注目したいと思う（E・カッシーラー『象徴・神話・文化』D・P・ヴィリ

ーン編、神野慧一郎ほか訳、ミネルヴァ書房、一六〇ページ―一六一ページ、Ⅱ 歴史哲学、Ⅴ 歴史哲学、一九四二年)。

――「人間とは、彼が為す一切においてのみならず、彼が感じたり思考したりする一切においてもポリス的動物――社会的存在――である。人間は、ばらばらで個々別々の存在を有するものではない。彼は社会生活という大きな形態のうちに――言語、宗教、芸術、政治制度の世界のうちに――住んでいるのである。人間は、自分自身の生活を営むには、それをこれらの形態において恒常的に表現しなければならない。人間は言葉による象徴、宗教的象徴、神話および芸術のイメージを創造する――そして彼がみずからの社会生活を維持しうるのは、つまり彼が他の人間と意志を通じあい、自分のことを他の人間にわかってもらうことができるのは、これら象徴やイメージの総体、体系によってのみなのである」。カッシーラーは、人間をシンボルを操作する動物 animal symbolicum と呼ぶ。

デューイが見るところでは、人間はサインとシンボルの世界で生きているのである。

(2000. 4. 23)

55　暮らしの場面
——言葉と行為——

日々の暮らしを営むということは、人びとのなかで、人と人とのさまざまな出会いや触れ合い、交わりを体験するということなのである。言葉をかけ合ったり、挨拶を交わし合ったり、相談したり、ということは、日常的な出来事であり、日常生活の場面は、社会的な様相を呈しているのである。

ゲーテの『ファウスト』の一場面だが、いったい初めに何があったのか、初めに言葉があったのか……こうした問にファウストが悩むところがある。結局、いろいろと思い悩んだ末にファウストがゆき着いたのは、初めに行為があった、という見解だった。言葉と行為——ウィトゲンシュタインは、言葉はひとつの行為である、という言葉を残している。

日常生活は、まさにコミュニケーション・ライフなのである。応答、意志疎通、了解、合意、こうしたことが生活の場面で求められはするものの、ゆきちがい、対立、ギャップ、誤解などが生じやすいことを誰もが体験しているはずだ。コンセンサスとコンフリクトのはざまで人びとの生活が営まれているというのが、実際のところではないだろうか。

夏目漱石は、『硝子戸の中』でつぎのように書いている（夏目漱石『硝子戸の中』角川文庫クラシックス、二二七ページ、三三）。

世の中に住む人間の一人として、私はまったく孤立して生存するわけにはゆかない。しぜん他と交渉の必要がどこからか起こってくる。時候の挨拶、用談、それからもっと込み入った懸け合い――これから脱却することは、いかに枯淡な生活を送っている私にもむずかしいのである。

対面的な状況において人と人との触れ合いが体験されるばかりでない。はがきや手紙、電話、メールなどによる人と人との相互的交渉や交わりもある。

時には連絡なし、という状況において、おびやかされることがある。

人間関係は、相互の持続的な心くばり、注意、信頼に支えられた行為などにおいて、築き上げられるのである。信頼を失うということは、すべてを失うに等しいといっても過言ではないだろう。

さまざまな事柄を切り詰めていくと、結局のところ、男と女の関係にいきつく、という考えを漱石は抱いていたようだ。漱石は、人情の世界から目を離さない。

(2000. 4. 1)

56　開放的な都市、閉ざされた町

パリを誰にとってもすぐれて開放的な都市と呼んだのは、ジャン・グルニエ、カミュにとって忘れがたい、大切な人である。グルニエは、イタリアのヴェローナを閉ざされていて、入りこめない町と呼ぶ。ヴェネツィアは、海に向かって開いていて、太陽にひろがる町なのだ。シェイクスピアの『ロミオとジュリエット』が、ヴェネツィアではなくて、ヴェローナを舞台としていることには、それだけの理由がある、とグルニエはいう。彼がみずから記憶に留めようとするのは、閉ざされた町だけなのである。

パリのようなところでは、何ひとつ隠す必要がなくて隠れていることができるのだ。人びとは、そうしたパリで二重、三重の生活を営むことができるのである。なじみのないパリのある区域で、アパルトマンの管理人、ホテルのクラークとかかわりをもつだけで一カ月、生活することもできるのであり、とはいうものの、そうした生活を貫きとおすためには、デカルトのように、一日に二度は管理人かホテルの使用人と、やむなく話を交えることが、どうしても必要だ、とグルニエは述べている。彼らの口軽で危険なおしゃべりに先手を打つためには、あえて自分の方から打ちあけ話をしにいくことさえ必要なのだ。そうした打ちあけ話は、もちろん、当の生活とはなんら関係のない範囲での話題に限られるのである（J・グルニエ、井上究一郎訳『孤島』竹内書店新社、ＡＬ選書。七四ページ、ケルゲレン諸島、参照）。

ところでイタリアのある古い町の郊外に住んでいたときのグルニエの体験だが、家への帰路、非常に高い二つの塀にはさまれた、舗装が悪い、窮屈な路地を通った時のことだ（同書、七三ページ、同）。——「（『平野のまんなか』でなら、そんな高い塀を人は考えつかない）。季節は四月か五月だった。路地がまがっているかどのところで、ジャスミンとリラのつよい匂いが私の上にふりかかってきた。壁面にかくれていて、花は私には見えなかった。しかしその花の香を吸うために、私は長く立ちどまっていた。そして私の夜は、その匂いで香ぐわしかった。自分が愛する花をそんなにひたかくしにかくして閉じこめている人たちを、私はどんなに理解したことだろう！　愛の情熱は、そのまわりに要塞をのぞむ。そのとき私は、あらゆるものを美しくする秘密をあがめた。そうした秘密がなければ幸福はないのだ」。私はシエナを思い出す。

(2000. 4. 29)

57　秘密の生活
――デカルト／グルニエ――

人びとのなかでほとんどの人びとに知られることなく、自分のペースで、のびやかに心ゆたかに暮らすことができれば、と思っている人びとがいるにちがいない。秘密の生活についてグルニエがつぎのように述べている（J・グルニエ、井上究一郎訳『孤島』竹内書店新社、ＡＬ選書、六八ページ、ケルゲレン諸島）。

ある秘密の生活。孤独の生活ではなくて、秘密の生活。私は長いあいだ、そういう生活が実現できると思ってきた。孤独の生活、それは一種のユートピアである。ルソーはエルムノンヴィルにおいてさえも迫害された。だが、秘密の生活、たとえばでデカルトはそんな生活をオランダで送った。デカルトの生活の一様さ、連続性、知名度と、その生活の絶対的な単純さは、一定の体系に忠実にしたがってくずれない。アムステルダムの彼の家は、町のまんなかに位置していて、なるほど記念標札を張りつけなくてはならないと思われたくらい俗っぽいものである。張り札が出されるほどのそんな俗っぽさのおかげで、デカルトはひとり離れて暮らす自由がえられたのであった。「有能で活動的なすぐれた国民、他人の仕事に興味をもつよりは自分の仕事を大切にする国の群衆にまじって、極めて繁華な都会でえられる便宜を何一つ欠くことなく、私はもっとも遠い無人の地にいるのとおなじほど孤独で隠遁的な生活をいとなむことができた」。デカルトは防火措置をとった。つまり、自分の精神を自分だけのためにとっておくことができるように、よけいな生活を完全に放棄したのである。

おなじような理由で、私は、私がヴェネチアですごした日々を、生涯のもっとも幸福な日々のなかにかぞえ入れる、というのも、長い旅につづいてそこに着いた私は、一週間たつと完全に金がなくなってしまったからである。フランスにたどりつくことは不可能だった。ともかくも私はある職につく決心をした。

アムステルダムでのデカルトに注目して、デカルト的人間と群集の人（ポーが著わした短編小説「群集の人」があるる）を対比させて筆を進めたのは、ポール・ヴァレリーである。デカルトは、人間像ともなっているのである。

58　晩夏、記憶のスクリーン
――ヘルマン・ヘッセとともに――

夏と秋とのあいだの時期、この時期を私にとって一年全体の頂点であり、充実しきった時期と呼んだのは、ヘルマン・ヘッセだ。彼を晩夏の人と呼びたいと思う。こうしたヘッセの記憶のスクリーンに姿を見せる夏の、また晩夏の光景を彼自身の言葉で見ることにしよう（ヘルマン・ヘッセ、V・ミヒェルス編、岡田朝雄訳『庭仕事の愉しみ』草思社、一〇六ページ、夏と秋とのあいだ）。

たとえば、捕虫網と胴乱をもった少年時代のひとときや、両親といっしょの散歩の場面や、妹の麦藁帽子に挿したヤグルマギクや、泡立ち流れる山の渓流を橋の上から見下ろしてめまいを感じたハイキングの日々や、渓流の水しぶきがふりかかる手の届かない岩の上で揺れているナデシコの花や、イタリアの田舎家の塀の中に咲いている淡いバラ色のキョウチクトウや、シュヴァルツヴァルトのエリカのびっしり生えた高原にたちこめる青っぽい霧や、ひたひたとおだやかな波の音を立てるボーデン湖の水際に立ち、光の屈折する水面に映るアスターやアジサイやペラルゴニウムを見下ろす庭の塀などである。これらは多様な形象だけれど、すべてのものに共通なのは、和らげられた激情、成熟の芳香、最盛期、待ち受けるもの、桃の実のやわらかなうぶ毛、成熟の頂点にある美しい女性の半ば意識された憂鬱の雰囲気をもつものである。
今、村や自然の風景の中を通ってゆくと、農家の庭の燃えるようなキンレンカのあいだに、青と赤紫のアスターが咲いているのが見られる。そしてサンゴフクシアの下では、地面が甘い香りの真っ赤な落ちた花でおおわれている。葡萄畑の畝のあいだの道では、もうかなりの葉に秋の色の最初の気配が、あの金属的な茶色がかったブロンズ色の鈍いほのかな光が見られる。

ヘッセが水彩画に描いている花のひとつ、それは百日草だが、彼は百日草に深い思いを抱いていた人である。この花は、晩夏の花といった趣をそなえているのである。
ヘッセは、人間的体験、精神的体験とならんで風景体験という言葉を用いているが、風景にたいする思い入れは、まことに深い。ある時、仲むつまじく相並んで歩いていく両親のあいだに太陽が沈んでいく風景を目にした幼いヘッセ、脳裡に刻まれた風景である。

(2000. 5. 5)

59　少年、トゥリヨ
——ヘッセの幸福感——

定住して、家郷をもつという気分、草花や樹木や土や泉に親しむこと、こうしたことに人生の幸福を見出した人がいる。ヘルマン・ヘッセ、彼はつぎのように述べている（ヘルマン・ヘッセ、V・ミヒェルス編、岡田朝雄訳『庭仕事の愉しみ』草思社、一二三ページ、一二五ページ、一区画の土地に責任をもつ）。

毎朝私はアトリエの窓の下で両手に二、三ばいイチジクを摘み取って、それを食べる。それから麦藁帽子、庭仕事用の籠、鍬、熊手、刈り込み鋏などを取ってきて、秋の菜園へ出かけて行く。（中略）近所の農家から聞き慣れたいろいろな物音が聞こえてくる。うちの泉水のほとりにふたりの年とった農婦が立って、洗濯をし、「マガーリ」（ほんとにそうなら！）とか、「サント・チェロ！」（あれ、まあ！）とかいう美しい言いまわしでその話を強調する。

谷の方から可愛らしい裸足の少年が登って来る。あれはアルフレードの息子トゥリヨだ。私は彼が生まれた年のことを思い出す。そのころ私はもうモンタニョーラの住人だった。少年はもう一一歳になる。（中略）トゥリヨが牝牛に気を配っている。彼は一一歳の少年で、のろまではないけれど、すでに悩み多い思春期にあって、冬に向かうこの季節の空気を感知し、夏の過ぎたあとの倦怠と収穫ののちのけだるさを夢見ながら、休息することの必要を感じている。彼はひっそりと、物憂げにぶらぶら歩き、ときには一五分ほどじっと身動きもせず、利口そうなとび色の眼で青い土地を、遠い紫色の山腹にある白く光っている村々を眺める。（中略）ついに彼は短い草の上に横になり、柳笛を取り出してそっと吹き始めどんなメロディーが吹けるかを試す。

その柳笛はふたつの音色しか出ない。そのふたつの音色で十分にいろいろな旋律を吹くことができる。（中略）高くなったり低くなったりするその太古の旋律は、すでにウェルギリウスが聴き、またホメーロスが聴いたものだ。

その木質部と樹皮から生まれる音によってあたりの風景や光景を蝶や赤いセキチクの花とともに称えることができる柳笛だったのだ。絵ごころ豊かなヘッセの耳の幸福なシーンだ。

(2000. 5. 4)

60　食事の場面と文化
――ジンメルの視点――

初めての土地で、たった一人で食事する時ほどものさびしい感じに襲われることは、ないだろう。家族全員で、また、気心が知れた親しい人びととくつろいで食事をする時ほど楽しいことはない。食事をとりながら、人びとはたがいに交わり、会話や人と人との触れ合いを楽しむのである。食事の席は、まさに人間的な触れ合いや社交の席となるのである。

旅先でまことに印象深い食事と食事の席が体験されることがある。食事は旅のハイ・ライトなのである。

食事のマナー、礼儀作法がある。段取りや形式がある。秩序づけられた食事の流れや一定のコースがある。細部にわたって秩序とスタイルがクローズ・アップされてくるような食事がある。食事は、調理、料理の仕方において、盛りつけ方において、スタイルにおいて、食べ方において、食器において、コースにおいて、ことごとく文化なのである。食卓の風景は、時にはまことに手のこんだみごとな風景なのである。

食事の社会学――ジンメルのエセーのタイトルだが、食事がまことに人間的で共同的な営みであることに注目したいと思う。ジンメルが見るところでは、食事の作法や食器などにおいて食事の社会形式が理解されるのである。

ジンメルは皿の姿かたちに言及しているが、興味深い。円形の皿は、食物が特定の個人に提供されていることを示しているのである。円環線はもっとも閉鎖的な線なのだ。ところが、すべての者にと定められた皿には角が見られたり、また、卵形のデザインが施されていたりするのである。ジンメルは、皿は秩序を象徴している、という。食卓の皿は、そのたびごとにそれ自体、完全に同じでなければならず、それらはいかなる個性とも調和しないのである。食事を社会学的な形象として見るアプローチにおいてジンメルの生活感覚が躍動していると思う(ジンメル、酒田健一ほか訳『橋と扉』白水社、所収、食事の社会学、一九一〇年に発表されたエセーである)。

三度、三度の食事に私たちは、真剣に取り組まないわけにはいかないだろう。どのような食事であろうと、かけがえがない食事なのである。

(2000. 2. 15)

---

61 食事について
——ベンヤミンとともに——

食事をとるということは、共同生活を営むということではないだろうか。家族生活は、食卓を囲む日々の共同生活において花開くのではないかと思う。おそらく誰もが体験しているはずだが、たった一人での食事ほど孤独感に襲われることはないだろう。食事を共にするということは、私たちにとってきわめて大切な意義深いことなのである。

食事をとりながら体験される人間的な触れ合いがある。そうした触れ合いは、向き合いながらの会話とは比較にならないほど深い触れ合いではないかと思われる。食卓を囲んで食事を共にする人びとは、相互に深い信頼関係で結ばれるのである。親密度が一段と深まるのだ。未知らぬ人でも、食事を共にすることによって、なじみの人となるのである。

自分ただ一人での食事ではどこか物足りない感じがするということを体験していない人はいないだろう。食卓の席と食事をとることは、私たちにとって日々の暮らしにおいて、もっとも意義深い事柄ではないかと思う。食事は本来、社会的な出来事なのである。人間の個性と人間性が鮮明に浮かび上がってくる場面、それが食事の席ではないだろうか。

ベンヤミンは、つぎのように書いている（『ベンヤミン著作集10　一方通交路』晶文社、一〇七ページ、一方通交路、所収、自動販売式食堂「アウゲイアース」山本雅昭・幅健志訳）。

孤独な食事は、とかく、ひとを頑なにかつ荒々しくするものだ。独り暮しの習慣がしみついている者は、堕落しないためにスパルタ式の生活を営まねばいけない。こうした理由からでもあろうか、隠者たちは倹しい自炊生活を送ったものである。なにしろ、食事とは共同体のなかで分ち合い、分配されるのを旨とするもの、またそうされてこそ、効能もあらたかなのである。（中略）万事これ、分配と施しにかかっていて、食卓を挟んで交される社交の上の会話なんぞ、さして問題ではない。それにひきかえ、食事ぬきの社交が刺とげしくなるのは、驚くほどである。饗応はあらゆるひとびとを平均化し、結びつける。

食卓での会話がないがしろにされてよいはずはない。話すこと、語り合うことに人間と人間との深い触れ合いがあることは明らかだからだ。話すことは食事をとることと不可分なのである。

(2001. 3. 21)

62　明るい空間と暗さの体験

明るい空間や場所があるかと思うと、暗い片隅や道がある。それぞれの空間や場所、通り道や片隅において、家の内外において、明暗の様相は、まことにさまざまであり、ほの暗いところがあるかと思うと、まぶしいくらい明るいところもある。光と闇、明暗のさまざまな様相に注目することは、そこで人びとが生きている世界を理解するためにきわめて大切なことだといえるだろう。

あくまでも実践的で具体的な日々の生活の舞台と場面で体験される明暗があるが、私たちが目にする絵画において体験される多様な明暗もあるのである。レンブラントやゴッホの絵においてクローズ・アップされてくる光のさまざまな様相がある。絵画とは、まさに光そのもの、光の饗宴なのだが、それはまた、明暗の、光と影、光と闇のドラマでもあるのである。

雪国で冬のよく晴れた日、雪の野原、雪野、冬の水田地帯に出ると、光の反射とまぶしいくらいの明るさで身動きできないことがあった。信州の村里、山村で夜道をたどったことがあるが、漆黒の闇と呼びたくなるような暗さ、夜の闇が体験されたのである。目がほとんどいうことをきかなくなるようなカオスそのものともいえる暗さがある。人びとの生活史は、さまざまな明暗の世界体験によって包まれているのである。

ミンコフスキーのつぎのような言葉に注目したいと思う（E・ミンコフスキー、中村雄二郎・松本小四郎訳『精神のコスモロジーへ』人文書院、一六九ページ―一七〇ページ、14「ランプに灯をともす」）。――「暗い空間は、われわれの視線と深さという唯一の性質を対照させながら、われわれを到るところから濃密に、ほとんど物質的に包み込んでいるだけだ。この特殊な濃密さは、明るい空間のなかで形をなすすべてのものにその対象を移そうと、明るい空間へ移行するときに消えてしまう。（中略）夜に起こるすべてのことに耳を傾けるとき、われわれはその神秘を察するか、あるいはそれを深く心に体しようと思うが、明るい空間のなかでは、われわれの躍動にもたらされる鼓吹の新たな源を汲みとりながら、その躍動が自由にあふれ出てくるのを感じる。「深さ」という性質はいまや消え去った。それは明るい空間の明るさと相容れない」。ミンコフスキーは、暗い空間の豊かさ、詩情、生、神秘に注目するのである。暗い空間との対比において明るい空間は、立体的な世界として立ち現れてくるからである。ところで黄昏時は、どうなのだろうか。

(2000. 5. 21)

63　夜の音
——七二会小学校、学級通信「峠」——

長野市七二会《なにあい》、以前は、長野県上水内郡《かみみのち》七二会村である。村の役場は市場《いちば》と呼ばれるこの村のほぼ中央部にあるところにあった。いまではそこは支所となっている。この市場に小学校があった。いまでは長野市立七二会小学校となっている。この小学校の五学年けやき組通信、それは「峠　人生の出会うところ」というタイトルの通信である。平成一〇年度五月二七日（水）、この日付の通信には五月二六日、朝日新聞の記事、読者の声というべきつぎのような言葉が紹介されている。——「東京都　中島誠之助（古美術商六〇歳）　稲谷優さん、皆に夜の音を聞かせたいという、あなたの意見（一九日の声欄）に同感です。ただ、私があなたと違うことは、騒がしい都会にいても、静かな夜の音を心の耳で聞くことができることです。／私の子供時代の田舎道は、街灯もなく、真っ暗でした。歩くときは、道の両側に黒々と連なる並木の間から、一筋に見えている星空を頼りにしたものです。夜の闇は怖かったのですが、静かに耳をすますと、太古から話し続けている樹木や岩の声を聞くことができました。／今も昔も、都会にはあらゆる音が渦巻いています。とくに夜中のバイクの騒音には、運転している人はいったい何を考えているんだろう、と不愉快になります。／でも、そのようなとき、あの人たちは太古からの自然の音を聞く力を失ったまま、豊かな気持ちを見つけられない可哀想な人たちなのだと思うのです。／優さん、あなたが一年に一回だけ聞く夜の音を、決して忘れないようにしてください。／あなたが大人になったとき、夜の音の聞き方を子供たちに話してあげてください。そのとき、あなたはきっと、心の耳で夜の音を聞くことができると思います」。

この記事の右サイドには、手がきの文字でつぎのような言葉が添えられている。「峠」の通信文である。――「続・夜の音　七二会の夜の音は、どんな音?　自然の残る七二会の夜は、どんな音が聞こえますか。（担任は、夜の七二会はまだ知らないのです。）エコクラブの活動になりそうですよ。七二会の（私の家からの）夜の自然の音しらべ。動物の声も!?　虫の声?　風の音、星の音……」横がきの記事、通信文である。

七二会には地蔵峠と呼ばれる峠がある。かつてその峠を越えて戸隠に向かったことがある。山村、七二会で夜の山道を歩いたことがあった。私の場合、村といえば七二会である。母の生まれ故郷、七二会、小学校は母の母校である。

(2000. 5. 5)

64　台所の音
――幸田露伴と幸田　文――

誰もが世界に身を委ねながら世界に住みつき、ほとんどたえまなしに世界を体験しているのだが、そうした世界体験の諸様相にほとんど気づかずに時を過ごしていることが、どんなにか多いことだろう。たとえば音、人びとの耳に日々、触れている音は、なんとバラエティに富んでいることだろう。そうした音の地平に気づくだけで、私たちがそこで生きている世界の表情は、生き生きと感じ取られるのである。生活の場面、身辺で体験される音のひとつに台所の音がある。

父、幸田露伴と娘、文の心あたたまる親子関係と情愛が行間ににじみ出ている幸田　文の文章がある。「私の音」と題されたエセーだ。露伴の声が私たちの耳に触れるようなシーンである(『幸田　文全集　第一〇巻』岩波書店、三八七ページ―三八九ページ、私の音、一九五九年一月発行、『きようと』に掲載)。

台所には是非とも音が生じる。その音を怖ぢたり恥ぢたりしないやうになれ。厨房の音を美しくしろ、台所の音をかはいがれ。台所はたべるうまさをつくるところだ、うまい音があっていいはずぢゃないか、とさう云った。

むかし父が時折たべに寄る、小さいうちがあった。老人の夫婦が給仕の少女一人置いてやってゐて、夜だけ小人数の客をとる。

（中略）

そこへ父はよく不意の時間外れに、寄ってたべさせてもらふのださうな。迷惑を承知で押しかけるのだ。すると老人たちはことわりもならなくて、手間がとれますよと申しわけする。そしてやがて、鰹節をかく音が伝はってくる。しゅうっ、しゅうっと。刻みものの音がいかにも老人だった、と云ふ。聴いてゐると、その台所の近さ、その音の清さ、うまさ。ああもうぢき出て来るなと思ふと、襖があいて、うまさがそこへ形になって現はれる。

（中略）

さかな屋さんにはさかな屋独特の庖丁の音があり、肉屋さんには肉屋の庖丁の音があり、リズムもトーンもあやふやではない。家庭の厨房には家庭の厨房の音があり、私の台所は私の音をたててゐる。いつか私は「厨房の音」といふ小説が書けたらいいがなあと思ふ。

（2000. 5. 4）

おそらく誰の場合でも台所の音は、耳に残るなつかしい生活の音ではないだろうか。

65 公共空間と音

——車内広告「気をつけて、音《ね》」——

私たちの身辺でいったいどのような音が日々、たえまなしに生じているのだろう。いま、人びとの耳にどのような音が触れているのだろうか。静寂が体験されることがあるが、そうした時でも、おそらくかすかに耳に触れる音があるのではないかと思う。

あらためて注目するならば、まことに恐るべきものは、人間の耳ではないだろうか。耳はつねに活動しているのだ。私たちは、自分の耳によって世界と結ばれているのである。もちろん目や手についても同様のことがいえるが、耳の働きにはあらためて注目しないわけにはいかないだろう。ざわめき、また、騒音などから音楽にいたるまで、なんとさまざまな音が、たえまなしに私たちによって体験されつづけていることだろう。道を歩く時、音に注意しながら歩くと、そこで私たちが生きている世界の表情が、生き生きとクローズ・アップされてくる。音体験は、きわめて重要な生活体験なのである。

プラットホームや電車のなかで体験される音がある。車内で耳に触れるさまざまな音のなかでおそらく誰もが気になるのは、携帯電話のサイン音や話し声ではないだろうか。左右、時には前後でこうした音や声が発せられている場合がある。

ヘッドホンステレオを楽しんでいる人がいる。自分だけの音楽世界で車中のひとときを過ごす楽しみに熱中する人がいても不思議ではない。

二〇〇〇年三月六日、小田急の車内で乗降の扉口の上部の帯状の車内広告、メッセージ広告を目にしたが、左端にヘッドホンステレオをつけた人の顔がデザインされており、そのそばにいくつもの音譜が舞い踊っていた。中心にあたるところのメッセージ、また、右はじ部分の言葉をここに記してみよう。――「気を付けて、音《ね》。グッドマナーを、ありがとう」――「車内でヘッドホンステレオをご使用になる場合は他のお客さまのご迷惑とならないよう控え目な音量でお楽しみください　（財）小田急電鉄事業団」　この傍点部分は文字の色彩に変化が見られたところだ。ソフトなタッチで乗客に呼びかけているメッセージだ。車内での乗客のマナーは、座席のすわり方、席のつめ方についても求められる。常識と生活感覚についてあらためて自覚と反省、検討が求められることが多々あるのではないかと思う。デカルトに良識という言葉がある。共同生活のための工夫と方法がある。

(2000. 3. 7)

66　横浜線

横浜線、それは、東神奈川から八王子までの一筋のラインであり、八王子からのシルク・ロードがそれとなくイメージされるような東京近郊の電車ルートである。

町田、成瀬、長津田あたりから横浜線を利用した時の車窓風景について語りたいと思う。いうまでもなく沿線に姿を見せる住宅地がある。一戸建ての家、さまざまな住宅形態を見せている居住景観が視界に現れる。集合住宅群がある。マンションがある。団地とそこにある小公園が車窓に浮かぶ。だが、車窓を飾っているのは、住宅や住宅地、居住地の姿ばかりではない。あるところでは、耕地、さまざまな畑が、住宅地と競合しているように私たちの目に触れる。畑の風景が車窓に広がるような地点がある。梅林もある。植木畑もある。造園のための土地がある。耕地と住宅地のまことに微妙に入り組んだ風景に注目したいと思う。さまざまな庭木の栽培地に見ることができる人びとの生活の姿がある。

横浜方面に向かう時、左側の車窓に見え隠れしている流れがある。水流や水面をしっかりと見とどけることはできないが、河川をはっきりとイメージできる風景が体験される。水の流れや河川が車窓にグッと迫ってくるような地点がある。鴨居から小机に向かう区間である。電車が土手を走っているのかと思うようなこともある。その川の名は、鶴見川、町田市域の多摩丘陵の片隅を出発点としている川だ。横浜線は、ある意味では、鶴見川に寄り添うように走っているのである。

小机から新横浜に向かう時、左手の車窓に巨大な建造物が現れる。サッカーの競技場、横浜スタジアムである。新横浜に近づくと、左手の車窓に新横浜のさまざまなビル群が姿を見せる。新興のビジネス街である。

横浜線の電車の車体を飾っている黄緑色の帯がある。ずっと以前にはチョコレート色の電車が横浜線を走っていたように思う。車体のきしみが気になるような電車だった。

町田や成瀬は、横浜線のほぼ中間点にある駅である。もうだいぶ時はたったが、成瀬駅は新駅なのである。駅開業時の光景が目に浮かぶ。この駅の開業によって近隣の地域の様相にもさまざまな変化が生じたのである。

新幹線の新横浜駅の開業は、横浜線の歴史を飾る出来事だ。いったいどのような人びとが、どのようなかたちで横浜線を利用しているのだろう。車窓風景に読み取ることができる時代と人びととの生活の姿があるのである。

(2000. 3. 23)

67　昭和館

時代の姿と動きがある。それぞれの時代の鏡ともいうべきものがあると思う。それは庶民の日常生活ではないだろうか。日々の暮らしは、さまざまな喜怒哀楽に包まれた人びとの生活感情によって彩られていたといえるだろう。生活は営々として築き上げられてきたのである。

昭和の時代は過ぎ去った。戦争と平和によってこの時代は貫かれている。戦前、戦中、戦後、といった言葉が、この時代を物語っている。戦禍と戦災の悲惨さが、この時代の大きな傷跡として歴史のページから消え去らない。戦後の復興と再建、平和がこうしたページとともにある。

東京、九段下のコーナー、水辺、堀端に昭和館がある。一九九九年三月にオープンした記念館である。昭和という時代の時代相、人びとの生活の姿、世相が、いくつかのセクションごとに展示されている。戦前、戦中、戦後の暮らしが、簡素に整然と公開されている。家庭生活や子どもの生活が浮かび上がってくる。なんといってもクローズ・アップされてくるのは戦争だ。太平洋戦争、第二次世界大戦の混乱と悲惨、戦中の人びとの困難な生活状態が、展示コーナーに繰り広げられていた。

昭和を生きた人びとにとっては、昭和館を訪れるということは、自分自身の生活史と記憶を頼りにして、歴史の真実とさまざまな出来事を確かめるということを意味するのである。記憶の場所として昭和館は、東京の片隅のなかでも見るべき歴史の舞台、窓なのである。

新潟県長岡市、昭和二〇年八月二日の大空襲で焼土と化してしまった戦災都市である。子どもの日に映った戦中、戦前の長岡の町なみ、市街地の姿は、おぼろげながら私の記憶に残っている。終戦直後の姿、復興途上の長岡の姿をあざやかに覚えている。

長岡は雁木の町だった。車道の両サイドの雁木通りは、道幅が狭い屋根つきの廊下のように感じられた通りだが、木造の列柱によって独特のパースペクティヴが体験された、いまとなってはなつかしい都市空間、歩道だ。冬、雪中や降雪時においては、家の玄関口や店先と触れ合う状態にあった雁木道は、家なみや町なみと合体したやさしいトンネルと呼びたくなるような通り道だった。雪国で生活する人びとの知恵が雁木の通りや道に生きていたのである。

昭和史は、この現代の歴史なのである。

(*2000. 6. 11*)

68　釣堀

ＪＲ、市ヶ谷駅、眼下の釣堀がある。プラットホームからよく見える。駅やプラットホームを背にした釣堀だ。釣堀で時を過ごしている人びとには、いったいどのような時が流れているのだろう。巷のざわめきや騒音は、釣堀の人びとの耳に触れているはずだが、釣りを楽しむ人びとには特別の時間感覚があるのではないだろうか。ジンメルは懐中時計に都市の生活リズムを見た人だが、釣堀の人びとは、日常の時間とは異なった静かな濃密な時間を生きているのではないかと思われる。釣人は、釣りながら、水面から目を離さない人である。手ごたえと感触を楽しんでいる人ではないだろうか。

二〇〇〇年五月一三日、午後三時半頃の釣堀の風景である。生活情景と呼ぶことができる光景だ。レジャー・タイムの光景だが、都市空間には日常の生活時間が漂い流れている。私は市ヶ谷から新宿方面に向かう電車を待っている。

日々の暮らしのなかでどのようにして楽しみの時間を見出すか、レジャー・タイムをどのようにして創造するか、ということは、大切な生活課題だ。一日は二四時間、生活時間の編成には工夫が求められるのである。いろいろなスポーツや趣味の楽しみごとがある。釣堀は、都会のなかでのささやかなレジャー基地、楽しみの片隅なのだ。流れゆく水に釣糸を垂れる人びとがいるが、釣り人にとっては、釣堀は川とは趣が異なるものの、釣りの別種の楽しみがそこで体験されるスポットなのだろうか。釣りとは集中力のドラマといえるのかどうか。

水面や流れが目に触れるところは、やさしい空間である。大都市の片隅にどのような水辺を見出すことができるかということは、生活者にとって決してささいなことではない。

水と緑と太陽を都市計画の原理と呼んだのは、ル＝コルビュジェである。水にも緑にもまことにいろいろな水や緑がある。

熱中できるもの、夢中になることができるものがある人は幸福な人だと思う。気分転換をどのようにしてはかるかということは、私たちにとって日々の暮らしにおいて重要なことではないだろうか。

路傍の雑草の魅力があるように思う。道端の小さな花によって慰められることもある。身辺のそこ、ここに私たちを驚かせてくれるさまざまな出来事やスペクタクルがつぎつぎに見出されるのではないだろうか。

（2000. 6. 5）

69　市人の暮らし

——鏑木清方のモチーフとアプローチ——

「市人の暮らし」と題されたエセーのなかで鏑木清方は、つぎのように書いている（鏑木清方『紫陽花舎随筆』六興出版、一八〇ページ、昭和四五年四月）。

大正一二年東京に大きい地震があった時に妻は三越の六階でこれに遭った。本郷龍岡町の自宅まで歩き通して帰る道筋はおほかた商家が続いてゐるが、その店先には薬罐、土瓶、あるいは手桶に水を湛へて行人の飲むに任せたさうである。この九月一日はかつて覚えない異常な暑い日であった。

かういう人情を市人が常に忘れなかった夢もまどかな日々の暮らしを追想して書き綴ったのは「朝夕安居」の畫巻で、昭和二三年、日展の三回に発表した。そこにとりあげたのは明治二〇年頃の世の姿で、場所は東京の下町、海に近い京橋区築地あたりの朝に始まって八丁堀界隈の夜までの風景詩なのである。展覧会を見にくる人にこれを読み取る人がどのくらゐあったらう。

清方には「朝夕安居」と題された短い文章がある。つぎに彼の言葉を紹介したいと思う（同書、八六ページ、朝夕安居、昭和二七年七月）。

朝夕安居と題して前に上野の展覧会に夏の裏町暮らしの朝から晩までを絵巻物風にかいて出したことがあった。置かれた境遇なり気持ちなりで、朝夕に安居を楽しむのが何も夏に限ったわけはないとも思ふが、朝早く朝顔の咲く時分に井戸端へ出て顔を洗ひ、朝飯を食べて仕事に出る。一日汗みづくになって働いて夕鴉と一緒に家へ帰ると、一風呂浴びて夕飯がすめば、涼み台に腰を掛けて隣近所の人たちと世間ばなし、こんな景色はいつも身近に東京の下町で眼の底に染みついた市人生活で、夏なればこそ生き生きとした場面となる。

木綿の浴衣、団扇、蚊いぶし、蟲籠、風鈴、盆提燈、茄子の新づけ、胡瓜もみ、まだまだならべ立てれば夏から新秋への風物詩的なものの名はとめどなく、いつも私の畫興をかき立たせる。

庶民生活の風物詩が清方の画業のモチーフとなったのである。日常生活と世相がパースペクティヴとなった画家として清方は注目に値する画家である。市人という言葉には独特の味わいがあると思う。

70　清方の「朝夕安居」／朝
――庶民の生活の情景、風景――

鏑木清方に「朝夕安居」と題された作品がある。東京の下町の生活情景が描かれた親しみ深い絵であり、朝、昼、夕、それぞれの時間帯の庶民生活が清方独自のスタイルで表現されている。絵巻物風の画面展開が体験される作品だが、朝、昼、夕は、それぞれに独立したシーンとなっている。

庶民の日常生活の場面がモチーフとなっている風俗画ではあるが、清方がいう社会画のジャンルに入る作品といえるだろう。風俗はいうまでもなく人びとの生活の風俗だが、それは社会の風俗でもあるのである。

朝。細長い屋根が姿を見せて家屋、縦に何本もの竹の棒が組み込まれている窓をとおして家のなかで配達されたばかりの朝刊に目をとおしている浴衣姿の男性の姿がかいま見られる。両手で新聞を見開いている。窓辺の風鈴がゆれている。玄関口、その戸口にこれも浴衣姿の女性が姿を見せている。早朝の商いが始まっている。両輪の車台の上に引き出しがたくさんついた小箪司風のものがのっている。笠をがぶった男性が女性の注文に応じてつくだにを取り分けているところだ。その男性の後方でたすき掛けの少女が前掛け姿でほうきで家先、道端をはき清めている。その右手にあたるところに左手に新聞の束を抱えた男性が右手方向に向かってかけている。はっぴ姿できびきびした動きが眼に触れる。

長屋の裏手にあたる中庭のようにも見えるつるべ井戸のほとりに人物が三人、姿を見せている。つるべに手をかけて井戸水を汲み上げている女性と話をしている男性は、肩に細長く折りたたんだ手拭を掛けている。そのそばでもろ肌をぬいだ男性が、しゃがみ込んで顔を洗っている。その近くでは朝顔がいくつも咲いている。画面の左手隅にあたるところだが、朝顔の近くに物干し竿が描かれており、うろこ模様の浴衣がその竿に掛けられている。物干しの右手にやや前かがみの女性が姿を見せている。たすき掛け、前掛け姿の女性で右手で水桶を運んでいる。画面の上方と左下隅にあたるところには、かすみが棚引いている。朝霧なのだろう。

生活の実感が、画面のいたるところでビジュアルに感じ取られる。生活の音や人の声が耳に触れる。目に触れる。夏の日の始まり、日常生活、生活の風景によって画面が飾られている。庶民の生活感情が画面に漂い流れている。清方の生活史に根ざした生活感覚に注目したいと思う。

(2000. 7. 30)

71 「朝夕安居」／昼の景色と夕景

清方の「朝夕安居」三景のうち、昼。朝、夕の二景と比べて画面は約半分の広がりであり、モチーフは一点に絞りこまれている。枝葉が延びた、さるすべりのかたわらに、よしず張りの低目の小さな屋台が姿を見せている。風鈴売りの屋台だ。男がしゃがみこんで休んでいる。風鈴の色彩感が印象的だ。風と音がモチーフとなっているといってもよいだろう。日照りの暑さが伝わってくる。ふたつの行季がそれぞれワン・ポイントとなっている。「朝夕安居」三景のいずれにおいても、視点は斜め上に置かれており、少し高いところから俯瞰するコンポジションとパースペクティヴが選ばれている。

細長い画面となっている夕景は、右半分は女性入浴の図、左半分はむぎゆの図、このようにふたつの場面によって組み立てられている。玄関脇の庭先、縁側から庭に出たところに板戸二枚によって囲われた臨時の水浴び場が設けられて、桐の根元のこの場所で女性が水浴びをしている。上半身が見える。入浴と呼んでもよいかもしれない。板戸に浴衣が無造作に掛けられている。水桶の把手の部分だけが姿を覗かせている。玄関と庭を仕切っている竹垣のところにさざんかの花が咲いている。玄関先に腰を掛けてランプのほやを磨いている女性が描かれている。入浴の図とだけ呼ぶわけにはいかない。

むぎゆのシーン——涼み台と呼びたくなるような低目の台に何人かの人びとが姿を見せている。中央部分の台には腰かけて会話中の二人の人物が姿を見せている。左手の台に腰掛けている男性は、むぎゆの給仕をしている女性に声をかけているところだ。右手の台の上に上がりこんでいる男性は両ひざに両手をのせながら、空を仰いでいる。夜空の星を眺めているのだろう。

むぎゆ、さくらゆと書かれた明りがともっている屋台の小さな広告塔の向こうに女性の姿が見える。こんろの上にむぎゆのやかんがかけられている。〈まなざし〉の向きと人びとの向き、置かれた台の向き、むぎゆの広告塔によって、空間が意味づけられている、方向づけられている。画面の左の片隅に描かれた童女は、右手に小さなちょうちんを握りしめながら左手方向に向かって歩いているところだ。まもなく私たちの視界から消えてしまう。星空の宇宙的空間と夜闇のなかの人間的空間の微妙な表情が表現された清方の画風だ。

(2000. 7. 30)

72　乱歩とロビンソン・クルーソー

ダニエル・デフォーの小説『ロビンソン・クルーソーの生涯と冒険』（一七一九年）は、おそらく世界各国の小説のなかで、もっとも広く知られている作品のひとつだろう。ロビンソン・クルーソーは、社会科学の舞台に姿を見せているし（たとえば、マルクス、マックス・ウェーバー）、哲学では、ベルクソンの作品に姿を現している（『道徳と宗教の二源泉』）。ジャン＝ジャック・ルソーの『エミール』に見られるロビンソン・クルーソーの姿がある。ルソーは、少年エミールが初めて手にとるのにふさわしい作品として、デフォーのこの作品を挙げている。そしてフランツ・カフカとクルーソー、カフカは、孤島のクルーソーよりも自分の方がもっと孤独だ、と書いている。

孤島でクルーソーは、自分がたった一人であることの苦しさ、つらさを訴えている。彼は孤島で創意工夫の人として、経済人（ホモ・エコノミクス）として、工作し、労働する人として計画的に生活する。ロビンソン・クルーソーは、独自の注目さるべき人間像としてのちの世の人びとに大きな影を落としつづけてきたのである。

江戸川乱歩に「群衆の中のロビンソン」と題されたエセーがある（昭和一〇年一〇月号「中央公論」）。きわめて短いこのエセーのなかで乱歩は、つぎのように述べている（江戸川乱歩『群衆の中のロビンソン』江戸川乱歩コレクションV、新保博久＋山前譲〈編〉、河出文庫、一八ページ―一九ページ）。――「人間は群棲動物であるからこそ、その潜在願望では、深くも孤独にあこがれるということではないのか。考えてみると、世に犯罪者ほどこの潜在願望のむき出しになっているものはない。（中略）犯罪者という犯罪者は、電車の中でも、縁日の人通りでも、群集の中のロビンソン・クルーソーである。もし人に犯罪への潜在慾があるものとすれば、「ロビンソン願望」もその一つの要素をなしているのかも知れない。（中略）映画街の人混みの中には、なんと多くのロビンソン・クルーソーが歩いていることであろう。ああいう群集の中の同伴者のない人間というものは、彼等自身は意識しないまでも、皆「ロビンソン願望」にそそのかされて、群集の中の孤独を味わいに来ているのではないであろうか」。

犯罪を仮面が落ちることといったのは、ポール・ヴァレリーである。ロラン・バルトは、映画館の暗闇を大都会のエロス的空間と呼ぶ。

(2000. 2. 7)

73　三宅一生の空間と時間
——衣服・服装のドラマ——

三宅一生の作品や展覧会の模様、プレゼンテーションを見ていると、衣服や服装を風の戯れとでも呼びたくなる。衣服の支持体、シュポールとなっているのは、空気ではないだろうかという錯覚にとらわれる。衣服は風をはらんでいるのである。だが、もちろん人間の身体こそ服装の支持体なのだ。それだけではない。風の戯れとでもいいたくなる衣服は、明らかに身体の支持体でもあるのである。身体が衣服や服装によって支えられていることを否定するわけにはいかないだろう。

服装は身体と空気の、風の、ドラマなのである。衣服は布地からつくり出される。裁断される。切り取られる。カットされる。縫い合わされる。身体を飾る。身体を包み隠す。布は身体に巻きつけられる。衣服は折りたたまれる。衣服はふくらみを帯びる。衣服ははためく。衣服は伸び縮みする。衣服は広がる。衣服とはある意味で動きなのである。また、それはポーズなのだ。人間のアイデンティティとなっているのは、まず、何よりも衣服なのである。服装次第で誰もがさまざまな人物になることを知らない人はいないだろう。

三宅一生展の会場をまわりながら、衣服が空間のドラマ、時間のドラマであることが痛感されたのである。ゆらゆらとゆれる壁があった。布の壁だった。そうした壁の切れ目、裂け目から、衣服が姿を覗かせていた。衣服の誕生、形の誕生に立ち合う思いだった。動く衣服があった。上下運動や回転によって、衣服の姿かたち、様相、持ち味などがさまざまに変わる。見あきない光景だった。衣服によって、その動きと変化によって空間が演出されていたのである。裂け目や割れ目が印象づけられる壁面があった。覗き込み、覗き見るような気分になるスポットがあった。衣服や服装のデザインは、空間のデザイン、時間のデザインなのである。人間の身体は、空間と時間によって支えられているのである。

衣服のデザインは、空間と時間へのチャレンジなのである。

絞り込んだ作品と会場構成、全体プランの演出によって、緊張感に富んだ楽しい空間と時間が体験されたのである。服装、衣服とは、ただならぬものである。だが、それらと同様に人間の身体とその表情にも注目しないわけにはいかない。

二〇〇〇年七月一五日、東京都現代美術館でのひとときは、貴重な世界体験となったのである。

(2000. 7. 15)

74　陶芸作品

いうまでもなく陶芸は、土の芸術であり、火の、炎の芸術である。芸術という言葉は、ギリシア時代にまでさかのぼって語源を見るならば、まさに技術なのであり、私たちは、芸術／技術において人間の営みを理解することができるのである。

彫刻においても手がクローズ・アップされてくるが、陶芸においては、彫刻以上に手が注目されるのではないかと思う。

彫刻や絵画においても形が私たちの目に触れるが、陶芸とは、まさに形の芸術だ、と思わずいいたくなるような時がある。陶芸作品の肌や釉薬において、形や手ざわりにおいて、ヴォリュームや重量感において、陶芸作品の深い味わい、雰囲気的なものが体験されるのである。

デルフト焼の陶板、タイルを目にしたとき、手にしたときにイメージされる、体験される世界の様相と姿がある。画家、フェルメールの絵の片隅に、床に接するような壁の下部にデルフト焼のタイルが姿を見せている。デルフト・ブルーと呼ばれる青が目に映る。

陶芸は生活文化を彩る芸術／技術なのである。それは人びとの暮らしのなかで育まれたものであり、人間の手になじみやすい生活表現そのものなのである。

旅先でのぼりがまを見たことがある。陶芸の土に注目するならば、陶芸を大地のアートと呼びたくもなる。触れることによる世界体験の深さという点では陶芸は注目に値する人間の営みなのであり、プラクシス（行為／実践）とポイエシス（制作／創造）がひとつに結ばれたスペクタクル、それが陶芸なのである。

ピカソが制作した陶芸の皿がある。「目と太陽」と題された作品がある（箱根、彫刻の森美術館）。目と太陽、というモチーフといえば、ギリシアのプロティノスであり、時代がはるかに下ると、ゲーテである。

人間はなんとさまざまな作品によって取り囲まれながら日々の暮らしを営んできたことだろう。生活の場面で私たちのもっとも身近なところに姿を見せる芸術／技術こそ、まぎれもなく陶芸ではないだろうか。ただ眺められるだけのオブジェということもできる作品もあるが、陶芸作品の真骨頂は、プラクティカルなところにあると思う。陶芸作品には多かれ少なかれ生活が姿を覗かせており、生活感情がこうした作品には漂っているのである。

ピカソの手は、肉厚でずんぐりとしている。

(2000. 4. 23)

Ⅵ　トポスの様相

部屋の精神は敷物にある。敷物からしてそれに関連するすべての品物の色彩や形状が規定されるのである。（中略）じっさい敷物にしろ、カーテンにしろ、掛毛氈にしろ、長椅子のおおいにしろ、この種の装飾は厳密にアラビア模様であるべきである。

――ポオ

『エドガア・アラン・ポオ全集　第五巻』春秋社、一九八ページ―一九九ページ、家具の哲理、谷崎精二訳

人間の活動と関係をもたない世界は、世界とよぶに足りないものである。人間の努力とその達成は、地球におろしたその根から切り離してみるならば、一片の感情にすら足りず、何の名にも値いしない。地球は人間のすべての食物の究極の給源である。それは人間が絶えず身を寄せ身を譲る場所であり、人間のあらゆる活動の原材料であり、人間のすべての業績がけっきょくその人間化・理想化に帰着するところの住みかである。（中略）この環境によって規定される諸々の仕事をとおして、人類はその歴史的・政治的進歩をとげてきたのである。またそれらの仕事をとおして、自然にたいする知的ならびに情緒的解釈が発達せしめられてきたのである。われわれは、われわれがこの世界のなかにいて、この世界と取組んで爲すところのことをとおして、この世界の意味を読み取り、この世界の価値を測定するのである。

われわれの生活する世界は、その一層は数学の世界であり、他の一層は物理の世界であり、また別の一層は歴史の世界であるといったふうに層をなしている世界の一系列なのではない。われわれはおよそそんなふうにひとつひとつ切り離された世界にはながく生活することはできないであろう。われわれはすべての側面がむすびあわされている世界に生活している。

――デューイ

デューイ、宮原誠一訳『学校と社会』岩波文庫、二九ページ―三〇ページ、第一章　学校と、社会の進歩、九五ページ、第三章　教育における浪費

わたしたちを肥沃ならしめる未知の条件が存在するということをのぞいて、わたしたちはなにを知っているだろうか?人間の真実とはどこに宿っているのだろうか?

真実とはけっして論証されるものではない。他の土地ではなく、その土地のなかで、オレンジの木が丈夫な根を張り、実をつけるとすれば、その土地こそオレンジの木にとって真実である。他のものではなく、その宗教、その文化、その価値基準、その行動形態がその人間にかの充実の感情を与え、彼のうちに知られずにいた王者を解き放つとすれば、その価値基準、その文化、その行動形態がその人間の真実であるからだ。論理だって?　論理というものは、生命を説明するためにごまかしをやっていればいい。

わたしたちの外側にある共通の目的によって同胞たちに結ばれるとき、そのときはじめて、わたしたちは呼吸することができる。また経験はわたしたちに教えてくれる。愛するとは、けっしてたがいに見つめ合うことではなく、いっしょにおなじ方向を見ることだ、と。

――サン=テグジュペリ

『サン=テグジュペリ著作集1　南方郵便機・人間の大地』山崎庸一郎訳、みすず書房、三〇七ページ―三〇八ページ、三一九ページ、人間の大地、8　人間たち

75 漱石

――馬場下、界隈――

時代とともに東京は変わりつつある。明治の東京は、今日から見れば、はるかに小さな市域の東京だったのであり、また、山の手の東京の様子、風景なども現在とはずいぶん異なるものだったのである。

「硝子戸の中」から、漱石の東京を見ることにしよう（夏目漱石『硝子戸の中』角川文庫、一九三ページ―一九五ページ）。

私の旧宅は今私が住んでいるところから四、五町奥の馬場下という町にあった。町とはいい条、その実小さな宿場としか思われないくらい、子供の時の私には、さびれ切ってかつ淋しく見えた。もともと馬場下とは高田の馬場の下にあるという意味なのだから、江戸絵図で見ても、朱引内か朱引外かわからない辺鄙なすみの方にあったに違いないのである。

それでも内蔵造りの家が狭い町内に三、四軒はあったろう。坂を上がると、右側に見える近江屋伝兵衛という薬種屋などはその一つであった。それから坂をおり切ったところに、間口の広い小倉屋という酒屋もあった。もっともこのほうは倉造りではなかったけれども、堀部安兵衛が高田の馬場で敵を討つ時に、ここへ立ち寄っ

て、枡酒を飲んでいったという履歴のある家柄であった。(中略)

このほかに棒屋が一軒あった。それから鍛冶屋も一軒あった。少し八幡坂の方へ寄ったところには、広い土間を屋根の下に囲い込んだやっちゃ場もあった。私の家のものは、そこの主人を問屋の仙太郎さんと呼んでいた。(中略)

どんないなかへ行ってもありがちな豆腐屋はむろんあった。

このあとに書かれていることだが、この豆腐屋を過ぎて曲がると半町ほど先に姿を見せた西閑寺、その寺の朝晩のお勤めの鉦の音が、漱石の耳にはずっと残っていたのである。

文中に出てくる言葉――棒屋とは才槌や鍬の柄や荷車などの木工品を製造販売していた商店の旧称である。やっちゃ場、これは青物市場の旧俗称。西閑寺、新宿区喜久井町にある寺で、正しくは浄土宗、誓閑寺。旧宅とあるのは、江戸牛込馬場下横町(現在、新宿区喜久井町)にあった漱石の生家をさす(いずれも、同文庫、二八八ページ、注釈、参照)。

御府内(江戸市内)と御府外(郡部)との境界線が江戸の地図には朱で書き込まれていたのである。朱引内などという言葉が用いられた背景である。

76 武蔵野へ
――独歩と渋谷――

渋谷駅界隈は、東京でも有数の盛り場である。日中、夕刻、夜間を問わず、渋谷は、まさに人波の海なのである。百年くらい前の渋谷といえば、文字どおりの武蔵野の片隅といった趣が漂っていたところだったのだ。宮益坂をくだっていくと、武蔵野に分け入っていくというような気分が体験された時代があったのである。

「武蔵野の昔」と題されたエセーが柳田国男にある。その冒頭の部分をつぎに紹介したいと思う。国木田独歩が姿を見せている（『定本　柳田国男集　第二巻』筑摩書房版、五三三ページ、武蔵野の昔、豆の葉と太陽、所収）。

近年の所謂武蔵野趣味は、自分の知る限りに於ては故人国木田独歩君を以て元祖と為すべきものである。国木田君は今から二一年程前、渋谷の停車場から少し西北へ入った處の丘の陰に住んで居て、閑さえあれば東京と反対の方向へばかり散歩をして居った。勿論其時分にはあの辺にも御影石の門の別荘などは無く、又「たばこ」と書いた紅い看板なども無かったが、しかも住民の多数は市外に由って生計を立て、寄ると障るとの立話も東京の事ばかりであったのに、同君は其方はさまで頓着をせず、大根畠の先の薄原や、其横手の楢の林などを非常に懐しがり、其林の中に百舌の声や風の音を聞き、又其樹の間から甲州境の山々の雪の風情を見出した。

さうして有名な話し上手を以て、昔の事を愛する友人たちを感動させ、到頭みんなを散歩好きの武蔵野好きにしてしまったのである。

この文中には御影石の門の別荘、「たばこ」と書いた紅い看板、といった言葉が見られるが、注目したいところだ。国木田独歩は、今日の渋谷公会堂とNHKの放送センターのあいだの道を宇田川町交差点方面にくだっていった中途あたりに住み、もっぱら武蔵野の散策に打ちこんでもいたのである。今日の宇田川町あたり、公園通り、道玄坂、一帯は、いつもにぎわいを見せている盛場であり、若者の時代風俗が話題となる都市空間なのである。渋谷あたりで水車が目に触れたなどというエピソードは、まるで夢のような話だ。渋谷を貫いている街道、それは大山街道である。三軒茶屋でそれはふたつに分かれる。右手の道は富士への道である。

(2000. 8. 1)

77 山小屋
——山林孤棲の光太郎——

さまざまな小屋がある。物置き小屋があるが、片隅の居場所、小さな住居と呼ぶことができるような小屋もある。耕地の片隅に姿を見せている小屋がある。山小屋がある。

柳田国男は、小屋に家／住居の原型、原風景を見た人ではないかと思う。家のなかの大小さまざまな部屋は、究極の小屋ではないだろうか。自分自身の部屋は、大切な小屋であり、巣であり、城なのである。バシュラールは、家を世界の片隅、コスモス、巣、貝殻、繭、城などと呼んだ人である。

高村光太郎の作品、「メトロポオル」に姿を見せているのは、小さな山小屋である（北川太一編『高村光太郎詩集』高村記念会、二二八ページ—二二九ページ）。

智恵子が憧れてゐた深い自然の真只中に
運命の曲折はわたくしを叩きこんだ。
運命は生きた智恵子を都会に殺し、
都会の子であるわたくしをここに置く。

岩手の山は荒々しく美しくまじりけなく、
わたくしを囲んで仮借しない。
虚偽と遊惰とはここの土壌に生存できず、
わたくしは自然のやうに一刻を争ひ、
ただ全裸を投げて前進する。
智恵子は死んでよみがへり、
わたくしの内に宿ってここに生き、
かくの如き山川草木にまみれてよろこぶ。
変幻きはまりない宇宙の現象、
転変かぎりない世代の起伏。
それをみんな智恵子がうけとめ、
それをわたくしが触知する。
わたくしの心は賑ひ、
山林孤棲と人のいふ
小さな山小屋の囲炉裏に居て
ここを地上のメトロポオルとひとり思ふ。

メトロポオルとは、中心地、首都、光太郎にとっては、岩手県稗貫郡太田村山口にある山小屋は、この世の片隅ではあるものの、まさにメトロポオルだったのだ。最愛の妻、智恵子は、この世にはいない。だが、智恵子は光太郎のかたわらに、彼の胸中、心中にいつも姿を見せているのである。

数年前、私たち家族三人は、夏休みのある日、八月二〇日を少し過ぎていたが、この山口の地を訪れて、光太郎ゆかりの山小屋を目のあたりにしたのである。この小屋の片隅に光太郎が工夫した日時計が見られたことを思い出す。彼は太陽の時間を生きていたのである。

(2001. 3. 4)

78　三角は飛ぶ

――クローデルと柳田国男――

「今から一七、八年まえに、我邦にきていたフランスの全権大使、ポウル・クロウデルという人は名のきこえた詩人であった。この人が国へかえろうとするにさきだって、日本を詠じた一篇の詩をつくって、世に公けにした。その文句はもうだれも覚えておらぬだろうが、各節のおわりの一行に、

ああ三角は飛ぶよ

という言葉のあったのを、どういう意味であろうかと、あの当時のひとはひょうばんにしたものである。のちになって考えて

見ると、それはべつにむつかしい謎ではなかったようである。東京は大正一二年九月の大震災にあって、目ぬきの大通りの町屋は、ほとんどみな焼けくずれて、その跡へはまるで以前のものとはちがった。屋根の平たい堂々たる、ビルというものが建ちならぼうとしていた。すなわち三角はもう飛んでしまったのである。（中略）高いところなどにのぼって見ると、町の形がまるでかわって、日本にいるような感じがしなくなりかけていた。それをクロウデルが惜しいことだと思ったのである。しかし日本の屋根の三角は、けっしてまだ飛び去ってしまってはいない」。（柳田国男『こども風土記　母の手毬歌』岩波文庫、一九九ページ—二〇〇ページ、三角は飛ぶ、母の手毬歌）

屋根のローカル・カラーがある。柳田は中央線で信州に向かう時、車窓から見える屋根の姿かたちの変化について書いているが、屋根を葺く時の材料によって屋根の角度に違いが生まれるのである。草葺きの屋根もあるし、石置き屋根もある。板屋根に石が置かれるのである。

屋根とはまさに家そのものなのだということを一八世紀のイタリアの歴史家、ヴィーコが書いている（『新しい学』）。民家の建築美のひとつのポイントが屋根にあることはまちがいない。一九九九年の夏、奥会津の大内宿を訪れたが、茅葺きのいわば草屋根のみごとな連なりを目にすることができた。歴史の町なみ、家なみに漂う詩情がある。瓦屋根の海と呼ぶことができる風景が都市空間を飾っていた時代があったのである。永井荷風は、ある時、銀座の高いところ、天下堂からそのような風景を目にしたのである。瓦屋根の三角があったのだ。クローデルは、昨今の都市景観をどのように評するのだろうか。時代は激しく動いたのである。

(2000. 3. 4)

79 なまこ壁
――三田の山／演説館――

なまこ壁と呼ばれる壁がある。時代がそのまま現れているような壁であり、日本の文化と呼びたくなるような独特の表情が体験される壁である。倉の壁、土蔵の壁といえる壁かもしれないが、なまこ壁は、たんなる土壁ではなく、化粧された、飾られた壁なのである。アクセントがきいた壁だ。

三田の山と呼ばれるトポスがある。東京の港区三田、慶應義塾大学の三田キャンパス、丘の上、この三田の山の片隅に、いくらか小高い片隅に演説館と呼ばれる歴史的建造物がある。重要文化財に指定されている、なまこ壁の建物である。福澤諭吉ゆかりの演説館だ。このなまこ壁の建物は、これも重要文化財の指定を受けている赤煉瓦の旧図書館とならんで三田山上の代表的建築なのである。この旧図書館の壁には西洋と西洋の文明が浮かび漂っている。洋の東西が、三田の山に姿を現しているのである。

なんといろいろな壁があることだろう。土蔵などに見られる素朴な味わいの土壁の魅力があるが、煉瓦の壁のつきない魅力もある。明治といえば、文明開化、なまこ壁は、文明と無縁とばかりはいえないだろう。

演説館の窓の仕様と風情がある。そしてなまこ壁である。演説館の内部の造りには西洋が明らかに姿を覗かせている。内部空間をぐるりと縁どっているような二階部分がある。演説には西洋の風が吹いているのである。

大学のキャンパスで体験される独特の雰囲気がある。三田の山には時代もスタイルも規模も異なる、さまざまな建築が立ち並んでいる。建築の生きた博物館と呼びたくなるトポス、それが三田の山なのである。

春、三月、三田の山で体験された、おだやかな光があった。明治、大正、昭和、そして平成、時は流れ去ったのである。私が三田の山に初めてやってきたのは、昭和二八年のことである。それからほぼ半世紀の時が過ぎ去ったのである。

赤煉瓦の旧図書館の外壁に飾られている時計がある。文字盤にはアルファベットで一一文字が飾られている。――TEMPUS FUGIT　時は過ぎゆく。一二時にあたるところには砂時計がデザインされている。

三田の山は、ふたつの重要文化財、建築によって意味づけられているのである。ジョン・ラスキンは、建築を記憶のよりどころと見ているが、まったくその通りだと思う。記念建造物でないような建築があるのだろうか。

今日は二〇〇一年三月九日、いま一六時三五分、私は三田の山にいる。

(2001. 3. 9)

80 大都市の風貌と町の姿／道路社会学
――奥井復太郎のアプローチと景観論――

大都市の風貌、町の姿、という言葉を用いて、それらを社会的景観と呼んだのは、『現代大都市論』（昭和一五年）で広く知られている奥井復太郎である。奥井が見るところでは、景観は、自然景観と文化景観に分けられるのであり、都市的景観は、人間の都市生活によって表現された風物を主としているのである。奥井は、景観を生活と環境の外的統一、一つの精神的な迫力として理解している（『奥井復太郎著作集　第五巻』監修　川合隆男／山岸　健／藤田弘夫、大空社、一一一ページ、二六二ページ、二七二ページ、都市論　三　現代大都市論）。

奥井復太郎の目には景観は、生活の外的社会的表現、一種の調和美が見られる一つのまとまった風景として映ったのである。

生活基盤、生活体制、生活理念、生活景観――都市研究を先導した奥井のパースペクティヴとアプローチを理解しようとする時、特別に注目に値するコンセプトであり、アイデアである。彼のパースペクティヴとアプローチにおいては、景観論は、ひとつの極点をかたちづくっているものなのである。

道路社会学――こうした言葉が用いられているが、奥井の面目躍如というべきシーンだ。表通りと裏通りを比較すると、たたずまいも、人びとの動きも、雰囲気も、異なるのである。

その〈まなざし〉と生活感覚がみごとに生きているシーンがある。——動きが多くて複雑な大通りでは無名性が支配しているが、これにつづくところで、つぎのような文章が綴られている（同書、二六八ページ、第三章　大都市の地域的構成、第二節　地域・景観・社会）。

> 反之、山の手の町、本郷東片町なんて所では、道路に於ける「動き」が其れ程頻繁でなく且つ複雑でもない。往々にして子供の良好な遊び場所でもある。故に通行する者は又土地関係者が多い爲めに、無名性の関係が消滅して、顔なじみの社会関係が生ずる。主婦女中など同志の立話が風景を点綴する。自転車の御用聞が声をかけて行く。此の極端な例は袋路になると尚ほ判つきりする。之れは普通の道路とは少しく違つた存在である、之れに沿ふた家々の子供の遊び場となり、間違つて入り込んだ未知者は子供達からけげんな眼の一斉射撃を受ける。

土地に漂い流れている社会的圧力がある。

(2000. 3. 4)

81　島・地域性、都市へのアプローチ
――奥井復太郎のパースペクティヴ――

地域・景観・社会、という視点から都市と都市生活へのアプローチを試みた時、大洋・海、そして島という言葉を用いながら、考察を展開した研究者が、奥井復太郎である。彼がいう島とは、「地域性」をさす。各地域に特有な生活者、生活力、独自の生活様式、理想に奥井の〈まなざし〉が注がれたのである。――「其の結果、各地区は独自の生活様相と生活理想とを持ち、茲に独特の空気が醸成され、斯くして此の地区が別天地を構成する。此の小天地は居住者にとつては安住の地であり、他者にとつては外国である。従つて他所、別の世界から来た者にとつては多少共に圧迫的となる。此の空気を称して地域的封鎖性と云ふ。斯かる小宇宙は、移動性が少ければ少い程、強化される。此の場合封鎖性は排他性となる」。（『奥井復太郎著作集　第五巻』監修　川合隆男／山岸　健／藤田弘夫、大空社、二六〇ページ、都市論　三　現代大都市論）

シカゴ学派の都市研究者、パークは、都市の島に気づいていた。自分自身の研究の流れと展開を、ジョン・ラスキン――ドイツ中世都市――シカゴ学派、という表現で語った奥井復太郎が、シカゴ学派の研究者からさまざまな示唆を受けていたことは、明らかだが、若き日にドイツに留学した奥井が、ドイツの中世都市の景観を目にして、ここにはコミュニティがあるということを実感したことは、注目に値する。市壁によって取り囲まれたすばらしい

島が、彼の視野に広がったのである。彼は、ビジュアルに都市の核心にあるものを理解したのである。それは、生活者、人間と人間の生活、コミュニティとコミュニティ・ライフである。

ドイツを旅していた時、私たちは、ある日、ローテンブルクを訪れ、そのあと、一般のバス・ルートでディンケルスビュール、ネルトリンゲンと旅したが、いずれの都市の景観も、また、人間の風景も、目に焼きついて離れない。さまざまな集落は、人間によって造り出された宝石のような、まさに珠玉の作品なのである。人間のヴィジョンとアイデア、地形、気候、風土、人びとの暮らしと暮らしの歴史が、集落に結晶して、生きているのである。その地方を知りたければ、屋根にのぼって、あたりを見わたすように、といったのは、フランクフルト生まれのゲーテである。マイン河のこの都市にもさまざまな島が見られたはずである。

(2000. 3. 4)

82　天使のラッパ
――デュアメルと尾崎喜八――

ジョルジュ・デュアメルの耳に注目したい。彼は敏感な耳の持主だったようだ。彼の鋭敏な耳を悩ます音についての記述がある。デュアメルの言葉をふまえて尾崎喜八が言葉を添えている。そうしたシーンを見ることにしよう（尾崎喜八／ジョルジュ・デュアメル『わが庭の寓話』ちくま文庫、一五七ページ―一五九ページ、天使の喇叭）。

顧客に知らせるために、行商人が首から吊るした小さい喇叭を鳴らしている。それは悩ましい喇叭である。聴いていると私は暗い気持になる。それが遠くのほう、谷間の奥で鳴りひびくと、悲哀が私に襲いかかる。商人が息をつくと、毒されたような沈黙が落ちる。それからまた新しく喇叭は飛び立つ。すると忘れたものと信じていた思想が、たちまち深淵のもっとも渾沌とした底のほうから上がってくる。枯れしぼんだ古い悩みがふたたび血を流しはじめる。彼はあの小さい喇叭で私の胸を引き裂いた。

〔デュアメル〕

（以下略）

＊

私の住んでいる静かな谷の中腹でも、このごろは「天使の喇叭」がときどき鳴る。それが豆腐屋の喇叭の時もあれば、「竿屋、竿竹」の呼び声の時もあり、町の商店やデパートの開店を知らせる若い女の金切り声の時もあれば、尾籠な話ではあるが古新聞や雑誌の類をトイレット・ペーパーと交換する事を告げる人間の落ちつき払った太いバスの声の時もある。

古い名高い寺々を近くに控えた静謐な住宅地の片隅で、昼間は私も物を書いたり考え事をしたりしている。

周囲の山は緑に空は明るい。ラジオの音も全く聴こえず、電車の轣轆も此処までは届かない。遅筆ではあるがペンも進み、タバコを吸いながらの瞑想の世界もひろがる。スズメやシジュウカラやヒヨドリの声はあっても、常の事として心を乱される驚きもない。

と、その世界へ思いもかけず飛び込んで来るのが私の天使の喇叭である。

（以下略）

鎌倉の谷戸に響き渡る音がある。
フランスのアミアンの大聖堂で私の耳に触れた単独の奏者のトランペットの音がある。

(2000. 3. 4)

83　住宅地
――丁字と会話――

『広辞苑』（岩波書店）のページを開く。丁子・丁字、ちょうじ、を引く。つぎのように書かれている。――「①（clove）フトモモ科の熱帯常緑高木。原産はモルッカ諸島。一八世紀以後、アフリカ・西インドなどで栽培。高さ数メートル、枝は三叉状、葉は対生で革質。花は白・淡紅色で筒状、集散花序をなし、香が高い。花後、長楕円状の液果を結ぶ。蕾つぼみを乾燥した丁香ちょうこう（クローブ）は古来有名な生薬・香辛料。果実からも油をとる。黄色の染料としても使われた。（以下略）」

つぎは沈丁花じんちょうげ――「ジンチョウゲ科の常緑低木。中国原産。高さ約一メートル。葉は無柄革質で楕円状披針形、斑ふ入りもある。春分前後に一五、六花を球形に配列して開く。花は管状、内面は白色、外面は紫赤色または白色。香気が強く沈香に似る。通常は雄木で果実を結ばない。漢名、瑞香。輪丁花。〈季春〉。尺素往来『牡丹、杜若、――』」

幸田　文に「道のメモ」と題されたエセーがある。ある日、所用を終えて帰路についた幸田　文は、ある住宅地を通りぬける。歩く。このエセーの一シーン（幸田　文『包む』講談社文芸文庫、一二四ページ―一二五ページ）。

丁字の花がほうぼうの家にあると見えて、甘い匂いがあちこちに隠れている。匂いは這っているのだろうかとおもう。通りすぎる門わきに、みごとな白さが、こんもりと暮れのこっている。白沈丁だ。空気は匂いがからんで重く湿っているようだった。気がつくと、いつか細かい雨が降りだしていた。そのせいだろう。著物も髪も霧を噴いたほどにしとっている。少し足早に大通りへ抜けるところまで来ると、あちらから二人が、これもやゝ早足に来た。小路の交叉点で夫はちょっと足をとめる。妻もとまる。

「どっち へ行く?」

「あなたの好きなほうがいゝわ。」

「だって雨が降って来たよ。」

「こんなの、雨ってほどじゃないもの。」

いゝ調子の会話だなとおもって、私は礼儀から頸をまっすぐに行きすぎたが、眼の横からは中年の夫婦が見えていた。

（以下略）

(2000. 2. 28)

この住宅地に住む人びとの暮らし向きは、どのようなものなのだろう。

84　屋根裏部屋

屋根裏部屋と地下室において家の深さと広がり、家の本質的な意義を理解したのは、ガストン・バシュラールである。彼は、鉛直性、宇宙性、内密性に注目しながら、コスモスとしての家の様相について考察したのである。

明らかにこうした家のエッセンスともいうべきものが屋根裏部屋において豊かに体験されるのである。今から三〇数年もさかのぼるが、イギリス留学時、当時のソ連経由でヨーロッパにアプローチして、モスクワからウィーンへ列車で入り、そのあと各地を旅しながら、パリに近づいていったのだが、ドイツをまわっていたとき、ハイデルベルクを訪れ、宿をとった時のことを思い出す。大学に近いところにあるホテルに泊った時、屋根裏部屋に通されたが、それは自分で望んだことだった。窓から大学への通りが見え、かなたにはハイデルベルク大学の建物の一部が見えたことを記憶している。ネッカ川の左岸、丘のふもとの宿だった。小さなホテルだったが、このホテル宿泊は、まことに心地よいものだった。朝食の席で宿の気分をたずねられたことを思い出す。

屋根裏部屋の窓の魅力についてバシュラールが述べているが、内密性と宇宙性をたっぷりと体験しながら、外から見られることなく外を眺めることができる屋根裏部屋とこうした部屋の窓の魅力を私なりに十分に理解できる。家と部屋は、小屋においても、また、屋根裏部屋においても、十分にイメージされるのであり、そうしたところで家も、住まうことも豊かに体験されるのである。

屋根裏部屋は、思い出と記憶の貯蔵所といえるのであり、世界の片隅のもっとも表情豊かな片隅なのである。それは家のなかの小高い、奥深い、安心できる家なのだ。

ヘッセの『ペーター・カーメンチント』（一九〇四年）に屋根裏部屋が姿を見せている。ヘッセは、「屋根うら部屋の読書をする片すみ、近くの塔の時計台から時を打つ音と、そのそばに巣くっているコウノトリのひからびた口ばしの音だけが聞こえてくる片すみで、ゲーテやシェークスピアの描いた人物がさかんに私のところに出入りした」と書いている（ヘッセ、関泰祐訳『青春彷徨〈ペーター・カーメンチント〉』岩波文庫、三〇ページ）ヘッセにとって屋根裏部屋は心地よいなつかしい場所、みごとな宇宙だったのではないかと思う。

(2000. 3. 1)

85　窓／ピクチャー・ウインド

ピクチャー・ウインドと呼ばれる窓がある。すべての窓は、ある意味では、ピクチャー・ウインドなのである。窓がみごとな額縁となって、外の眺めが絵となって、その窓におさまってしまうことを誰もが体験しているのではないだろうか。枠づけられることによって、意味づけられて、方向づけられて、生まれるパースペクティヴ(遠近・眺望・視野)があるのである。

壁一面といいたくなるような大きな窓がある。小さな小さな穴と呼びたくなるような窓がある。日々の暮らしの場面でいろいろな窓によって私たちには救いがもたらされているのである。窓によって目の楽しみが与えられているだけではない。窓を開ければ、風や音や匂いなどが体験されるのである。

部屋のなかから外を眺めるためには、どうしても窓に頼らざるを得ない。道を歩いている時、目に触れるさまざまな窓がある。窓によって生まれる建築のゆたかな表情がある。窓によって生まれるアクセントや模様がある。道を歩く時、窓が気になることがある。どことなく窓に人の視線、〈まなざし〉が感じられる場合がある。あらゆる窓は、家の目なのである。また、窓はなかば人の目なのである。

壁ばかりで窓なしの部屋がある。息がつまりそうになる。窓はなによりも光の窓であり、眺めのための窓なのだ。また、風の窓なのだ。不動の、はめ殺しの窓がある。そうした窓がピクチャー・ウインドとなっていることもある。窓を開けることができるのか、できないのか、左右に開けるのか、上下に開けるのか、押して開けるのか、こうしたことは、決してささいなことではない。

窓のなかでも列車の窓ほど私たちの目に楽しい窓はない。新幹線の車窓は、はめ殺しの窓だ。スピードによって見失われていく風景がある。船の丸窓や飛行機の窓がある。後者は雲の海や地図のような風景が視界に浮かぶ窓である。丸窓は瞳のような窓であり、原型としての窓なのである。

旅先で宿をとる時、ゲストルームの窓からどんな風景が楽しめるかということは、旅の重要なポイントだ。

屋根裏部屋の窓がある。そうした窓は、極限的な窓といえるだろう。バシュラールがいうように見られることなく、見るということは、窓の本来の機能なのである。
窓を体験するということは、このうえなく深い空間体験、時間体験なのである。

(2000. 3. 8)

86 リューベックとトーマス・マン
――精神的生活形式としての――

自分自身をこのリューベック人と呼んだのは、トーマス・マンである。一人のリューベック人の生活形式、生活形成という意味でリューベックを故郷とするマンは、「精神的生活形式としての」という言葉を選んだのである。この言葉のあとに「リューベック」という名が入る。それがリューベックでのマンの講演のタイトルだった。マンは、席上、リューベックの都市像、風景、言語、建築が、自分自身のさまざまな作品のなかに見出される、と語っている。リューベック特有の風景というものをマンは建築だけで片づけようとは思わない。子どもの頃のマンの体験だが、トラーヴェミュンデで目にしたバルト海やそこにあった音楽堂での音楽体験がリューベックの生活形式と不可分であることをマンは語っている。海と音楽とがマンの心のなかで永久にある理念的結合、感情的結合になり、そうした結合が物語や叙事的散文となったのである。マンにおいては、海と音楽との概念に密接に結びついた概念こそ、叙事詩だったのである。マンは、自分が用いたものは、結局、リューベック湾のパレットだった、と言う。彼は幼年時代のリューベック湾に幾分の感謝の意を表してきたのである。

世界体験の様態によって眼の人と耳の人とが区別される場合があるが、マンは前者を南国の感応力、後者を北国の知覚力と呼ぶ。

ここでマンのつぎのような言葉に注目したい（『トーマス・マン全集X　評論2』新潮社、四二六ページ、精神的生活形式としてのリューベック、リューベックでの一九二六年六月五日の講演、佐藤晃一訳）。——「ところで、風景を耳で感じ取るということ、音楽的に受取られた風景、いわば、聞かれて、そして再び聞えるようにされた風景というものがあるでしょうか。勿論、そういうものがあります、そして、私がいま考えているもの、すでに考えたことのあるもの——私はたったいま建築や風景と一緒にその名を挙げましたが、それは常にこれらのものと一緒に挙げられなければならないものです——、それは言語です」。マンが見るところでは、言語は風景と非常に密接に結ばれていて、風景の聴覚的形態なのである。都市の風景とはその建築なのだが、そうすると、言語とは、故郷の音、故郷の音楽としての都市の言語であると思われる、とマンは語っている。

ずいぶん前のリューベックの旅を思い浮かべている。名高いゲートの脇に一夜の宿をとってマンの故郷を散策した旅だった。

(2000. 5. 5)

87　公園をめぐって
──客観的精神──

公園の風景にはいうにいわれぬ風情がある。パリのシテ島の片隅に見られる広場がある。立木によって飾られた公園と呼ぶこともできる場所だ。パリで名だたる公園といえば、いうまでもなくセーヌ右岸にあるテュイルリー公園とセーヌ左岸に姿を見せているリュクサンブール公園だ。いずれも広々とした美しい公園だが、パリ理解の鍵をそこに見出すこともできるふたつの森、ブーローニュの森とヴァンセンヌの森にも注目したい。こうした森のあるところには公園の趣が漂っているが、森はやはり森なのである。イギリス風の庭園には明らかに森に近いところが見られる。フランス風の庭園は、ていねいに整形された状態で樹木が姿を見せており、自然そのままといった趣が感じられるイギリス風のそれとは著しく様相が異なっている。

公園といえば池や噴水、いろいろなベンチや椅子である。パリの公園には一脚ずつの椅子が見られるが、椅子やベンチの風情に漂うパリの詩情もある。パリの街路に見られるベンチもある。

並木道がある。等間隔のパースペクティヴとなっている樹木の列によってどんなにか歩行者の目が慰められることだろう。規則的な間隔で植えられている樹木の姿が、パリの公園では私たちの目に触れる。規則的なパターンにもフランス風の空間構成のスタイルがうかがわれるのである。幾何学的な空間デザインとそうしたデザインによって生み出された場所にフランスの姿を見る思いがする。ヴェルサイユ宮殿とその庭園にフランスの姿かたちが見られるといえるだろう。みごとなまでに整合的なパースペクティヴ（遠近・眺望・視野）がそこで体験されるのである。感覚の世界に見出されるさまざまな形式、それは諸個人間において妥当する客観化された共同性なのだが、ディルタイは、そのような形式を客観的精神と呼んだのである。こうした客観的精神においては過去は持続的に現在に残存しているのである。ディルタイが見るところでは、樹が植えこまれている場所においてもこのような客観的精神が体験されるのである。人間は、つねに共同性という領域において体験し、考え、行動するのであり、ディルタイによれば、このような領域においてこそ、理解ということがなしとげられるのである。

(2000. 2. 26)

88　食料品売場／市場

デパートの食料品売場、品目別にさまざまなコーナー、売場がある。野菜の売場、魚の売場、肉の売場、そのほか、さまざまな売場がある。買物客が行き交っている。買物客それぞれの順路がある。なじみの食料品売場では手際よく要領よくつぎつぎに必要な品を手もとの容器におさめていくことができるが、初めてのところや不慣れな場合には、どこに何があるのかよく分からず、人混みも手伝って、まるで迷路に迷いこんでしまったような状態に置かれてしまう。食料品売場の地図やメンタル・マップがあるのである。食料品の配置がえがおこなわれると、とまどわない人はいない。

買物袋をさげてという風景は今でも見られるが、購入した品物を自宅までその日のうちに配送してくれるシステムがあるので、買物の仕方にも変化が見られる。一度に多品目にわたって量も多く、という買い方もおこなわれている。

それぞれの品目、食料品をどこにどのように並べるか、どのように食料品を展示するか、ということについては、いろいろと工夫がこらされている。売場では人の声が飛び交っている。食料品売場は、どのデパートでも急所なのである。

食料品売場は、要するに市場なのである。庶民生活の日常的な姿と動きが、時代の表情がはっきりとクローズ・アップされてくる舞台、それが食料品売場だ。現実的実践的な物産展示場、食料品売場をそのように呼んでもよいだろう。各地方、各地の産物が、顔をそろえているのである。日本列島が集結して姿を見せているといってもよい。地球的規模でのマーケットという趣もある。

市場は旅びとにとって見るべきトポスなのである。アテネでも、パリでも、私たちは市場を訪れた。常設の市場もあるが、時々の市場もある。一筋の市場もあるし、広場の市場もある。

大衆消費社会という表現があるが、二一世紀を迎えた今日、人びとの暮らしと現代社会にはどのような動きが見られるのだろうか。

食料品の品目のバラエティと広がりには目を見張らざるを得ない。確かに食生活が豊かになったといえるだろうが、それぞれの家庭においては、人間の絆は強固なものとなってきたのだろうか。いま、家族の食卓の席において手料理はどのような位置を占めているのか。人びは食卓の席と食事にどれほど情熱を注いでいるのだろう。現代の人びとの食生活に問題は投げかけられていないのだろうか。

(2001. 3. 25)

89 中庭、住吉の長屋
——安藤忠雄のアプローチ——

中庭において体験される光と風がある。中庭は外部、周囲とのつながりでいえば、隔離された明るい島であり、大空に直結した晴れやかな場所なのである。回廊によって生まれた場所は、ヨーロッパを旅する人びとに特別な感銘を与えるのではないかと思う。修道院の中庭がある。あらゆる庭、庭園は、まさにパラダイス、楽園なのであり、宇宙的広場なのである。

住吉の長屋、といえば、建築家、安藤忠雄である。話題となった中庭を持つこの住宅建築はすでに広く知られており、安藤忠雄の作品群のなかでは、小さいながらも重要な作品なのである。住まい内部の動線が分断されており、ときには過酷な自然が入り込む、住居に内包された外部空間ともいえる敷地の三分の一を占める中庭は、安藤が見るところでは、住吉の長屋の核心であり、呼吸する住まいの心臓にあたるものであって、安藤の言葉を用いるならば、この住居を意志をもつ個人の、都市におけるアジトとして成立させるものだったのである(安藤忠雄『家』住まいの図書館出版局、住まい学大系76、一八ページ、家　プロローグにかえて)。安藤はここに住む人と自然との対話を望んだのである。「中庭の宇宙」と題された文章のなかで、彼は住吉の長屋についてつぎのように述べている(同書、三九ページ—四三ページ、一、抵抗の軌跡Ⅱ　中庭の宇宙)。

ここでまず重要なのは、次のようなことである。そこでしかできない生活を原点から問い直すこと。安易な便利さを避け、厳しくても真に人間の精神と肉体が覚醒される可能性をもつ建築空間をつくりだすこと。営まれる日常生活を豊かなものにするためにはプランニングを練りあげること。そしてプロポーション、素材、光や風という自然の要素と敷地の個性を同時に考えて建築の自立した表現にまで高めること。(中略)

住吉の長屋は過密な都市環境の中にあって外部に開かれた窓はない。外から見れば閉鎖的で単純な四角い箱にしか見えないが、箱を三等分した真ん中は中庭として空に解き放っている。両サイドにはぴたっと隣家がくっついているので、無駄とも思われるこの中庭はこの住まいの生命ともいえる。

安藤は、便利さとは異なる人間にとっての本当の快適と生活感ともいえる住まい方に注目しながら、住吉の長屋をイメージしたのだ。

(2000. 4. 15)

90 家、その内部と外部
――ふたたび住吉の長屋――

あらゆる建築、家においては、採光と通風は、すこぶる重要なポイントだといえるだろう。造ること、建築と住まうことをひとつに結びつけて理解したハイデッガーは、人間を命に限りがある状態で大地に住まう者と呼んだのである。また、彼は、人間存在を死への存在、共同相互存在、世界＝内＝存在と見たのである。耕すこと、住まうこと、耕作と住居、家によって、人間は大地に結ばれ、大地の人となるのである。

あらゆる住居、家は、まさにコスモス、宇宙だが、庭についても同じことがいえるだろう。自分自身の生活史、居住体験に言及しながら、住吉の長屋について安藤忠雄は、つぎのように述べている（『家』住まいの図書館出版局、住まい学大系76、四三ページ、四六ページ、一、抵抗の軌跡Ⅱ　中庭の宇宙）。

私自身が大阪の下町の長屋で育ったせいもあり、子供の頃から家というのは何となく暗いものと思い込んでいたし、寒い、暑いも当然のことと して受け入れていた。わが家の小さなオープンスペースは、中庭ではなく西向きの後ろ庭であったが、一日のうちほんの少しだけそこから差し込む陽の光はとても美しいものであったのをいまも鮮明に覚えている。過密地に建つ長屋といっても風通しもよく、私が育った頃は車も少なくクーラーなど皆無の時代で人工的な放熱も少なく、自然環境もいまとは比較にならなかったので、蒸し暑い夏の夕刻、吹き抜ける風にいいようのない涼しさを感じたりもした。そんなささやかな快適さは人間の苦しみやいたみを忘れさせてくれるし、住まいの中に宿る闇のほの暗さは心を安らがせる。光や風の存在を大切に思う心も育まれる。

他人から見ると、住吉の長屋のあの小さな敷地の三分の一を占める中庭はなんと無駄なスペースかと思うかもしれない。しかし、その無駄が小さな宇宙ともなる。（中略）天候に恵まれれば、中庭で食事をしたり、そこで友人といつまでも話し込んだりすることのできる場所である。これは使い勝手の善し悪しとは別の、感動という刺激をもつ場所である。

そのような場所をつくりだすことが住宅の設計においては大切なのではないだろうか。

(2000. 4. 15)

91　故郷の断片
――〝原風景〟／子ども――

奥野健男は、自分自身の生活史に大きな影を落としている〝原っぱ〟をぼくの〝原風景〟、ぼくの故郷の断片と呼ぶ。それは大都会にまぎれこんだ田舎であり、大都会の中でかいま見た幻影の故郷なのである。〝原っぱ〟は単なる空地ではないのだ。奥野は、こう書いている。――「ぼくの記憶の中にあらわれる〝原っぱ〟は、なつかしさとともにいつもかなしさ、さびしさを伴っている。その底には不吉なおそろしさまで感じられる。それは一応、誰でも幼年期の記憶に感じる感傷的な悲しさではないかと疑ってみる必要がある。特にぼくのよく遊んだ鎗ケ崎の原っぱは西に向って、目黒川の高台にあり、富士山や夕陽や夕焼がよく眺められた」。（奥野健男『増補　文学における原風景　原っぱ・洞窟の幻想』集英社、七八ページ。七七ページも参照）

子どもにとっては、〝原っぱ〟は、遊びから追い立てる都会のすみっこに残された秘密のかくれ場だったのであり、奥野が見るところでは、それは都会の奥深くにある神秘にみちた洞窟という感じであったのである。東京の山の手育ちの彼にとっては、〝原っぱ〟は都会で田舎が体験された〝隅っこ〟だったが、こうした〝隅っこ〟は、東京の下町の子どもたちにもあったのではないか、と奥野は推測する。路地や袋小路、そうした町の片隅や街の〝隅っこ〟が、山の手の子どもの〝原っぱ〟にあたる場所だったのである。子ども仲間にとっては、そのようなところで安全な秘密の洞窟といった感覚が得られたものと思われるのである（同書、九七ページ、参照）。

東京、佃島あたりを歩くと、路地という言葉の本当の姿に触れる思いがする。路地が別世界であることを書いたのは、永井荷風である。

大人から見れば、まったくどうということのない片隅が、子どもたちにとっては絶好の隠れ場所や遊び場だったりすることがある。子どもにはすべてが大きく見える、といったのは、パスカルである。

二〇〇〇年を迎えた今日、村や町で、大都会の片隅で子どもたちが、いったい何に熱中しているのか、どのような遊びに夢中なのか、〝原っぱ〟にあたるものがあるのかどうか、ということは、ささいなことではないと思う。子どもにとっていったい何が幸福なことであるのか、あらためて問われるのではないかと思う。子どもでなかった人はいないのである。

(2000. 4. 30)

92　原っぱ
——原風景をめぐって——

子どもの頃、どこでどのような遊びをしたのか、どのような仲間と遊んだのか、ということは、私たちの人間形成にとってきわめて重要なことだといってもよいだろう。就学以前の日々の子どもの出来事にも注目しないわけにはいかないのである。家の内外のさまざまな片隅、さまざまな場所が子どもたちの遊びや生活の舞台としてクローズ・アップされてくるが、空地と呼ばれる場所を子どもたちの遊びの舞台として挙げる人は少なくないだろう。空地は子どもたちにとってなかば天国なのである。

原っぱについて奥野健男がつぎのように書いている（奥野健男『増補　文学における原風景——原っぱ・洞窟の幻想』集英社、二八ページ—三〇ページ）。

　小学校に入る頃はぼくは銀行員、検事、救世軍将校の息子たちと徒党を組んで遊んだ。そうしないと、原っぱの大将である地主のドラ息子にいじめられるからであった。べごま、めんこ、グウチョキ、たこあげ、竹馬、水雷艦長（軍艦ごっこ）、兵隊ごっこが原っぱの主な遊びであったが、竹ざおにモチをつけて蝉やとんぼをとるのも楽しかった。（中略）

こういう山の手の不安定な界隈でも子供は学校とは違う世界、〝原っぱ〟を持っていた。〝原っぱ〟は田畑が売地になったところや、屋敷のあとや昔から家や畑になっていない空地などを指すのだが、そこは学校の成績や家の貧富の差などにかかわりのない子供たちの別世界、自己形成空間であり、そこの支配者は腕力の強い、べいごまもめんこもうまい餓鬼大将であった。ぼくたち中流階級の子はおずおずその世界に入り、みそっかすとして辛うじて生存を許されていたようだった。しかしこの〝原っぱ〟こそ山の手の子供たちの故郷であり、〝原風景〟であった。

奥野は、鮮烈な原イメージを核として含み、それを支える広く深いフィールド全体を〝原風景〟と呼んでみたい、という。彼の言葉を用いるならば、それは作家を形成して来た時空間であり、風土であり、作家の美意識や作品のイメージやモチーフを支える深層意識的な舞台なのである。奥野は、その作家にとっての文学の母胎、母なる大地を〝原風景〟と呼ぶ。自分自身の〝原風景〟について思いを新たにすることは、大切なことだと思う。

VII 旅をめぐって

陸の旅であれば、それからそれへと景色はつづき人物にせよ事件にせよ互につながって現れ、人間生活が進められて行くので、愛別離苦の情を和らげてくれる。われらは、謂わば旅程の進行につれて「延びる鎖」を牽いているのであって、われらは最後の一環がいつもわれらを家郷につなぎとめているのを感じるのである。然るにのであって、われらは最後の一環がいつもわれらを家郷につなぎとめているのを感じるのである。然るに長い海上の旅は忽ちにしてわれらの間を裂いてしまう。海の旅はわれらに、錠綱を絶たれ安住の處を追われて不安の世界を漂うごとき感を起させる。海の旅によってわれらと家郷との間に介在せしめられる淵は単に想像上のものでなく、現実のものである——その淵というのは暴風と、恐怖と、不安とを避けがたく、はるばると離れ来しものかなの感を深からしめ、帰航覚束なく案ぜしめるのである。

——アーヴィング

アーヴィング、高垣松雄訳『スケッチ・ブック』岩波文庫一三ページ、海の旅　旧かなづかいを新かなづかいに改める車内につくりだされた我が家の雛型。しかしながら、このテーマは、デラックスなレストランという神話的な代替物がうまくかわりをつとめるように巧妙に回避され、わきにそらされている。旅行が解体されるというか、少なくとも昇華されたとき、再び見出されるのは我が家などではない。それは祝祭、「出口」、人生の日曜日である。（中略）

食事は移動のあいだにも旅行者を座らせる。固定されたガラス窓に沿って、風景が流れてゆく。それは食事の決まりごとの束の間の添え物になる。食物をつうじて、われわれは携帯された不動性の一部分となるのだ。このように、人間が移動を行うのは、つねに移動の上に家の上部構造を与えようとするためであり、人間が土地を離れるのは、つねに土地に担保を求めることによってである。あらゆる旅行術の目的は、不動性という錯覚そのものである。別れの涙と悦びのなかで、クックは安定性というスペクタクルを売りつけているのである。

——バルト

ロラン・バルト、不澤和義訳『小さな神話』青土社、四四ページ、五一ページ―五二ページ、食堂車、初出『レットル・ヌーヴェル』誌、一九五九年三月十八日号

そうだ、できることならアレッツォの勾配のついた広場に、シエナの貝殻の形をしたカンポ広場に再会し、ヴェローナの暑い通りでまた西瓜にがぶりと噛みついてみたい。

年をとったら、世界に比肩しうるもののないシエナの街道に戻って、僕が愛する見知らぬイタリア人の善意だけに包まれて、そこの溝のなかで死ぬというような機会が与えられんことを。

——カミュ

『カミュの手帖〔全〕』大久保敏彦訳、新潮社、五六三ページ―五六四ページ、第八ノート（一九五四年八月―一九五八年七月）

93　ペイネ、恋人たち

ペイネの絵といえば、なによりも恋人たちであり、愛であり、ハートなのである。そして花だ。それも薔薇の花。ペイネの心やさしい、ほほえましい絵を見ている時、心あたたまる思いをしない人はいないだろう。彼の絵にはどれもポエジーがあふれている。思わずうっとりとするような絵ではないだろうか。

若いカップル、恋人たちの胸のときめきと切ないほどの気持、あふれる思い、恋ごころが、どの絵にも満ちあふれている。二人ではあるのだが、心はひとつ、といった姿が私たちの目に映る。小鳥が姿を見せている。花が描かれている。さまざまな風景のなかに恋人たちが姿を見せている。いろいろなトリックが試みられている。ソフトな色彩感だ。タッチはあくまでも、こまやかでやさしい。

窓辺での恋人たち、女性は家のなかで、窓際に姿を見せている。男性は外に立っていてプレゼントを右手に、その手を彼女にさし出すところだ。地面にあたるところにペイネは言葉を記している。それは二人の会話で、次のような言葉が発せられているところだ。——キャンディをくださるの？——　——いいえ、ミニスカートです——

別の作品、小さな広場のベンチに抱き合って、男性は手をさしまわすような姿で、雪が降るなかで恋人たちが言葉を交わし合っている。まるでパリ、セーヌ左岸のフュルスタンベール広場かと思われるようなシーンだ。傘を手にして道を急いでいる人びとがいる。ショーウインドを覗きこんでいる人がいる。ベンチはただひとつ、ベンチの両サイドにあたるところにそれぞれ樹木、二人のうしろの方に飾りとなっているような街灯が姿を見せている。サン＝テグジュペリの言葉がある。――愛するとは、たがいに見つめ合うことではなく、一緒に同じ方向を見ることである、という言葉だ。

一九九九年四月二三日(金)、二四日(土)、一泊二日で大妻女子大学の人間関係学部、社会学専攻、新入生のオリエンテーション合宿が実施された。行き先は軽井沢、バス二台での旅だった。二日目、私たちは、堀　辰雄の記念館を訪れ、そのあと軽井沢の文学館へ、そしてペイネ美術館にも立ち寄ったのである。アントニー・レイモンドゆかりの建築がペイネの絵の花園となっていたのである。人間と人間との関係や人間的空間が、さまざまな風景のなかで目に映ったのである。

(2000. 3. 5)

94　ベルナール・ビュッフェ

ベルナール・ビュッフェの美術館を訪れたが、伊豆への小さな旅の一環である。三島からバスで駿河平をめざしたのである。

ビュッフェの絵にはこれまで展覧会で接していたが、このミュゼのコレクションは、すばらしかった。白の時代、灰色の時代などとそのスタイルはさまざまに変わったが、ビュッフェの絵画世界には心が傾く。晩年に近づくにしたがって色数が増し、はなやかさが加わるようにも思われるが、抑制のきいた色調で描かれた作品には哀愁や詩情が漂い、いいしれぬ魅力が感じられたのである。

ベルナール・ビュッフェの形態感覚と色彩感、コンポジション、タッチには強烈な個性がにじみ出ている。幾何学的センスが光っているところがあるが、さまざまな線の走行とさまざまなタッチによって、独自の緊張感に富んだ画面が生まれている。

人物、静物、風景などのさまざまなジャンルにわたって数々の作品が制作されたが、いずれのジャンルの絵もビュッフェのスタイルとメッセージそのものなのである。

あらゆる絵画は、私はここにいる、これは私自身なのだ、これは私の目に見える言葉なのだ、という描き手のアイデンティティそのものなのである。

ベルナール・ビュッフェの絵画に姿を見せるパリがある。パリのさまざまな観光名所が制作されているが、それらの作品は、みごとなまでにビュッフェのスタイルとタッチと色彩で表現されたパリの風景なのである。アクセントのきいたコンポジションとラインとタッチ、ビュッフェの方法とパースペクティヴがあるのである。

ビュッフェの壁と窓があると思う。とくに壁、ビュッフェは目一杯、絵画というスペクタクルをくり広げて見せたのである。

日常的な身辺の光景が描かれている。ビュッフェにとっては、ささいなものtrivialなどなかったのではないかと思う。生活がにじみ出てくるような絵も少なくない。

風景体験によって私たちにもたらされる深い感情がある。人間の顔もまた、風景におとらず広大で深々とした風景なのである。ビュッフェは、人びとがそこで生きている世界のさまざまな姿を表現しているのである。ビュッフェのミュゼの外にはいくつかの旗が姿を見せていた。フランスが日本に根をおろしていたのである。サインのビュッフェだ。

(2000. 3. 11)

95　いわさきちひろ

——紫色／子ども——

いわさきちひろの絵を目にした人びとは少なくないだろう。童画と呼びたくなるような絵だが、描かれた子ども、子どもたちの姿、表情、ちひろの色彩感、筆触、にじみ、画面に漂う詩情、雰囲気、画面にあふれている愛らしさ、ぬくもり、安堵感、なつかしさ、いずれも、いわさきちひろ、ならではのものであり、私たちを暖かく包みこんでくれる絵画世界が、まことに心地よい。

「海を見つめる少女」と題された絵がある。一九七三年に描かれた絵だが、たっぷりとした、にじみの画法で海が姿を見せている。大きめの帽子をかぶった少女が海を見つめている。縦縞の洋服姿とリボンがついた大きな紫色の帽子、左手だけが画面に描かれているポーズ、何ともいえないほど可愛らしい。海の色に紫色のにじみが広がっている部分がある。紫色の帽子というタイトルがついていてもよいような絵だが、海の青も海のごくうすい緑もそして紫が広がる海面も印象的だ。

いわさきちひろの愛すべき絵においては紫色は基調となっている色なのである。ちひろは、まさに紫の人なのだ。

二〇〇〇年の九月初旬のことだったが、私たちは信州、安曇野にあるギャラリー、いわさきちひろ美術館を訪れて、そこで、ちひろの世界に遊んだのである。松本からの旅だった。安曇野の道祖神をいくつも見ることができたのは、その時のことだ。道祖神の里と呼ぶことができる安曇野なのである。

ちひろは子どもをモチーフとして、まことに目にやさしい、心あたたまる数々の絵を残した画家である。水彩の楽しさが画面にあふれている。

サン＝テグジュペリに近づくことになるが、かつて子どもでなかった人はいない。私たちの誰もが自分の内に子ども時代を残しながら人生を旅しているのである。ちひろの絵のなかで生きるチャンスが私たちの誰にもあるはずだ。

紫色に特別の思いを抱いている人びとがいるだろう。京紫と江戸紫の対比に注目した人がいる。九鬼周造である。

いわさきちひろは、ほとんどいつも子どもと戯れている。彼女は子ども心と子どもの目を失っていない。

絵画のジャンルもモチーフもおそろしく広い。その技法もさまざまだ。ぼかしやにじみの効果がすばらしい。絵画とは人間性なのだということが、ちひろの絵においてははっきりと分かる。

96 安野光雅の画風

安野光雅の絵に特別の親しみを覚えている人びとは少なくないだろう。さまざまなモチーフの作品、出版物があるが、一点、一点の絵を見ている私たちは、おそらく誰もが一人の旅びととなって、描かれた風景のなかを旅しているような気分になるのではないかと思う。旅の記憶と旅をめぐる郷愁が、安野光雅のモチーフ、技法、色彩感、タッチ、構図、かもし出されている独特の雰囲気、水彩の表現などによってつき動かされるのではないかと思う。ほのぼのとした旅情が画面に浮かび漂っているのである。絵を見る喜びと楽しみが、のびのびと体験される画境が、津和野を故郷としたこの画家において体験されるのである。

郵便はがきになった安野の画集がある。プレゼントされたこの画集の一点、「モンテ・ルチアーノ（イタリア）」を眺めている。郵便はがきの裏面、その上半分にやさしい黄緑色の丘の風景が姿を見せており、下半分には縦に点線で罫が引かれている。絵入りはがきなのである。イタリアへの郷愁がつのる画風だ。モンテ・ルチアーノ、いったいどのあたりなのか。丘また丘といった風景の地ではないかと思われるような絵だ。カーブを描いている一筋の道が描かれている。赤屋根の家が点々と見える。丸味をおびた樹木がところどころに描かれているが、よく見ると遠方に糸杉の姿が見える。

一筋の道によって風景が意味づけられている。秩序づけられている。道によって見えない地方や土地がイメージされる。道はいつも風景の主役であるように思われる。

フィレンツェからシエナにバスで向かう時、私たちはバスの車窓から丘また丘の風景や糸杉の風景などを体験したのである。列をなしている糸杉やたった一本だけの糸杉が目に触れたことを記憶している。

安野光雅の画面に漂い流れている人びとの生活感情や人びとの生活がある。私たちを受け入れてくれる風景が、やさしく視界に広がっているのである。人びとに開放された絵画世界の魅力が安野の作品において体験されるのである。絵とはとにかく楽しい眺めなのだ。目も心も洗われるような光景なのだ。心地よいクッションのようなものなのだ。絵画とはオリジナルな雰囲気そのものなのである。

何度か訪れたことがあるが、安野光雅の故郷、津和野を訪れたいと思う。彼の名を冠した美術館が、森鷗外や西周の地に開館されたのである。

(2001. 3. 25)

97　上野駅

上野駅についての思い入れは深い。上越線、信越線の列車にとっては、なじみの駅だからだ。上京という言葉になつかしさを感じる世代がいると思う。故郷をあとにして、青雲の志を抱いて上京するという若者の気分、気概があったのである。

ターミナル、終着駅、という言葉がぴったりとあてはまる駅となれば、東京では、まずどこよりも上野ということになるだろう。新幹線が開業してからは上野駅の趣がだいぶ変わったが、東北や上信越方面への新幹線がスタートする以前は、上野駅は、そうした方面への始発駅として、また、東北、上信越方面からの東京の玄関口として、この駅は旅びとにとって印象あざやかな大事な駅だったのである。新幹線の時代が訪れて、旅の仕方も、旅の趣や風情も、郷里や故郷を思う心も、ずいぶん変わったのではないかと思う。

冬場、雪深い越後から列車で上京する時、清水トンネルを越えると、上州の大地の地肌や土や畑が、まことに目にしみるほど印象的だった。風景の劇変は、いつも驚きだった。トンネルを抜けると、という言葉には、さまざまな思いが託されているのである。ループ式の清水トンネルは、上越線のハイライトだった。

上野駅の広い出改札口、駅の中央空間に姿を見せている大きな壁画がある。ある夏の日、私はそれをスケッチした。作品のタイトルは「自由」、制作者は、画家、猪熊弦一郎、昭和二六年一二月の制作である。一九九六年八月一六日のことだ。東北地方、上信越地方が姿を見せている図柄、作画、コンポジションだ。ローカル・カラーと郷土色が色濃くにじみ出ている。地方、地方の生活と風俗、言い伝えなどがモチーフとなっている壁画である。牛にひかれて善光寺参り、というモチーフが壁画の一景として描かれている。旅ごころがそそられる作品だと思う。この壁画は、昭和五九年六月に修復されている。猪熊弦一郎のこの作品は、明るくて、のびやか、明快で、目も心も晴れやかな気分になる画風の絵ではないかと思う。三田の慶應義塾大学のキャンパス内の西校舎、学生食堂の壁画、「デモクラシー」と上野駅の「自由」を合わせて眺める時、猪熊のスタイルと方法、画風、モチーフへのアプローチ、空間感覚が、はっきりと理解される。

列車の頭上、屋根に雪が綿帽子となっている姿を目にしたことがある。雪国からの列車が到着したのだ。

(2000. 4. 30)

98　蒸気機関車

ＳＬ　蒸気機関車は、私の生活史に大きな影を落としている。長岡駅のすぐ近くにあった私の家には蒸気機関車の汽笛や機関車の音が、ほとんどたえまなしに伝わってきていたからである。子どもの時から線路端は、ＳＬを眺めるための格好の桟敷席だった。白煙に巻きこまれながら、列車の出発を眺めたこともたびたびのことだった。蒸気機関車には勇姿という言葉がぴったりだ。終戦後、何年か経ってのことと思うが、電気機関車が駅の構内に姿を見せた頃のことを思い出す。電化がスタートしたのである。

もうだいぶ前になるが、岡山方面から米子に向かう時、三重連と呼ばれた、蒸気機関車の三連結というＳＬ史に残るようなスケールの蒸気機関車にひかれた汽車の旅を体験したことがある。車窓から乗り出すようにして眺めた三重連のＳＬの勇姿を思い浮かべることができる。

山口から津和野までＳＬ列車の旅を楽しんだのは、数年前のことである。蒸気機関車が白煙をただよわせながら走行する姿は、絵になる。写真になる。

萩原朔太郎の「純情小曲集」に「旅上」と題された詩がおさめられている（『萩原朔太郎詩集』河上徹太郎編、新潮文庫、五二ページ）。

ふらんすへ行きたしと思へども
ふらんすはあまりに遠し
せめては新しき背広をきて
きままなる旅にいでてみん。
汽車が山道をゆくとき
みづいろの窓によりかかりて
われひとりうれしきことをおもはむ
五月の朝のしののめ
うら若草のもえいづる心まかせに。

「平和なる山の麓の村などにおいて、山神楽あるいは天狗倒しと称する共同の幻覚を聴いたのは昔のことであったが、後には全国一様に深夜狸が汽車の音を真似て、鉄道の上を走るという話があった。それは必ず開通の後間もなくのことであった」と書いたのは、柳田国男である（柳田国男『明治大正史　世相篇（上）』講談社学術文庫、――初版一九三一年に刊行――、五三ページ）。

蒸気機関車の音は、郷愁の音の筆頭といってもよいのではないだろうか。時代とともに失われていく音がある。新たに生まれる音もある。（写真は、C57 180「ＳＬばんえつ物語」号）

(2000. 5. 5)

99　駅舎と待合室

待合室に漂う旅情と風情がある。さまざまな駅舎と待合室があるが、誰の場合でも記憶に残る駅舎や待合室があるのではないだろうか。

待合室に姿を見せている人びとの姿と表情がある。人びとそれぞれの旅支度がある。故郷、郷里へ向かう旅なのか、ビジネスの旅なのか、予定された旅なのか、急な旅なのか。食事をとっている人、飲みものを口にしている人、新聞を読んでいる人、カバンの中身をチェックしている人、さまざまな人びとがいる。張り出されている大きな時刻表を眺めている人もいる。かなりの年配の夫婦がやってきた。ここは東京駅の東北や上越や長野などの各新幹線のプラットホームの地下にあたるところにある駅の片隅の待合コーナーである。

何年か前、ＪＲの駅舎としては歴史を誇る門司の駅を訪れたことがある。古いしっかりとした駅舎の風情と雰囲気は、いいようがないほど香り高いものであり、時代のみごとなたたずまいが、駅舎のそこ、ここで体験されたのである。この駅は、始まりの駅、ゆきどまりの駅である。待合室のベンチは、いままで見たことがないものだった。ボックス式とでも呼ぶことができるようなスタイルであり、一人、一人のための角がきちっとしている木製の椅子が連なっていた。堂々とした待合室だった。それほど広くはなかった。

待合室にはいうにいわれぬ哀感と郷愁が漂っている。出発の喜びと不安、旅についての期待感、別れの感情、人と人とのさまざまな人間関係、人びとが抱いているさまざまな思いと感情、それらがあざやかにクローズ・アップされてくる舞台、それが待合室であり、駅舎なのである。出会いと別れのクライマックスのシーンは、いうまでもなくプラットホームで体験される。

私にとって思い出に残る駅は、長岡駅、長野駅、上野駅である。長岡や長野の駅舎は、いまでは新駅舎となり、かつての風情と風景は、失われてしまった。駅舎や待合室によって旅の思い出が一層、深いものになることはまちがいない。

旅とは駅舎を見出して、駅舎やプラットホームなどを体験する旅でもあるといえるだろう。旅情は、駅舎や待合室に激しく渦巻いているのである。

東京の新橋駅の待合室でしみじみと旅情と人生の旅びとの生活感情を体験したのは、永井荷風である。彼を待合室の人と呼びたい。

(2000. 5. 14)

100　道と山
――風景の様相――

人びとそれぞれの生活史に姿を見せるさまざまな道がある。おそらく誰の場合でも郷愁の道、忘れ得ぬ道と呼ぶことができるような道があるのではないだろうか。

さまざまな道によって私たちの生活史は飾られているのである。日常生活の深いところに姿を見せているのは家や住居ばかりではない。そうしたところにはさまざまな道が姿を見せているのである。道が姿を現している風景は、誰にとっても親しみ深い風景といえるのではないだろうか。どのような道であろうと、道には人の気配が感じられるものなのである。道を描くということは、人間の生活や人間を描くということではないだろうか。

どこから、どこへ――生活者の日常的な行動場面で誰もが直面している問いかけである。進むべき方向や方角を決めて人びとは歩み出す。進路が決まっていない時には動きがとれない。あたりの風景や様子を気にしながら歩くことがある。初めての土地や未知の場所においては、旅びとは、なかば途方に暮れた状態でとまどいながら注意深く行動しないわけにはいかない。途方に暮れるとは、環境から切り離されている状態をさす。

環境世界、生活世界は、さまざまな風景、いろいろなランドマークによって方向づけられて(意味づけられて、秩序づけられて)いるのである。目につく山や峰、水の流れ、鎮守の森、目印となる樹木、さまざまな道などは、

生活者や旅びとにとって頼りがいがある対象、目安なのである。

村落や集落のなかをめぐる道がある。家と家とをつなぐ生活の道である。村から村へ、村から町へとつづいている道がある。いわば街道と呼ばれる道である。農道や山道がある。感激と驚きをともなった風景体験という点では、やはり峠道ということになるだろう。峠を越えると別天地、別世界が切りひらかれるのである。

ところは新潟県長岡市、西山、東山と呼ばれている山なみが目に入ってくるが、山なみが迫ってきている感じではない。長岡では水の流れは、信濃川である。大河の趣がある。

水田地帯の耕地整理によって生まれた直線的な新道がある。西山のふもとからこの新道、広域農道2号線を車に乗せてもらって走ったことがあったが、車窓の右手、かなたに東山の山なみの主峰、鋸山が見えたので、スケッチした。地元の人でなかったら、見分けることができない山だ。だが、東山では鋸山だ。

(2000. 8. 1)

101 浄瑠璃寺

以前は奈良市内からバスで浄瑠璃寺へ向かう時には、かなり時間がかかったが、最近では時間がずい分、短縮された。この名高い古寺は、奈良郊外の寺といった趣を呈している。冬を除いて、春、夏、秋の浄瑠璃寺をいったいこれまで何度、訪れていることだろう。京、大和の数多くの古寺のなかでも私の心がもっとも傾いている寺のひとつが浄瑠璃寺、九体寺である。この寺を佐原六郎先生と訪れたことがある。それが最初だったかもしれない。もうずい分前のことだが、和辻哲郎の『古寺巡礼』の影響で大和の古寺めぐりに熱中するようになったように思う。もちろん塔の研究者でもおられた佐原先生の影響もある。先生に伴われた大和と近江の古寺めぐりの旅は、私の生活史を飾るすばらしい旅だ。それは幾日間にもわたる楽しい旅だった。

浄瑠璃寺の阿弥陀堂、本堂と少し小高いところにある三重塔とを結ぶ軸線と空間はすばらしい。東の方から西方へという方向性がはっきりと体験される、まさに仏教思想によって深く意味づけられた（方向づけられた）浄土式庭園、水の庭、池が私たちの視界に広がる風景は、ことのほかみごとである。三重塔の少し下の方からの眺めも印象的だが、本堂から塔を望む景観もすてがたい。

九体の仏像はみごととしかいいようがない。壮観である。金色が残っている。光り輝くばかりの仏像だ。

春の浄瑠璃寺は、花の寺といった趣を見せている。寺の門に近づく道の左手の風景は、彩りあざやかな花の景色なのである。

宮柊二に浄瑠璃寺と題された短歌がある。六首のうち二首を紹介したい（宮英子・高野公彦編『宮柊二歌集』岩波文庫、一六六ページ—一六七ページ、藤棚の下の小室）。

奈良坂を越えて入り来し山城の道の黍の実晩夏光を浴む

塔と堂池をへだてて相向ひ彼岸此岸の石燈籠見ゆ

浄瑠璃寺、魅力的な寺の名だと思う。山口市には瑠璃光寺がある。五重塔、この寺も名塔の寺として広く知られている。

（2000. 2. 19）

102 塔

——佐原六郎先生と西脇順三郎先生——

佐原六郎先生とともに旅した時、モチーフは塔だった。『塔の研究』において世界各地の塔に注目しながら、世界の諸塔の造塔思想の研究を繰り広げられた佐原先生は、終生、塔について特別の関心を抱いておられた。塔をめぐる旅は、先生の大きな楽しみでもあった。

塔はまさに人間の風景の最たるものではないかと思う。人間のさまざまな思いとヴィジョンがふたつとないような独特の姿かたちとなって大地や集落を飾っているさまざまな塔は、いずこにおいてもみごとなランドマークとなっているのであり、このうえなく印象的なアイ・ストップ、風景の焦点・中核なのである。塔ほどそのまわりにあるものを結びつけたり、集めたりしながら、印象深い風景を生みだすオブジェはないだろう。橋はまわりにあるものを集めて、ひとつの風景をつくり出す、といったのは、ハイデッガーである。さまざまな塔があるが、いずれの塔も天に向かって架けられた橋なのである。

イタリアを旅した西脇順三郎先生は、つぎのような文章を残している（西脇順三郎『野原をゆく』講談社文芸文庫、五八ページ、自然の哀愁、昭和三七年 一一月五日「北海道新聞」）。

イタリアの丘陵の一つ一つの峰に、殆ど必ずといってもよいように寺院の塔がみえる。しかもイタリア式の塔は私のヨーロッパ趣味を満足させてくれる。中国の風景画にはそうした風情を感じさせる。奈良や京都の風景もお寺の塔が私をよろこばせるが、それは山のてっぺんになくて、山の中腹か山の下にある。薬師寺の塔などはたんぼの中に見える。それも美しい景色になる。法隆寺の塔は松林の山のふもとにあるが、少し遠くからみないと美感が失われる。当麻寺の二つの塔は遠くはなれて松林の中につき出ているところを見ると、ひどく感動する。

イタリアの野の風情は実った麦畑の中にブドウ畑やオリーヴ畑が山の傾斜に必ずある。この風情は日本にはみられない。この景色は古いイタリアの宗教画の背景となっているので、なんとなく宗教画の中に自分がいるような気がする。

(2000. 2. 27)

ヴェネツィアやシエナで体験される塔がある。塔は空の飾りでもあるのである。

103　仏頭と仏手

奈良、興福寺に国宝に指定されている「仏頭」がある。白鳳時代の作品だ。まことにおおらかな、のびやかな表情を浮かべており、切れ長な目をはじめとして、顔の部分、部分のアクセントが効いており、スケールが大きな広がりを見せている顔面が目に触れる。ふくよかな顔面表情によって私たちに安らぎがもたらされる。

仏頭、仏像の一部分だが、仏像の全身がイメージされるのである。断片といえば、それまでだが、断片として片づけてしまうわけにはいかない。人間の顔は、人間の全体性がそこに凝縮されている、まさに人間の焦点、眼目なのである。仏像の顔面についても、そうしたことがいえるだろう。

興福寺の宝物館に重要文化財の指定を受けている「銀造仏手」が飾られている。ひじから手首まで四二・二cm、という説明が添えられている。奈良時代の制作である。断片にはちがいないが、見のがすことができない仏手だ。

顔についていえることは、手についてもいえるのではないだろうか。人間の全体性は身体の部分、部分に姿を見せているように思われるが、顔と手ほど見ごたえ十分な人間の舞台と人間の風景はないだろう。

人間は身体によって、身体の部分、部分をとおして、世界につなぎとめられているのである。特に手、手によって人間は、なんと深く広く世界を体験することができたことだろう。

さまざまな仏像に接する時、仏像の顔面や手の姿かたち、表情の多様な表現に驚きの急を禁じ得ない。

千手観音像の手がある。興福寺の八部衆のうち、「阿修羅像」の手の姿かたちと表情がある。顔面も、手も、まことに印象的だ。あらためて注意深く見ると、指先がほぐれており、内部が姿を覗かせているところがある。痛々しさが感じられるが、この作品の印象がさらに深まる。

人間がそこで生きている世界にさまざまな仏像や仏教彫刻が姿を見せていることに注目したいと思う。人間の生存の深さ、人生を生きる人びとの努力と工夫と方法、それらが、こうした彫刻群において理解されるのである。宗教的世界は、人間の生存の深い領域なのである。

二〇〇〇年三月二七日、奈良に到着し、さっそく興福寺の境内を訪れたのである。五重塔は、いつものようにそそり立っていた。

(2000. 3. 27)

104 若草山

近鉄、奈良駅から地上に出ると、大通りのかなたに若草山が姿を見せている。春日奥山を背後にひかえた若草山は、奈良のみごとなランドマークなのである。ゆるやかなスロープとおだやかな眺めが目に触れる若草山は、数々の仏教建築と仏教美術とならんで奈良の代名詞となってきたのである。若草山から市中にかけて奈良公園が広がっている。奈良といえば、いたるところで鹿なのである。

若草山にはどことなく築山の趣と風情が漂っているように感じられる。

若草山、春日大社、東大寺、それらはたがいに一体的な関係を取り結んでいる。世界文化遺産に指定された奈良の文化財がクローズ・アップされているときには、若草山も必然的に私たちの目に触れるのである。

新薬師寺からスタートして森林をぬけると若草山の麓に到着する。明るく開けた風景が視界に広がる。明暗の対照が体験されるコースだ。さらに道をたどると、やがて東大寺の三月堂に達する。仏教文化をつなぐところに若草山が姿を現す。

奈良ホテルの客室の窓から若草山が見える。やさしい稜線が目に触れる。まわりの緑に対して若草山の色彩は、あくまでもソフトだ。眺めれば、一目で若草山の所在が分かる。若草山はどこよりも明瞭な目印なのだ

奈良の市街地は、若草山によって方向づけられているのである。意味づけられているのだ。

三月堂に隣接した二月堂は、見晴らし台となっているが、二月堂から市街地方向を眺めると、近くの大仏殿が突出した姿を見せている。大仏殿は、すばらしいランドマークなのである。

若草山にはていねいに人びとの手が入っているのである。自然のままに放置されているわけではない。文化のヴェールによって包みこまれているのである。春日奥山は、原生の自然が体験されるところだが、市街地に面した若草山には人間の息吹が感じられる。若草山は、まさに公園の山なのだ。奈良公園は、若草山にまで達しているとい

ってもよいだろう。
東大寺の境内にも、奈良公園にも、興福寺の境内にも、鹿が姿を見せている。鹿と人間とのさまざまな触れ合いが、観光地、奈良のひとつの代表的風景として私たちの目に触れる。観光客は、奈良の古寺と古仏をめざす。そして若草山を訪れるのである。

(2000. 3. 29)

105 阿修羅とともに

阿修羅像は八部衆のうちの一点、奈良、興福寺の国宝館に展示されている。色彩が残っている。阿修羅はどこを向いているのか。阿修羅といえば、顔面が気になるが、私の目をとらえて離さないのは、阿修羅の手だ。さまざまな仏像の手は、いずれも印象的だが、のびやかな阿修羅の手は、仏像の手のなかでも白眉の手に数えられるだろう。四方八方、という言葉を使ってみたくなる手だ。阿修羅を眺めていると、向きということが気にかかる。阿修羅の両手を合わせている手は、その上方の顔面の軸線からごくわずかだが、ずれている。そうした微妙なずれに見られる緊張感に注目したいと思う。
これまで奈良でどれほどたびたびこの仏像を見たことだろう。奈良の彫刻群のなかでも、やはり阿修羅は、まことに印象深い作品の一点として最後まで残るものだ。

古寺めぐりを楽しむようになってから、もうずいぶん歳月が経つ。法隆寺の夏期大学に何回か参加したことがある。佐原六郎先生に同行した塔の旅も心に残っているが、さまざまな古寺で目に触れた仏教彫刻の数々を忘れることはないだろう。大和の風景も私にとってはなじみ深いものだ。

阿修羅のまわりをぐるりと、ゆっくりと、ひとまわりしたいものだと思う。さまざまな視点とパースペクティヴという言葉が気になるということであれば、この阿修羅をおいてほかにはないだろう。阿修羅がゆっくりと回転したら、どうなるか。

奈良を訪れる喜びは、日本の深いふところに抱かれる思いを深く体験できるところにある。人びとがそこに生まれて、そこで生きている世界を西田幾多郎は、歴史的・社会的世界と呼んだが、人間はいつもその生死が問われるような状態に立たされているのである。

生と死の境目に、人間の生存の全体的領域に、宗教的なものが、漂い流れているといっても過言ではないだろう。東方から西方へと向かう方向性に人間の生存の深い意義を感じとらないわけにはいかない。

心の安らぎと希望、生きがいは、私たちの生存と人生の日々において必要とされるものではないだろうか。古寺をめぐり、仏教彫刻に触れる時に得られる平安と心の落ち着きは、貴重な恩恵である。

興福寺の国宝館に白鳳時代の仏頭がある。まことにおおらかで、のびやかな、安らぎをもたらしてくれる作品だ。みごとな耳だ。


(2000. 3. 5)

106 京都、太秦、広隆寺の仏像

京都は太秦の広隆寺、そこに国宝、第一号に指定された仏像がある。日本の仏教美術、仏教彫刻で名高い「弥勒菩薩半跏思惟像」がそれである。

古寺めぐり、古仏めぐりを始めたのは、大学を卒業してからのことだが、初めてこの仏像を眺めた時の深い感銘は、私にとって特別の出来事であり、忘れることはできない。その時には、ごく近くからこの仏像をつぶさに拝観できたが、簡素な香り立つ美しい姿が目にしみるほどだった。その時から今日にいたるまで、いったいどれくらいこの仏像の前に立ったことだろう。京都に出かけたときには、ほとんどいつも広隆寺を訪れて、この仏像と対面して、今にいたっている。ある時からこの仏像は少しばかり高い壇上に置かれて、離れたところからしかこの仏像を見ることができない。ほんとうは、さまざまな視点から、いろいろな距離でみごとな古仏を見たいのだが、それは叶えられない。

この仏像のえはがきが用意されている。すべてが仏の姿と表情をみごとに伝えてくれる作品であり、現場ではとうてい目にすることができないアングルでのパースペクティヴが私たちを楽しませてくれる。

そうしたパースペクティヴの一点をごらんいただきたいと思う。木肌の美しさもみごとだが、右手のしなやかな、あどけない姿かたちがすばらしい。中指が頬にとどきそうに見えるが、その微妙な距離のとり方が注目される。

人びとは、これまでこの仏像にどのような思いを抱きながら、人生を生きてきたのだろうか。私たちが目にするのは仏像の顔や手であり、また、絶妙な姿かたち、ポーズを見せている指だが、まことに印象的な造形によって、私たちは、人生と生活の深い渕に導かれるのである。人間のヴィジョンと想像力が働くところで、人間の手によってこのような彫刻作品が制作されたことに驚きの目を見張らないわけにはいかない。

指の姿かたちに注目するとき、私たちの思いが広がる。イサム・ノグチの作品に「無」があるが、鳥がイメージされるこのオブジェに人間の指が入りこんでいるのである。ノグチは、指の姿かたち、ポーズに注意をはらっているようだ。

107 修善寺

伊豆、修善寺、名前が心にかかる地名だ。東京駅から新幹線で三島へ、伊豆箱根鉄道に乗り換えて修善寺へ向かう。途中、伊豆長岡、大仁などを経て、三〇分と少しで湯の里に到着する。桂川のほとりに湯の宿が並ぶ。修善寺がある。

川音が耳に触れる。昭和一〇年に建てられた宿、仲田屋に投宿する。眼下に桂川、耳を傾けると、かなりの川音だ。大きな石が川に姿を見せている。温泉街といってもさまざまだが、ここ、修善寺は比較的落ち着いている。桂川に架かる橋がいくつかある。

修善寺といえば、ただちに夏目漱石を思い浮かべる人がいることだろう。彼の生活史に大書される出来事のひとつ、それは修善寺の大患である。

漱石は修善寺で命にかかわるような大患を体験した。生死の境をさまよいながら、漱石は幸い健康を取りもどす。

修善寺は漱石にとって忘れがたい土地となったのではないだろうか。「思い出す事など」というエセーには、大患にかかわる文章が見られるが、ジェイムズやウォードの名も見える。漱石は、ジェイムズの訃報に接したのである。ジェイムズの多元的宇宙に共鳴するところがあったのだ。ウォードのダイナミック・ソシオロジーを読んだ漱石は、前おきの長さに閉口しながらも、ウォードとの触れ合いについて記している。

修善寺で漱石は、人の情や親切、自然の体験、看護についての所感などについていろいろと思うところがあったのである。

修善寺――言葉の響きや土地をめぐっての人びとの記憶がある。私たちの生活史にどのような土地や場所が、つぎつぎに姿を見せることだろう。生まれ故郷、そこで青春の日々を過ごした土地、また、旅先の土地などは、誰の場合でも、思い出一杯の土地なのではないだろうか。

土地のさまざまな場所は、また、人間でもある、と小説『ジャン＝サントゥイユ』で書いたのは、マルセル・プルーストである。

かつて大学のゼミナールの合宿を伊豆でおこなったことがある。長時間のハイキングをおこなったが、伊豆半島の先端の波勝岬へ向かうとき、画家、林 武の制作現場をたまたま見ることができたが、忘れがたい思い出だ。

伊豆半島、さまざまな半島の地形と人びとの暮らしと風景がある。伊豆半島は、ロマンあふれる郷愁の半島だ。天城峠がある。

(2000. 3. 10)

108　鎌倉、新緑

連休の人出を鎌倉で体験した。北鎌倉駅、東慶寺、鶴岡八幡宮、とにかく名だたる鎌倉だ。東京や横浜から至近の距離で名高い歴史の舞台、燃え立つばかりの新緑、二〇〇〇年五月四日、あふれるばかりの人出、当然のことだった。

鶴岡八幡宮に参拝してから花ざかりのぼたん園を三人で訪れた。家族での鎌倉は、久しぶりのことだった。ぼたん園も相当の人出だった。咲きほこるぼたん、色とりどりの大輪の花に飾られたぼたん園は、みごとな花園だった。花の大きさには大小いろいろあったが、ハッとするような美しい大輪のぼたんが目に触れて、人びとは、ぼたんの姿かたちと色とりどりの色彩、花の香りに満足しながら、休日のひとときを楽しんでいる風情だった。いろいろな傘のもとにぼたんが姿を見せており、そうした傘のリズムとハーモニーが目にやさしい眺めだった。傘とぼたんと呼びたくなるような風景がくり広げられていた。

さまざまな花のなかでも、ぼたんは、ひときわ私たちの目に豪華に映る、みごとな見ばえがする花だ。鑑賞に耐える花のなかの花ではないだろうか。他方にすずらんの花、そしてぼたんである。

池のまわりにぼたん園が広がっていた。池の水が美しく澄んでいたら、池のほとりは一段と気持がよい場所となるはずだが、なかなか難しい注文かもしれない。

花を目にした時の安堵感と心の安らぎがある。ぼたんの花は、強烈な存在感で人びとにアッピールしてくる花ではないかと思う。

古都、鎌倉は、四季おりおりに大勢の人びとが姿を見せる行楽地だが、新緑の古都は、なかなか魅力的だった。谷戸の地形が風景の演出に一役買っている東慶寺では、西田幾多郎、和辻哲郎、岩波茂雄、安倍能成、谷川徹三、鈴木大拙らの墓地をまわったが、新緑が目にやさしかった。うぐいすの声が耳に触れた。心地よかった。この東慶寺、このところ年に何度も訪れているが、いつ訪れても境内のたたずまいに心を打たれる。

鎌倉の入り組んだ地形、谷戸の微地形や山々の姿は、海岸線とともに旅びとの目を楽しませてくれる。

神奈川県立美術館でジョージ・グロス展を見てから、食事、それから小町通りを歩いて駅に向かった。建てかえられた駅だが、かつての鎌倉駅の姿が新駅舎の片隅にデザインとして姿を覗かせている。新緑の古都だった。

(2000. 5. 4)

109 花野

野原の人と呼ばれるにふさわしい人がいる。詩人で英文学者といえば、おのずからその人の名がクローズ・アップされてくる。西脇順三郎である。彼のために用意された言葉がある。幻影の人、がそれである。注目に値することは、この詩人、英文学者が、雑草に特別の関心を抱いていたということだ。

野原に姿を見せている草花がある。野に咲く花の魅力と美しさがある。ジャン＝ジャック・ルソーは、庭園に咲く手入れされた花よりも、はるかに野の花に強くひかれた人である。ルソーには野薔薇がふさわしい。

空中庭園で話題を呼んでいる大阪の新梅田シティには、中自然の森や花野がある。都市環境や建築的空間に自然を呼び入れるために工夫がこらされているのである。ランド・アートも注目される場所だ。このシティにはタワーイーストとタワーウエストがあり、こうした高層建築と自然とのハーモニーが、この場所で体験されるのである。

晩秋だったが、この花野を歩いた。空中庭園を散歩した。中自然の森を体験した。花々が咲き乱れていた花野には水の流れがあり、路傍のランド・アートがオブジェとして目を楽しませてくれた。花野では野原をゆく気分がのびやかに楽しく体験されたのである。中自然の森は、鎮守の森がイメージされた森だという。

花野、なんと美しい心あたたまる言葉だろう。北海道のオホーツクの海に臨む原生花園を旅びととして訪れたことがあったが、この花園は、まことにみごとな花野だった。人びとは多かれ少なかれ自分の生活史を飾る花野の記憶を抱いているのではないだろうか。ヘルマン・ヘッセの生活史に姿を見せる花野がある。

山本健吉編『季寄せ』に花野についてつぎのような言葉が残されている（同・下、秋冬　新年、文芸春秋刊、一三ページ、花野）。

花野　美しい秋草が咲きみだれる野。

ふところに入日のはゆる花野かな　梅の門

天近き花野にまろび刻もなし　遷子

西脇順三郎が「ふるさと」と呼んだのは、放浪の心のふるさとであり、野原であって、また、永遠ということだった。彼は、素朴なさびしい自然の風情を好む人だったのである。

(2000. 4. 29)

110

ボタンヅル／旅人のよろこび
——西脇順三郎、英文学と雑草——

「旅人よ、正月の野原へ行ってやぶをごらんなさい。夏の日の栄光は去って、廃墟となっている。ヘクソカズラの小さい黄色い実がさがっているだけである。雑草は枯れてなんという雑草雑木の幽霊か区別がつかない。（中略）道端で青々と麦のような色をなしているのはニワホコリという雑草だけである。タンポポ、春のノゲシ、ヨメナ、ヒメジオンというような雑草は葉だけ少し出して地面にへばりついているだけであって、すべて枯淡である」。幻影の人、野原に心のよりどころを見出した西脇順三郎は、雑草をこよなく愛した詩人だった（『野原をゆく』西脇順三郎、講談社文芸文庫、六五ページ—六六ページ、自然の風情、昭和三二年一月六日「東京新聞」）。

「自然の哀愁」と題されたエセーのなかで英文学者であった西脇は、自然の風情を「一つの哀愁感」と見ている。彼は哀愁感が漂う風景に繊細な感覚を示している。

昭和三七年の夏、縁あって西脇はイタリアに遊び、ルネサンスのイタリア文化に触れたのである。その時、イタリアの風土と自然を味わい、イタリアと日本の比較を試みもしたのだった。イタリアの野外での自然体験だったが、ヨーロッパ文学では欠くことのできない植物、スイガズラが、西脇の目に映ったのである。また、日本の路傍の藪を思い起こさせるような白い花の咲くツル草、ボタンヅルが、この詩人で英文学者の視界を飾ったのである。

このボタンヅルについて、西脇の言葉がある（同書、五八ページ、自然の哀愁、昭和三七年一一月五日「北海道新聞」）。——「この植物は世界的に繁茂しているといってもよい。英語では「旅人のよろこび」といっている程で道をいそぐ旅人の心をなぐさめる。或は旅人を感傷的にさせ、おそらくさびしがらせるものであろう。しかし一般にはイタリアの雑草の藪は日本よりないという話である。確かに日本の雑草はいろいろあって、この点は私がとくに幸福を感じているところだ」。

つぎに日本でのこと（同書、七五ページ、雑草の美学、昭和三九年二月「いけばな龍生」）。——「夏になると路傍にある藪にはいろいろのつる草がはびこって旅人のシャツにふれてくる。私は一番美しいと思うのは「ボタンヅル」だろうと思う。これは英語では「旅人のよろこび」という」。英文学と雑草なのである。

(2000. 2. 27)

111　石

ゴシックの大聖堂を石の森と呼んだのは、オーギュスト・ロダンである。マルセル・プルーストは、パリを石の都と呼ぶ。

さまざまな石の肌と質感がある。石の色がある。石の光と輝きがあるといってもよいだろう。石は土や植物や水などとならんでクローズ・アップされた大地なのである。

フランスのシャルトルの大聖堂の石の輝きとその肌、質感は、まことにみごとであり、印象的だ。手ざわりでシャルトルの石を体験することは、旅びとの喜びなのである。パリのノートル＝ダム寺院でも、手で石に触れながら、その感触を私の身体に残すことができた。触れること、特に手で対象に触れることは、もっとも信頼に値する心底からの世界体験なのである。

ヨーロッパでは石畳の道を歩くことが、しばしばある。石畳の感触がある。石造の建築や建造物は、いたるところで体験される。石造の橋がある。石といってもまことにさまざまで多様きわまりない。

アテネのアクロポリスのパルテノンの神殿は、みごとな石造建築だ。私たちの目に触れるのは、遺跡と呼ぶべき風景だが、迫力に富んだ美しさが、私たちに迫ってくる。

『ヴェニスの石』を著わしたのは、ジョン・ラスキンである。水の都で体験されるさまざまな石がある。フィレンツェの大聖堂の外壁を飾る石は、印象的な色彩で美しい。大理石の色彩と模様と表現がある。

一九九一年一一月一五日、ヨーロッパを旅していた私たちは、グリンデルワルトから登山電車でユングフラウヨッホに向かった。まるで絵のように美しい風景が視界を飾っていた。ユングフラウヨッホで展望台に立ったが、あいにくの吹雪でユングフラウを目にすることはできなかった。展望台の近くで拾った岩石の破片が私の机上に置かれている。旅の記憶に包まれている石である。

ラスキンは、建築が人びとの記憶のよりどころであると言う。石造建築においての言葉だが、木造建築についても同じことがいえると思う。

明らかに石の文化と文明がある。ずいぶん前のことになるが、エジプトのピラミッドを訪れた時のことを思い出す。ピラミッドも、スフィンクスも私の目に、まぶたに焼きついている。

(2000. 3. 3)

112 日時計／回想

壁といえば、なによりも窓、と思っている人びとが多いだろうが、壁を飾る窓のほかに壁を飾っている日時計があるのである。

ヨーロッパを旅していると、建物の壁に姿を見せている日時計を目にすることがある。もともと建築や建築術と日時計、そのデザインは、別個のものだったのではなく、たがいに密接なつながりが見られたのである。いろいろな建物、建築物、広場など、都市空間、人びとの生活空間や行動空間は、さまざまな光や影によって彩られているのである。いわば、いたるところが日時計となっているといっても過言ではない。画家、デ・キリコの絵に見られるような光と影もある。

日時計は、限りなく明るい時計だが、影を得てこそ、日時計の様相は、一層、表情ゆたかになり、私たちに時を告げてくれるのである。日時計は、明らかに太陽時計だが、時を告げる太陽は、光と影のバランスによって意味づけられているのである。

一九九一年の秋、一〇月なかば過ぎにアムステルダムに到着した私たちは、デカルトとレンブラントのアムステルダムで数日過ごし、それからドイツに向かい、各地を旅したが、ロマンチック街道をたどった旅の日々が記憶に鮮やかである。ローテンブルク～ディンケルスビュール～ネルトリンゲン～というようにまわったが、ローテンブルクの広場でも、ディンケルスビュールでも、日時計を目にすることができた。公共的空間、人びとの目に触れる場所に日時計は、晴れやかにその姿を現していたのである。日時計にはまるで主人公といった趣さえうかがわれたのである。雨の日、曇の日には、日時計はストップの状態にあり、まったく役に立たない。天候の回復をまって、日時計は息を吹きかえす。よみがえる。

一九九二年の元旦、私たちはローマでサン・ピエトロ大寺院で新年のミサに参列した。ローマに数日、滞在してからナポリへ、ポンペイへも足を運んだが、そのポンペイでも、高いところに日時計が姿を見せていた。廃墟と化しているポンペイ、そこで私たちの目に触れた日時計が目に浮かぶ。

砂時計と日時計を対比させながら時計について述べたのは、メーテルリンクだ。

日時計は宇宙的空間を飾る宝石のような時計ではないだろうか。まことにはかない、頼りない時計だが、太陽が輝いている時には、日時計は喜色満面の時計なのである。

(2000. 4. 23)

113　ヘルダーリンのテュービンゲン

シュトゥットガルトから夕刻、列車でテュービンゲンに向かったのは、もう何年も前のことである。大学町として名高いテュービンゲンをごく短時間でも訪れて見たいという希望を抱いており、ようやくそれが叶えられたのである。テュービンゲンゆきの目的は、どうしてもヘルダーリンの家を見たいという望みだった。列車がテュービンゲンをめざしているうちに日が暮れ始め、テュービンゲンに着いて、ネッカ川のほとりにたどりついた時には、日はとっぷりと暮れており、夜闇のなかにネッカの流れと川沿いの建物が姿を現していた。川面にまだ、かすかに夕映え、残照が見られたようにも記憶しているが、またたくまにあたり一帯は闇夜に包まれていったように思う。

ヘルダーリンの家は、川べりにあり、流れに面したところによく知られているヘルダーリンの塔が夜闇に浮かんで見えた。家のなかは明るかったが、家のなかに入ることはできず、窓からようやく家のなかをかいま見ることができただけだった。それでも前から目にしたいと思っていたヘルダーリンの塔を実際に見ることができ、満足だった。

テューービンゲンの町なみを暗がりのなかで目にして、広場に出た。広場の夜景がまぶたに残っている。記憶を呼び起こすと、この日のテューービンゲンは、ひたすら暗かった。広場にはいくらかの明るさは見られたが、広場も、路地も、通りも、ことごとく暗かった。テューービンゲン大学の方はまたの日にして、市中をいくらかめぐり歩いたのち、駅に向かったのである。

ドイツの都市のたたずまいと独特の雰囲気がある。山のかたちをした屋根の連なりになんともいえない風情が感じられる。ショーペンハウアーは、こうしたドイツの屋根の魅力にどちらかといえば否定的だが、ドイツの屋根に私は愛着を感じている。山の稜線が感じられるドイツの屋根は、屋根裏部屋の魅力がたっぷりと体験される屋根なのである。

テューービンゲンでは夜闇とともに静寂が体験されたのである。たとえごく短時間でも、そこを訪れることができた土地や場所は、私たちの生活史に鮮やかに刻み込まれているのではないだろうか。土地のさまざまな場所は、また、人間でもある、と書いたのは、マルセル・プルーストだ。『ジャン＝サントゥイユ』の一シーンにおいてである。

(2000. 3. 1)

114 アクロポリス／アテナイ

アクロポリスへの道がある。天空をめざす道かと思われるような道筋だが、やがて私たちの眼前に姿を見せたのは、白く輝いているパルテノンの神殿だった。アテナイの都市空間を飾るみごとなランドマーク、それが唯一無二のアクロポリスなのである。

アクロポリスを廃墟と呼んでよいのだろうか。たしかにかつての建築が損なわれずにその姿をとどめているわけではないのだが、おそらく歴史に名高いこのアクロポリスを中途半端な場所と見る人はいないだろう。ジンメルは、廃墟を生が離れてしまった生の場所と呼んだが、アクロポリスは、いまだにそこで生が息づいている生の場所であるように感じられる。

パルテノンの列柱は、いまでも私たちの目にあざやかである。あたり一帯のただずまいに目が奪われない人は、いないだろう。アクロポリスから、かなたにエーゲ海を望むことができた。アクロポリスは、視界に海が姿を見せる場所なのである。高い場所をアクロポリスと呼ぶ。どこからも見えるアクロポリスは、みごとな展望台なのである。アテナイは、アクロポリスによって実にみごとに意味づけられているのである。

ポール・ヴァレリーがギリシャ建築についてつぎのような言葉を書き記している（『ヴァレリー全集　カイエ篇8　芸術と美学、語学、詩について、文学、詩篇及びＰＰＡ』筑摩書房　三〇ページ、芸術と美学、三浦信孝訳）。

ギリシャ建築においては、あらゆる部分が明確に区別され、その区別は装飾によって強調される。ある部分から他の部分へはみ出すようなものは何もない。

それらは静態的な建築物であり、その機能的諸要素は眼に見える。――荷重、荷重の支え、荷重の諸要素、堆積。人間の動きに見合った部分部分、階段、扉、窓。眼のための諸部分――視覚的構造。

諸々の権能の明確な分割。

純粋芸術の偉大なモデル。それなりの道具立てと配置をもった幾何学さながらに。〔……〕(一九二一―二二年、九七、Ⅷ、四二五)

「建築とは、空間が自らに捧げる頌歌である」。ヴァレリーの言葉だ(同書五ページ、芸術と美学)。アテナイがよみがえる。

(2000. 5. 5)

115　トスカーナ　TOSCANA

糸杉はトスカーナの風景を飾っている樹木であり、トスカーナの風情と詩情の演出に一役かっているが、トスカーナの風景をことごとく丘の風景と呼ぶことができるだろう。イタリアを旅していたとき、トスカーナの各地で手に入れた絵はがきは、旅の記憶のよりどころとなっている。旅の日々がよみがえるような美しい、魅力あふれた絵はがきだ。絵ごころと旅ごころが満ちあふれた詩情ゆたかな絵はがきだと思う。インパクトがあるメッセージが私たちにもたらされるコンポジションとスペクタクルだ。

私たちは、フィレンツェから路線バスでシエナをめざした。起伏があって変化に富んだ道をたどり、いくつもの村や集落を経て、バスは丘から丘へと向かい、私たちは、丘の上の道、丘の麓の道、丘を越える道、丘、また、丘の道などをたっぷりと体験しながら、これも丘の上にあるシエナに到着したのである。

バスの車窓から分かれ道に姿を見せている糸杉や丘の糸杉の並木道を見ることができた。私のトスカーナ体験としては、糸杉のほかに葡萄が記憶に刻まれている。

窓が額縁となっている絵はがきがある。トスカーナのひとつの窓と呼びたいと思う。窓からの眺めは、私たちが体験しているようにことごとく絵画的だ。

シエナに二泊して、私たちは、路線バスで一回、乗りかえて、丘の上の町、サン゠ジミニアーノに向かった。そこで一泊したホテルの客室の窓からのすばらしい眺め、風景を忘れることは、ないだろう。一泊した翌日、私たちは、雪のサン＝ジミニアーノを体験したのである。この丘の上の塔の町を再度、訪れたいと思う。

トスカーナという地名にいいしれぬ郷愁を覚える。シエナの市街地は、トスカーナの自然と丘の風景によって支えられている。サン＝ジミニアーノも同様だ。さまざまな丘の上の町や集落に見ることができるイタリアがある。

地形と風景、自然と人間の営み、それらのいずれにおいても環境世界と風土が、クローズ・アップされるのである。旅びとを感動に誘わないような風景はないだろう。風景は人間によって息が吹き込まれているのだが、人間は風景によって支えられてきたのである。

(2000. 2. 24)

116　トスカーナの丘、多摩の丘

ベル・ソッジョルノ BEL SOGGIORNO これはイタリアの中部、トスカーナの丘の上の塔の町、サン＝ジミニアーノのホテルの名前である。このホテルのパンフレット、横長の表紙にあたるところには、左上の端にホテルのシンボル・マークが飾られており　カラー写真で美しいトスカーナの野の風景が姿を見せている。上半分は空、下半分はトスカーナの丘また丘の風景、まさにパノラマ風の横広がりの風景が私たちの目を楽しませてくれる。

ベル・ソッジョルノのパンフレットを机上に飾ってトスカーナの眺めを楽しんでいるが、窓際の机上のイタリアの風景と窓からの眺めがなんとよく似ていることだろう。不思議なほどだ。

窓外に広がっているのは、多摩丘陵の風景である。目前に見下ろすような状態で谷戸の景色が姿を見せている。春、三月なかば過ぎ、ふんわりとしたやさしい春の谷戸と丘の眺めが目に触れる。谷戸を越えたかなたには町田の市街地の一部が輝きを見せながら浮かんでいる。自然の片端に文明が姿を覗かせている感じだ。ホテルのパンフレットのトスカーナの丘の野の風景は、はるかかなたにいたるまで豊かな野の自然、実際には耕された野の自然が波打っている眺めである。トスカーナの空にも、多摩の空にも、横にたなびいている雲が姿を現している。

谷戸の風景にも人手が入っているような所が見うけられるが、手つかずの自然がかなり見られるようだ。

窓ごしに眺めていると、谷戸のごく近くから煙が立ち昇り始めた。谷戸に見られる煙を昨年来、しばしば目にしている。

数年前、サン＝ジミニアーノを訪れた時、ベル・ソッジョルノの客室の窓から息を呑むほど美しいトスカーナの丘の風景を体験することができたが、波打つような丘の眺めには旅びとの目をうっとりさせるような魅力がある。一夜明ければ雪、風景は激変し、私たちはたくさんの塔がある町でトスカーナの雪、雪のサン＝ジミニアーノを体験したのである。

ここは東京の多摩、丘の上のキャンパスの片隅、研究室の机上にベル・ソッジョルノとトスカーナの丘が姿を見せている。トスカーナの丘は、私にとって郷愁の丘である。多摩の丘によってトスカーナの丘に導かれるのだが、丘の岬と入江と呼ぶべき谷戸と丘によって、私は日本の片隅につなぎとめられているのである。

117 ヴェネツィア

夢幻的な水の風景のなかに姿を見せる都市、それがヴェネツィア Venezia である。世界に冠たる水の都の驚くべきスペクタクルに酔いしれなかった人はいないだろう。旅びとに鮮烈な印象を与えるこのヴェネツィアを忘れることができる人などおそらくいないだろう。

イタリアを旅していた時、ヴェネツィアで初めてしみじみと孤独を体験したのは、ゲーテだった。あまたの見知らぬ人びとのなかで体験される孤独があるのである。

大運河こそヴェネツィアの骨格をなしているが、網の目のように走っているさまざまな小運河と一体となった建築的空間の魅力は、すばらしい。表情を異にするいろいろな運河や運河に架かる小さな橋、そしてその規模を異にする広場、時には迷路かと思われるようなまことにさまざまな道、いろいろな壁や窓、潟の風景、道ゆく人びとの姿などに私たちはヴェネツィアの風情と独特の雰囲気を見出すことができる。

ヴェネツィアのいたるところで人間の風景がクローズ・アップされてくる。ゴンドラにおいて、市場で、広場で、キャフェやレストランで、寺院や教会で、水辺や橋のたもとで、さまざまな道や路地などで。

ヴェネツィアの道の狭さや迷路のような道の様相にゲーテも気づいているが、旅びとの誰もが、ヴェネツィアの水の魅力とならぶ道の魅力に気づいているのではないかと思う。両手を広げると両サイドの壁にほとんど手が触れてしまいそうな本当に狭々とした路地もある。こうした路地の先に運河の船着場が姿を現す、などという場合もある。

道ゆく人びとの姿や表情に魅せられない人はいないだろう。単独の歩行者、二人連れ、急ぎ足の人、観光客、土地の人びと……さまざまな通りや道や路地、小路などは、いずれも人びとの生活の舞台なのである。人びとは、いったいどこを目ざして歩いているのだろうか。

「われわれは誰でもみな同じように、環境のなかに浸透し、それを色づけ、つくり出している人格的な息吹きを発散している。そして、他の人間がそこで生き、行動し、呼吸する環境を生み出している」と述べたのは、ミンコフスキーである（E・ミンコフスキー、中村雄二郎・松本小四郎訳『精神のコスモロジーへ』人文書院、一二七ページ、10　拡がる——嗅覚的なもの）。

（2000. 2. 20）

118 ヴェネツィア
——イマージュの都市——

ヴェネツィアほど人びとを不思議な気分に誘いこむ都市があるのだろうか。水の都は、いたるところが、文字どおりのイマージュの舞台なのである。イマージュ image という言葉には水に映った像、鏡に映った像という意味があるのである。

運河の表情、さまざまな道の姿、いろいろな広場の様相、そしてさまざまな壁と窓、まさにヴェネツィアそのものともいえるゴンドラ、その下をゴンドラが通りぬける小さな橋の数々、潟と海、ヴェネツィアの屋根、サン＝マルコの塔、また、ヴェネツィア派の絵画、ヴェネツィアのキャフェやレストラン、道ゆく人びと、観光客の姿、運河をゆく乗合いの船、ヴェネツィアの光……、いずれもヴェネツィアならではの世界像なのであり、旅びとはいたるところでヴェネツィアの魅力にとらわれてしまうのである。

数々の画家がヴェネツィアを描いている。ターナーはそうした人びとの一人、モネも、デ・キリコもヴェネツィアを描いている。水の風景、睡蓮を制作したモネが、ヴェネツィアの水におおいに関心を示したとしても当然といえるだろう。ゲーテのヴェネツィアであり、プルーストやマンのヴェネツィアなのである。アンリ・ド・レニエがヴェネツィアについてつぎのような文章を残している（窪田般弥訳『ヴェネツィア風物詩』王国社、原著の出版は一九〇六年、幻覚）。

昨夜はヴェネチア入りの最初の夜で、私は沈黙に包まれてぐっすりと眠り、もう二度とふたたび眼を覚ますことがないように思われた。しかし、朝の大気は私の眼を爽やかにしてくれた。とはいうものの、眼に映る事物の姿は私を夢幻の世界から引き出そうとはしない。あの静まりかえった水、黙りこんだ石、光り輝く大空――魅惑の「町」のこうした一切の道具立、私を運ぶゴンドラは柩に似て、この地以外の土地ならば、人々は死者そのものと言うべきか。

全く、ここは奇異なる美しさの漂う不思議な土地ではないか？　その名を耳にしただけで、心には逸楽と憂愁の思いが湧き起こる。（中略）この地こそは、まさに妖術と魔術と幻覚の土地ではないか？

ヴェネツィアは、みごとなまでに私たちを夢見心地にさせてくれる都市なのである。驚くべきほど多様な水が体験される水と石の都なのだ。

(2000. 4. 30)

119

風景の眼
――ヴェネツィア／バラージュ――

ヴェネツィアを幸い何度か訪れているが、水の都として広く知られているヴェネツィアのたたずまい、風景、夢かと思われるような独特の雰囲気に魅了されない旅びとはいないだろう。アドリア海に臨むヴェネツィアほど私たちを驚きに誘い込むトポスはないだろう。トポスというギリシア語には集落という意味もあるのである。ヴェネツィアほど絵画や文学などのモチーフとなった都市があるだろうか。フェルナン・ブローデルがいうようにヴェネツィアとパリは特別なところなのである。

「映画のドラマツルギーのためのスケッチ」と題された文章のなかでベラ・バラージュ（Bela Balazs, 1884-1949）は、情緒をモチーフとしてつぎのように述べている。『視覚的人間』（一九二四年）に見られる言葉だ（ベラ・バラージュ、佐々木基一・高村　宏訳『視覚的人間――映画のドラマツルギー――』岩波文庫、九七ページ―九九ページ）。

或る風景とか環境とかいったものの魂は、どの場所にも同じように現れてくるものではない。人間の場合にもまた眼は首や肩よりも表情が豊かなのであるから、眼のクローズ・アップは、身体のフル・ショットよりもよりよく魂を放射する。監督のなすべきことは、風景の眼をみつけることである。このような細部のクローズ・

アップの中で、彼ははじめて全体の魂を、すなわち情緒を感じとるだろう。
或る都市の実景写真はたいへん美しくもあるし、またまがいものでない現実の特別な魅力を持っている。だがその中に、それの魂を放射している眼が見いだされることはめったにないので、それはしばしば地理の授業の参考図になってしまう。しかしながら、橋の黒いシルエット、その下に揺れているゴンドラ、暗い水の中へと降りている階段、その水に映るランタンは——スタジオの中で写されたものであっても——サン・マルコ広場の実写以上によくヴェニスの情緒を醸し出す。(中略)
或る人間のもつ情緒もそれ自体としては映像の中にとらえることのできない全体である。しかし、さまざまな瞬間(Augenblick)は、眼(Auge)の表情豊かな眼ざし(Blick)を持っている。そのような瞬間のクローズ・アップによって、世界の主観的映像を作り、カメラの持つ即物性にもかかわらず、世界を情熱の色彩の中に、感情の光の中に描き出すことが可能である。これはスクリーンに映写された、客観化された抒情詩である。

ベラ・バラージュは、風景を「一つの相貌」、「我々を注視する顔」と呼ぶ(同書、一一六ページ)。その顔は、彼の表現を用いるならば、人間に対して深い感情関係をもっている顔であり、人間を思わせる顔なのである。ベラ・バラージュは、人間と風景との間には深い秘密にみちた、互いに流し目を送るような関係(コケットリイ)がある、と言う。彼が用いた表現だが、「事物の顔」という言葉がある。
風景の眼を見つけたとき、私たちの誰もが深い感動に襲われるのではないだろうか。情緒——雰囲気——風景の眼、こうした言葉には、相通じるものがあるのである。

数年前のことだが、夜、八時すぎ、おそらく九時をいくらかまわっていたのではないかと思うが、ヴェネツィア空港からバスで水の都の入口近くに到着した私たちは、広場のそばの船着場から乗合船で大運河をくだって、サン＝マルコ広場近くの船着場までヴェネツィアの夜景を楽しみながら、船に揺られたのだった。由緒ある歴史的建造物がライトアップされており、映画のすばらしいシーンを見ているような気持になった。いたるところがまさに風景の眼そのものだった。

ホテルに到着して客室に入り、さっそく窓を開けると、眼下は運河でゴンドラがつながれている光景が私の目に触れたのである。運河とゴンドラの夜景にヴェネツィアが凝縮されていたのである。

私たち自身によって体験された風景は、意味づけられたリアリティとしてクローズ・アップされてくるのである。アミエルの『日記』には「景色は気分である」という言葉が見られるが、景色／風景は、心の状態（気分）なのである。風景に抱かれながら、風景と関係を結び、風景のなかで広々と呼吸し、風景と対話する喜びに人間のアイデンティティがあるといっても決して過言ではないだろう。

風景の眼は、この私の眼なのである。非情な風景、人間から切り離されてしまっているような風景もあるが、風景の眼が見出されるならば、風景は生き生きとした表情を見せることだろう。

（2001. 3. 24）

120　シチリアへ

――時の香り――

人びとはどのような旅を体験しながら人生の日々を築きつつあるのだろうか。なんといろいろな旅があることだろう。日帰りの小旅行がある。かなり長期の海外の旅もある。

旅行計画を立てている時の旅への期待といろいろな楽しみがある。ひとつの旅が終わった時の満足感をともなった不思議な気分がある。旅愁がある。旅が終わって写真の整理をしている時、旅の日々がいいようもないほどなつかしくよみがえることがある。旅の記憶によって人生の日々が支えられたり、意味づけられたりする場合がある。旅が終わりを告げても、旅はなかなか終わらないといってもよいだろう。

二〇〇〇年、一二月の末、私たちはヨーロッパに飛び、ローマに二泊してから、空路、シチリア島のパレルモに入り、そこに二泊、パレルモから列車でアグリジェントに向かったが、アグリジェントの神殿の谷で目にした古代の数々の遺跡の風景が、まぶたに焼きついて離れない。シチリアの旅は終わったが、シチリアは私とともに生きている。神殿の谷にほど近いホテルの客室の窓から夜分には真正面にコンコルディア神殿がライトアップされている姿を眺めることができたが、夢幻の光景と呼びたくなるような忘れがたい風景だった。ホテルから赤土の大地と道をたどりながら神殿の方に近づいていったが、大地に姿を見せている緑も赤土も印象に残っている。

追憶についてジャンケレヴィッチが残している言葉がある。彼が用いた時の香りという言葉に注目したい。ジャンケレヴィッチは、追憶を「われわれに――しかも、しばしば知らぬ間に――軽く触れるつかの間の接触」、「跡を残さない跡」と呼ぶ（ジャンケレヴィッチ、仲沢紀雄訳『仕事と日々、夢想と夜々』みすず書房、五二ページ―五三ページ、Ⅵ――ほのかな思い）。

春のパリの町かどの藤の香り、テラスの鉄柵を濡らす一〇月の雨の匂い、野原の焼かれた雑草の匂い、こしょうとナフタリンの匂う村の雑貨屋……すると、われわれは、あえて思い出と呼ぼうともしないようなこれらのたよりない秘めた現存在に襲われ、説明することのできないものうさで急にいっぱいになる。これこそ時の香りだ。

(2001. 3. 26)

アグリジェントに二泊して、バスでパレルモ空港へ、ミラノで乗り換えて私たちはパリに向かい、なじみのホテル、イストリアに投宿したのである。モンパルナス界隈の宿である。

121　プロヴァンス／讃歌
――ジャン・グルニエとともに――

プロヴァンス、私たちにとってはなつかしい響きである。もう何年か前のことになる。エクス＝アン＝プロヴァンスやアルルやアヴィニヨンを旅したのは。そのとき、私たちはイタリアからニースを訪れ、プロヴァンスをまわり、アヴィニヨンからスペインへ、バルセロナをめざしたのである。一九九二年一月のことだ。

ジャン・グルニエがプロヴァンスについて述べた印象深い文章を見たいと思う（Ｊ・グルニエ、井上究一郎訳『孤島』竹内書店新社、ＡＬ選書、一七〇ページ―一七一ページ、みれば一目で……）。

いまでも私はあの春の朝を思い出す。その朝私はパリからの汽車をおり、ドン群山の岩山がきりひらく空間を発見して驚嘆した。太陽がかたむくにつれて海のように変化する川の流れを、平野を、古い館の跡をながめて、私は何日かをすごした。それ以来、私はもっとも美しいところをつぎつぎに発見した。アルル、――それから、アヴィニヨンがひろがるすばらしいながめをかたいこぶしのなかににぎっているレ・ボー。ルールマラン。それから、いまは土地ブローカーの脅威にさらされているポール＝クロ島。しかし私をほんとうに南フランスのふところに入れてくれたのは、アヴィニヨンの田舎である。

（中略）

プロヴァンスに結びついた私の友情――親愛感――は、まもなくその風景、その史蹟と合体した。私の精神のなかで、物と存在とが一体となった。大自然から人間へとかよいあう親愛感は、いずれも何かを建造するという同一の意志となってあらわれる。かつてローマのものであった土地は、そうした親愛感から発する肯定の声をもっぱら建物に高めている。人間が人間に結びつくのは、ひたすら築くためである。他の土地では破壊される都市。ところがその都市を建設するのは人間の親愛感である。この土地では、すべての人間が建築家として生まれる。ロマネスク芸術、ルネッサンス芸術は、古代と力をあわせ、人間に精神の重心をとりもどさせる。風景もまた一つの建造物である（建造物 construction という言葉は人々が使いふるしたが、ここでは永遠に新しい）。いまや私は緊密な空にそびえる四角い塔を愛する。それに、糸杉が地面と交えるあの直角のなんという美しさ！

プロヴァンスは旅びとにとってあくまでもやさしく、あたたかく、そして美しい。

（2000. 5. 5）

122　LA MIRANDE
——アヴィニヨンで——

ホテルのパンフレットがある。さまざまな工夫がこらされて、旅ごころが誘われるようにデザインされており、そうしたパンフレットを眺めていると、なかば旅心地で、旅の思いがふくらむ。旅の楽しみと喜びは、旅のプランをねるところから始まることを誰もが体験しているはずだ。

私の手もとにまことにみごとなパンフレットがある。フランス、プロヴァンス地方の歴史に名だたる由緒ある都市、アヴィニヨンのホテルのパンフレットだ。その名は LA MIRANDE 歴史的な建造物のほとんど真下、真裏にあたるところにこのホテルが位置している。

ローヌ河に架かっているサン＝ヴェネゼ橋、それは対岸に渡ることができない橋だが、それでいて橋がはっきりとイメージされる橋だ。流れのなかばで、橋が途切れている。この橋のはるかかなたにヴァントゥウ山が見える地点からローヌの流れとアヴィニヨンを望んだことがある。

このホテルのパンフレットは、まことに色彩感に富んでおり、それでいながら、品格に富み、ムードあふれる構成内容となっている。わずか一泊しただけの宿だったが、このホテルの風景、品格、美しくも落ちついたたたずまい、まことに魅力的な客室、廊下、ロビーなどを忘れることはできない。パンフレットを眺めていると、旅の日の記憶がよみがえる。美的センスが満ちあふれた、のびやかな心あたたまるパンフレットだ。

廊下の片隅に置かれた椅子と壁のハーモニー、ベランダからの眺め、食堂のたたずまい、客室の様子、ホテルの概観……クローズ・アップされたシーンもある。みごとにカットされた写真によってホテルの全体的雰囲気と魅力的な空間、目が奪われてしまいそうな片隅と眺め、スペクタクルが私たちの目に触れる。思わずうっとりとするような旅ごころがあふれた美しいパンフレットだ。

日本からのグループの旅びとを案内するかたちで主としてプロヴァンス地方をまわったのだが、私たちは、一泊して、バスでペトラルカゆかりのヴァントゥウ山をめざしたのである。一九九三年の三月のことだ。ホテルでは旅びとは、ルーム・ナンバーの人となるのである。

(2000. 2. 24)

123　ペトラルカとヴァントゥウ山

南フランスのアヴィニヨン、ローヌ河畔にその姿を見せているフランスの地方都市だが、世界史の舞台にもその姿を覗かせている歴史の一焦点である。ローヌの流れは、まことに悠々、洋々たるものである。アヴィニヨンは風光明媚な土地だ。ローヌのうるわしい飾りと呼びたい。

対岸に由緒ある市街地を望む河畔に立って目前のサン＝ヴェネゼ橋を目にしたことがある。その時、はるかかなたにペトラルカの登山で名高いヴァントゥウ山が姿を現していた。その風景が目に浮かぶ。運命のいたずらでイタリア生れのペトラルカは、アヴィニヨンの郊外ともいえるところで生活していたが、日頃、目に触れていたヴァントゥウ山に登ってみたいという念願をおさえ切れず、ある日、彼は弟をともなって、この風の山の頂上を目ざしたのである。ヴァントゥウ山登山は、風景体験を意図した登山として、あまねく知られており、アルピニズムの輝かしい一ページ、アルピニズムの扉を開いた歴史的快挙として名高い出来事なのである。

ペトラルカは、頂上からなつかしい故国、イタリアの方面を望み、また、眼下のローヌ河やその先の地中海方面を展望したのである。地中海に望むエーグ＝モルトがはるかかなたに浮かんでいたのだった。頂上で雄大な風景に息を呑んだペトラルカだったが、急に掌中にしていたアウグスティヌスの『告白』が気になり、たまたまページを開いたところ、アウグスティヌスのつぎのような言葉が目に入ってきたのだった。——「人びとは外に出て、山の高い頂、海の巨大な波浪、河川の広大な流れ、広漠たる海原、星辰の進行などに讃歎し、自己自身のことはなおざりにしている」。『告白』の第一〇巻八章の言葉である。まるでヴァントゥウ山頂からのペトラルカの風景体験が目に浮かぶような言葉だが、ペトラルカは、たまたま目にしたこうした言葉に衝撃を受け、沈黙の内省にふけりながら山を降って、山麓に到着したのである。風景体験という点でも、また、自分自身に注がれた〈まなざし〉という点でも、このヴァントゥウ山、登山は、まことに重要な出来事だったといえるだろう。

西田幾多郎の備忘に、つぎのような言葉が伺われる（『西田幾多郎全集　第一三巻』岩波書店、四八八ページ、ノート、備忘）。――「ペトラルカは山上にてセント・オーガスチンの懺悔一〇章をよみ沈思黙考せりと云ふ」。アヴィニヨンの北東にそびえるこの山にペトラルカ兄弟が登ったのは、一三三六年四月二六日のことである。私が山頂近くを訪れてから、数年の歳月が流れた。子どもたちが、スキーを楽しんでいた。

（2000. 5. 28）

124

ジャン＝ジャック・ルソー
――水と緑とすばらしい景色――

「眼をひらくと、水と緑とすばらしい景色」と書いた人がいる。ジャン＝ジャック・ルソーだ（ルソー、桑原武夫訳『告白』上、岩波書庫、参照）。あるとき、ルソーはリヨン郊外のローヌ河、ソーヌ河のいずれかの流れに沿った水辺のとあるところで、夜鶯の歌を耳にしながら眠りに落ちたのである。眠りのここちよさ、それにもまさる目ざめのこころよさ、とルソーが書いている。すっかり明るくなっている。そのあとで、彼は、眼をひらくと、と記したのである。

人間と人間社会に深い関心を抱いていたルソーは、豊かな自然感覚と自然感情、みごとな風景感覚を身につけていた人だと思う。

「山、牧場、小川、村落などが新たな魅力をおびて、つぎつぎに果てしなく、たえずあらわれる。そんな楽しい旅なら、自分の一生をこれに賭けてもいいという気がする」とルソーは、文章を綴っている。一七二九年、『告白』第三巻に見られるものだ（前掲、同書、一四二ページ）。

ルソーが身心を傾けたのは、自然のままの自然だった。そうした自然の極点に姿を見せたのは、森であり、無人島だった。ルソーは、あるところで「美しい国」という言葉を用いているが、いくら美しいといっても、平坦な地方は、ルソーの目には美しく映らなかったのである。ルソーが求めたのは、急流、岩石、モミの木、暗い森、山、登りくだりのでこぼこ道、こわくなるような両側の断崖だった（第四巻、一七三一年）。ルソーは山岳地方に心をひかれていたのである。

私はこれまでルソーを追い求めるように旅をしてきたのではないかと思う。ルソーの生まれ故郷、ジュネーヴ、シャンベリの郊外、レ・シャルメット、リヨン、パリ、パリの郊外ともいえるモンモランシー……こうした各地を訪れた旅の日々を忘れることはないだろう。南フランスをまわり、セザンヌのエクス＝アン＝プロヴァンスからグルノーヴルへ、グルノーヴルからシャンベリへ、このコースを観光バスで旅したことがあるが、あるところでバスの車窓、前方に、はるかかなたにモンブランが姿を見せた一シーンが、まぶたに焼きついている。

シャンベリ郊外のレ・シャルメットのルソーゆかりの家は、傾斜地の小高い丘の中腹にあった。谷あい、山あい、と呼びたくなるような景色の美しい土地だった。ヴァラン夫人との夢のように楽しい日々が、ルソーの生活史を飾っている。ルソーにとって忘れ得ぬ日々である。

(2000. 4. 22)

125
ル・モン＝サン＝ミッシェル

一筋の道の果てに姿を見せるフランスの代表的な景勝地といえば、いうまでもなくル・モン＝サン＝ミッシェルである（この写真は絵はがき）。数年前、列車とバスを乗り継いでパリからこの地を日帰りで訪れた時の事が、あざやかに思い出される。立地と地形、そうしたものとひとつになった風景、歴史的景観という点でル・モン＝サン＝ミッシェルは、まことに印象深い、忘れがたい景勝地である。歴史的な建築と集落が自然に抱かれている有様は、みごとというよりほかはない。狭々とした道をたどりながら、旅びとは高所をめざす。そびえ立つばかりの歴史的建築は、驚くべきランドマークとしてその姿を見せている。顕著なエッジによって濃密な場所、みごとなトポスが生まれている。

ル・モン＝サン＝ミッシェルへの道ほど一筋の道という言葉が深い意味を帯びている場合は少ないだろう。この地はまさにゴールの地なのである。ほとんど島かと思われるところだが、微妙な状態でフランスの大地と結ばれている。だが、この地を水の地と呼びたくなる人びとは少なくないだろう。高いところからあたりを望み見るならば、水、また、水である。浅い水、また、さまざまな深さの水が視野に広がる。いうまでもなく総じて海なのである。上空からの眺めを見ると、ここはほとんど島といいたくなるところだ。丸ごと要塞かと思われる立地だ。だが、この地は信仰の地と呼ばれている歴史的なトポスなのである。

アイ・ストップ、目がいきつくところに姿を見せる眺め、という言葉があるが、おそらくル・モン＝サン＝ミッシェルほど印象深いアイ・ストップはないだろう。この印象的な場所の周囲では、大地も、海も、空も、まことに広々としているのである。

フランスのポスターを作成するとき、このル・モン＝サン＝ミッシェルがひとつの候補地としてクローズ・アップされてくることは、異論のないところだろう。これぞ、まさにフランス、といった景色を旅びとは、この地で目のあたりにするのである。

風景とはなみなみならぬものだ、ということをこの地で体験しない人はいないだろう。驚くべき風景があるのである。旅とは期待感の高まりである。現地を訪れた時、そうした期待感が裏切られないということは、驚くべきことだ。人間の手によって築かれる風景があるのである。そうしたことがみごとに実証される土地、それがル・モン＝サン＝ミッシェルなのである。

(2000. 5. 3)

126 フォンテーヌブローの森
――ミシュレとともに――

フランスの歴史家、ジュール・ミシュレ（Jules Michelet, 1798-1874）、民衆の生活に注がれた彼のまなざしがあるが、『山』と題された作品もある。『博物誌　虫』という本がある。虫をモチーフとしたこの著作のなかに「フォンテーヌブローでの研究」と題された文章がある。ミシュレは、森についてつぎのように書いている（ジュール・ミシュレ、石川　湧訳『博物誌　虫』ちくま学芸文庫、三七ページ）。

森は、どんな静かな時にでも、時々は、声か音かつぶやきかを発して生命の存在を思い出させるものである。時には、勤勉なキツツキが、槲《かしわ》の木に穴をあけるつらい仕事をしながら、奇妙な叫びを発して自分をはげます。石切り人夫の重い槌が、砂岩の上にころげ落ちて、遠くの方からにぶい物音を立てることもある。さらにまた耳をすませば、何か意味ありげなざわめきが聞こえるだろう。そして足もとを見ると草の葉をそよがせて、この場所の真の住民である無数の民衆、蟻の部隊が走って行くのである。

それは、幻想的なものに真剣なまじめさをつけ足すところの、忍耐を要する労働の姿さながらである。誰もがそれぞれの方法で穴を掘っている。お前もまたお前の仕事をつづけろ、お前の思想に穴をあけ、探し求めよ。

動揺や空しい興奮という昼の病気をいやすには絶好の場所だ。現代はおのれの疾患を少しも知らない。「昆虫たちの名前、それは生ける夢幻である」。ミシュレのみごとな表現だ（同書、二八ページ、フォンテーヌブローでの研究）。

バルビゾンといえば、画家、ミレーやテオドール・ルソーの名が浮かんでくるが、バルビゾンの集落は、このフォンテーヌブローの森の入口にある。この森はまことに広大であり、ミシュレは、どこからこの森にアプローチしたのだろう。

森といえば、時には暗々とした空間、あるいは静寂がイメージされるが、森のなかで耳に触れるさまざまな音があるのである。

オルテガ・イ・ガセーは、森を目に見えない自然、可能な行為の総和と呼んでいる。

私の身近にはフォンテーヌブローの森の入口で拾った枯れ枝の破片がある。記念の枝だ。

(2000. 6. 11)

127

コンブレーのふたつの散歩道
——イリエ＝コンブレー——

パリから南下したところにイリエ Illiers と呼ばれる土地がある。フランスの一地方の土地の名だが、マルセル・プルーストゆかりの地として知る人ぞ知る、まさに文学の地なのである。いうまでもなくその作品は、『失われた時を求めて』、二〇世紀を飾る名高い長編小説だ。この絵はがきの写真をごらんいただきたい。

この小説にコンブレーのふたつの散歩道が姿を見せるシーンがある。散歩道のひとつ。それは、スワン家の方へ、と呼ばれていたが、この道は、平野をゆく、まさに風の道だった。この道をたどるとき、散歩の距離はそれほどではなかったが、もうひとつの散歩道、ゲルマントをめざす道は、かなりの距離があるコースであり、雨の用意などが時には必要とされるような道だったのである。

ゲルマントの方へ、と呼ばれる散歩道は、ヴィボーヌ川の水の流れを目にしながら、ゲルマントの方角をめざす道であり、途中で流れとひとつになった睡蓮の花畑が視界に広がるコースだった。まさにモネの光景、水の光景が道すがら体験されたのである。

パリで研究中の友人、高山鉄男さんの車でイリエ＝コンブレー Illiers-Combray を訪れたのは、一九九一年一二月一〇日のことである。途中、はるかかなたにシャルトルの大聖堂の双塔が遠望される地を通過したが、その時のシャルトルの風景が目に浮かぶ。イリエは、シャルトルからさらに南下したところにある。

寒い日だった。レストランで昼食をすませた私たちは、教会に入り、そのあとで、水の流れの方へ近づいていった。寒さのため、水面のところ、どころには氷が張りつめていた。私たちは流れに沿って歩き、水辺の風景を楽しみ、プルーストゆかりの場所を訪れてから、ふたたび川ぞいに歩き、イリエの集落の中心部にもどったのである。

プルーストの小説では、パリを発った列車がコンブレーに近づくと、車窓にサンチレールの教会の塔が姿を見せたのである。その塔は、まるでコンブレーの主人公のようなもので、この町のいたるところから塔の姿が望まれたのである。コンブレーは、この塔の傘下にあったのだ。

いま、フランスの地図を見ると、イリエ＝コンブレーという地名が目に入る。イリエは、プルーストの小説とひとつになり、イリエ＝コンブレーとなったのである。「土地のさまざまな場所はまた人間でもある」とプルーストが書いている（『ジャン＝サントゥイユ』）。

(2000. 4. 15)

128

シャルトル
――ステンドグラスと「日時計の天使」――

シャルトルを何度か訪れているが、そのたびにシャルトルの大聖堂のまことにみごとなゴシックの空間によって目も心も洗われるような思いがする。シャルトルの聖堂も、土地や場所も、いつも新たな相貌をみせており、印象深い。美しい。白い肌を見せている石にシャルトルを見ることができる。あまねく知られているステンドグラスにシャルトルの精髄が見出される。光の状態によってステンドグラスの表情と様相が微妙に変わる。光と色彩の、まさに虹のドラマは、シャルトルにおいてことのほかすばらしい。目がくらむほどだ。そうしたドラマを体験した日のことを忘れることはないだろう。

一九九八年の三月、何度目かのシャルトルだったが、動きのはやい雲と美しい青空のもとでシャルトルの大聖堂は、ことのほか光を浴びて輝いていた。

この大聖堂の正面入口を飾る彫刻群は名高い作品であり、こうした作品によってもシャルトルは貴重だ。正面に向かって右端にあたるところにこれもまた印象深い彫刻作品が姿を見せている。「日時計の天使」と呼ばれてきた作品だ。日時計が建築の一部となっているが、天使がやさしく姿を現している。ロダンがフランスの大聖堂について述べたとき、シャルトルのところでこの天使に言及している。また、リルケは、日時計の天使をモチーフとして詩を残している。

あらゆる建築、地上のあらゆる場所が、ある意味では日時計そのものといえるだろうが、シャルトルの日時計は、その姿かたち、モチーフにおいて、人びとの記憶に残る日時計ではないかと思われる。

さまざまな時計のなかでも日時計は光を浴びることを期待しつづけている、あくまでも明るい時計なのである。日時計以上に気まぐれな時計はない。頼りにならないこと、おびただしいが、これほど晴れやかな時計はない。実際のところ、日時計は、光と影の時計なのだ。一方において日時計、他方において砂時計、それらには著しい違いが見られるのである。日時計は、まさに太陽時計なのだ。

ステンドグラスも太陽を待ちつづけている太陽の窓なのである。日時計やステンドグラスの微妙なところに注目したい。

大都会での生活を懐中時計において理解したのはジンメルである。

これからいったい何度、シャルトルを訪れることになるのだろう。郷愁の聖地である。


(2000. 4. 4)

129 ジヴェルニーのモネ

ジヴェルニー、それは睡蓮の連作で広く知られているクロード・モネが、水の風景と日夜、親しんだ土地の名であり、セーヌ河に注ぐ支流、エプト川に近い、いわばセーヌの流域の地名である。ゆるやかな丘と丘のふもと、流域にジヴェルニーが姿を見せている。モネの家とふたつの庭園、そのひとつは池がある水の庭園であり、もうひとつは、花壇と花畑の庭園だが、モネの家とモネの庭は、まるで楽園、パラダイスの趣を呈していたのである。私たち三人は、二度、四月に入ったばかりのジヴェルニーを訪れている。パリ、サン＝ラザール駅から乗車して、ヴェルノンで下車して、ジヴェルニーへ。一度目は、ジヴェルニーを訪れてからルーアンに向かった。二度目は、ルーアンを訪れてから、ヴェルノンへ。

花ざかりのモネだった。一度目、雨上がりで洗い出されて花々の色は、このうえなく美しく輝くばかりにみずみずしかった。息を呑むばかりにみごとな花畑だった。

パラダイス、楽園という言葉が庭園の語源なのである。なんとさまざまな庭や庭園が人びとの目や心を楽しませてくれたことだろう。庭園といえば、植物、草花、色彩、姿かたちだが。匂いや香りでもあるのである。フランシス・ベーコンには庭園についてのエッセーもあるが、彼は庭園で体験される匂いや香りについても延べている。匂いや香りを空気の飾りと呼んだのは、モーリス・メーテルリンクである。

モネはジヴェルニーで睡蓮の池をまるで屋外のアトリエとしながら、水の風景の連作を試みたが、彼は、ジヴェルニーのポプラ並木をモチーフとして、これもよく知られている連作を残している。その一点をごらんいただきたい。大きくカーヴを描きながら、かなたへと延び広がっているポプラ並木が私たちの目に触れる。いま、私たちが見ているのは、曇り日の並木の風景だが、モネは、さまざまな環境条件のもとで、ほとんど同じようなコンポジションでポプラ並木を描いている。ポプラの幹も、うねりゆくポプラの木の葉の帯も、まことに印象的だ。この絵は一八九一年に製作されている。

モネは、ポプラ並木においても、睡蓮においても、環境世界を、光を、空気を、また、人間の印象と気分を理解したのである。

二〇〇〇年四月一五日、ジヴェルニーの花畑は、モネのパレットの色彩で輝いているだろう。

(2000. 4. 15)

130

「烏の群れ飛ぶ麦畑」

――ゴッホの空と麦畑、道――

ゴッホの最晩年の地、オーヴェール＝シュル＝オワーズを訪れたのは、数年前の春のことである。フィンセントと弟、テオの二人が永眠している墓地を訪れたのち、私たちは、広々と広がる大地を踏みしめながら、広く知られている絵の制作現場、モチーフの場所《トポス》へ向かった。その絵は、もちろん「烏の群れ飛ぶ麦畑」、一八九〇年七月の制作である。

このモチーフの場所にはこの絵にかかわる案内板が立っていた。春の大地、畑と夏のそれらとはもちろんずいぶん様相が異なるはずだ。ゴッホが描いた強烈な麦畑をイメージすることはできたが、私たちの目に触れたのは、おだやかな春の大地だった。

「烏の群れ飛ぶ麦畑」――なかば黒ずんだ空が姿を見せている絵だ。ゴッホのタッチと色彩が画面に広がっている。道はほぼ茶色、黄土色、その茶色は、麦畑にも斑点のように入りこんでいる。飛来しているたくさんの烏によって空間の遠近感と広がりがみごとに表現されている。ゴッホは分かれ道を描いているが、私たちは、この絵にまさに絵画的なコンポジションとパースペクティヴ、彼の〈まなざし〉と手、ゴッホの生と彼自身を見ることができる。コンポジション、色彩、タッチ、光と影、マチエール、モチーフ、カンバスの選び方などにおいて、ゴッホは、まさにゴッホその人なのである。海景を描く時などに用いられる横広がりのカンバスが選ばれている。紙やカンバスなどをシュポール support と呼ぶ。この絵にはゴッホのパレットや絵筆が姿を覗かせているといえるだろう。

シュポール、支え、台、支持体、人類にとって大きな支持体といえば、もちろん地球であり、大地だ。ルソーは、大地を人類の島と呼んでいる。ゴッホの麦畑は、大地の海だ。

ルソーの目は太陽にも向けられているが、ゴッホを太陽の画家と呼びたい人びとが少なくないだろう。明らかに彼は太陽の画家だが、同時にゴッホは、星の画家でもあるのである。ゴッホは星を宝石と見た人だった。

この鳥が群れ飛ぶ絵とともにクローズ・アップされてくるのは、ゴッホの生活と生涯である。ゴッホは、異国、フランスで画業を達成した画家である。彼は自画像の画家でもある。ミレーがゴッホにおいて生きている。

（2000. 2. 23）

VIII パリ――スペクタクルとパースペクティヴ

よその家の窓に眼をやるときまって、食事をしている家族とか、吊りランプに照らされた机の前に座ってわけのわからぬたわいのないことに耽っている孤独な男が見えるのはなぜだろう? こうしたまなざしこそは、カフカの作品の原細胞である。

他動詞として使われる「住む〔wohnen〕」――例えば「住みなれた生活」〔gewohntes leben〕といった使い方の場合――は、この住むという行為に潜んでいる時々刻々のアクチュアリティがどんなものかを教えてくれる。住むということの本質は、容れ物にわれわれの姿を刻みつけることにあるのだ。

パリは鏡の都市である。パリの自動車道の鏡のように滑らかなアスファルト、どこの居酒屋の前にもあるガラス張りのテラス席。カフェの内側を明るくし、小さな囲いや仕切りで分断されているパリの飲食店の内部に心地よい広さを与えるために、窓ガラスと鏡があふれている。ここには、他のどこより多くの女が見られる。パリの女たちの特有の美しさが生まれてきたのも、この場所からである。女たちは、男たちに見つけられる前に、すでに一〇回も鏡に映った自分の姿を眺めている。だが、男たちもまた、ちらりと映る自分の顔つきを見る。男は他のどこよりもすばやく自分のイメージを捉え、どこよりもすばやく自分のイメージに納得するのである。(中略)

これらの鏡はどこで作られるのだろう。そして、飲食店に鏡を備えつけるという習慣はいつから始まったのだろう。

パサージュにとってそもそも問題なのは、他の鉄骨建築のようにその内部空間を明るく照らすことではなく、外部空間の侵入を抑えることである。

——ベンヤミン

ヴァルター・ベンヤミン、今村仁司ほか訳『パサージュ論V　ブルジョワジーの夢』岩波書店、一五七ページ、一六三ページ、覚之書および資料I　室内、痕跡、一八二ページ、一八六ページ、R　鏡

雰囲気はまた、有機的な形成の総体から収斂するものにもある。たとえば、全体としての都市にしても、病院、兵舎、学校、教会のような建物にしても、ある典型的なにおいをもっており、またこのにおいのなかにその特異な雰囲気的なものをもっていて、これは高次感覚による知覚をつうじてよりも、いっそう完璧にその特性をわれわれの感知に明かしてくれる。

——テレンバッハ

H・テレンバッハ、宮本忠雄・上田宣子訳『味と雰囲気』みすず書房、五三ページ、II　味と雰囲気的なもの

131 パリ

五月、月が変わった。新緑が輝くばかりに美しい。目にしみわたるような美しい緑の色彩感だ。三月末から四月、そして五月、自然の表情、山野の風景、樹木のたたずまいは、刻々と変化する。緑が一気に進む、といった感じさえする。

五月、ラ・セーヌのパリは、どのような姿、表情を見せているのだろうか。流れゆくセーヌの水面に樹々はどのような影を落としているのだろう。芽吹き、若葉、青葉、セーヌ河のほとりや街路や公園などの風景が回想される。メルロ＝ポンティがパリについてつぎのように書いている（M・メルロ＝ポンティ、竹内芳郎ほか訳『知覚の現象学』2　みすず書房、一一五ページ）。

パリは私にとって幾千の様相を呈する一つの対象でも、もろもろの知覚の和でもないし、さらには、これらすべての知覚に関する法則でもない。或る人が同じ感情的本質をその手の所作や、その足どりや、またその声色のなかにあらわすように、パリを横ぎる私の旅行中に生ずる明白な知覚はそれぞれ――キャフェ、人びとの顔、岸壁のポプラ、セーヌ川の曲り角など――パリの存在全体のなかから切りとられ、パリの或る種の様式とか或る種の意味を確証しているにすぎない。そして、私がそこにはじめて到着したとき、私が駅の出口で見た最初のいくつかの街路は、知らない人の発する最初の言葉とおなじく、なおあいまいではあるがすでに比類ない或る本質の顕現にほかならなかったのである。われわれが或る対象を〔実際には〕ほとんど知覚していないのは、われわれが親しい人の眼をではなく、そのまなざしやその表情を見ているのと同様である。風景や都市を貫いて拡がる或る潜在的な意味というものがあるのであって、これをわれわれは、定義の必要などを感じることもなく、特有な明証のうちに見いだすのである。

私自身にとってパリの第一歩となった駅は、セーヌ右岸のパリ東駅である。イギリスへの留学にあたって、まず、モスクワからウィーンに入り、ヨーロッパ各地を旅しながら、やがてフライブルクへ、そしてライン河を渡ってフランスに入り、ストラスブール、ナンシーとまわり、パリをめざしたのである。昭和四二年のことである。

(2000. 5. 1)

132 ポスターのパリ／パリのポスター

パリ風情、パリの風物詩、パリの詩情というとき、見のがせないものがある。それは、円筒形で上に帽子をかぶった、パリ独自のモーリス広告塔だ。パリのそこ、ここで私たちの目に触れるオブジェだが、近づいて見ると巨大なポスターが飾られている。モーリス広告塔は佐伯祐三の絵にも姿を見せているし、写真家、アジェの一点にもその姿をとどめている。私たちのパリは、こうしたモーリス広告塔によっても彩られているのである。パリを旅するということは、モーリス広告塔の都市空間とセーヌ河をいたるところで体験するということなのである。

モーリス広告塔そのものが、そのままパリのポスターのモチーフとなるといってもよいだろう。パリはいたるところに見られるさまざまなポスターによっても活気づけられているのである。特にメトロと呼ばれる地下鉄の通路や構内、プラットホームのポスターにもパリの表情が見られるのである。光の都と呼ばれるパリをポスターのパリと呼ぶこともできると思う。

パリでポスターといえば、やはりあのロートレックの作品を忘れるわけにはいかないだろう。時は過ぎ去ったが、ロートレックのさまざまなポスターは、いまでもそのままパリなのであり、パリのポスターとしてイメージされるのである。

パリ——ダリのデザインになるパリのポスターがある。いろいろなカラフルな蝶々がデザインされているが、ダリがそのまま激しくそこにおどり出ているように思われる激しい動きを見せている黒のドラマがポスターに展開している。そして左側の片隅にはエッフェル塔、パリという文字は下の方の中央に見られる。

シャガールのポスター、パリがある。コンコルド広場とオベリスク、また凱旋門がモチーフとしてデザインされているが、さすがはシャガール、恋人たちや動物がポスターの半分ほどのスペースを飾っている。恋人たちは抱き合いながら、空に舞い上がっている。シャガールの絵にはしばしばエッフェル塔が姿を見せているが、このポスターにはエッフェル塔はデザインされていない。

ダリのポスター、パリは縦長であり、シャガールのそれは横長である。ダリも、シャガールも、選び方には相違があるが、二人ともパリの名所をポスターに入れている。二点ともパリの観光ポスターなのである。

(2000. 3. 5)

133

パリ

――パースペクティヴI――

アーネスト・ヘミングウェイに『移動祝祭日』と題された作品がある。パリで生活した日々が回想されているような作品だが、ヘミングウェイは、パリに寄せる熱烈な思いをこの作品の冒頭のページにつぎのような言葉で書き記している（ヘミングウェイ、福田陸太郎訳『移動祝祭日』岩波同時代ライブラリー）。

もしきみが幸運にも
青年時代にパリに住んだとすれば
きみが残りの人生をどこで過ごそうとも
パリはきみについてまわる
なぜならパリは
移動祝祭日だからだ
――ある友へ
アーネスト・ヘミングウェイ　一九五〇年

日本の哲学者で『「いき」の構造』で知られる九鬼周造は、若き日、パリで留学生活を送り、フランスでの生活とフランスの文化になじんでいたが、パリは九鬼の心に宿りつづけていたのである。また、パリは高村光太郎にとっても若き日々を飾っていた都市である。そして永井荷風、パリは、彼にとってあこがれの地だった。荷風はパリで感激の日々を過ごす。

「パリでこそ、壁や河岸が、停留所が、コレクションや瓦礫が、格子や四つ角の小さな広場が、路地や新聞売場が比類のないことばを教えてくれる」と述べたのは、ヴァルター・ベンヤミンである（『ヴァルター・ベンヤミン著作集12　ベルリンの幼年時代』編集解説、小寺昭次郎、一六四ページ、ベルリン時代記）。

ロシアの故郷、ヴィテブスクをあとにして、パリに出て、パリで生活しながら、いつも故郷をイメージしていた画家こそ、マルク・シャガールである。シャガールは、ことごとく愛であり、故郷なのである。シャガールを花束とカップルの画家、エッフェル塔とパリの画家と呼ぶこともできるだろう。シャガールの絵に広がる人間的空間がある。人間の風景がある。恋人たちや夫婦、カップルに〈まなざし〉が注がれている。

(2000. 2. 24)

134 パリ
――パースペクティヴⅡ――

おそらくパリほど世界各地から数多くの人びとがそこにやってくる都会／都市は少ないだろう。留学生、観光客、制作活動をする人びと、もちろんビジネスの人びと、さまざまな芸術家……かなりの期間にわたってパリで暮らした人びとにとってパリは忘れがたい心の故郷となっているのではないかと思う。パリは想像力が活発に働く、養われる都市ではないだろうか。モンテスキューは、大都会を世界を旅する人びとにとって故郷、と称したことがある（『ペルシア人の手紙』）。ずいぶんさかのぼるが、『エセー』で広く知られているモンテーニュは、パリのすばらしさ、偉大さをたたえた言葉を残している。

アルベール・カミュの言葉がある（『カミュの手帖〔全〕』大久保敏彦訳、新潮社、二五四ページ、第四ノート）。――「パリ、あるいは感性を磨くための舞台装置」。この言葉が見られる少し前のところだが（同書、二四九ページ、第四ノート）、つぎのような言葉が目に触れる。――「三十歳（一）人間のもっとも大きな能力は忘却である。しかし人間は自分がなした良いことまでも忘れてしまうと言うべきだろう。訳注（一）一九四三年一一月七日。」

感性に磨きをかけること――人生の旅びとである私たちにとって大切なことだが、旅することは、明らかに自分自身の感性に磨きをかけることであり、また、想像力の働きを活発なものとすることなのである。人びとをよみがえらせてくれるような都市として歴史家、フェルナン・ブローデルは、ヴェネツィアとパリの二都市を挙げているが、十分になっとくできることだ。感性に磨きがかけられ、また、想像力がのびやかに広がる、という点でパリも、ヴェネツィアも傑出した都市といえるだろう。

いわくいいがたいムード、雰囲気というものがある。人びとの手と力によってかたちづくられたものに漂う独特の気配と香り、雰囲気がある。石の都（マルセル・プルースト）と呼ばれるパリで体験される人間的世界がある。パリ生活者の人生がある。パリで体験されるまことに魅力的な人間の風景がある。

セーヌ河とパリは印象派の画家たちによって発見された、という見方があるが、まさにそのとおりだと思う。

(2000. 2. 24)

135 パリ
――パースペクティヴⅢ――

パリを民衆の生活によって築き上げられた風景と呼んだホーフマンスタールの言葉を『パサージュ論』にとどめたヴァルター・ベンヤミンにとって、パリは、亡命の地であり、異国の都会だったが、こうしたベンヤミンの生活史にボードレールやバルザックゆかりのパリ、パサージュのパリは、大きな影を落としているといえるだろう。

ベンヤミンにとってパリは、感性と想像力を磨くために並々ならぬ都市だったのではないかと思う。

ベンヤミンの注目さるべき著作、『パサージュ論』のページに私たちは、ジンメルの言葉を見ることもできる。リルケのパリがあるが、リルケとジンメルの触れ合うところにも注目したいと思う。

ある時、サン＝ジェルマン＝デ＝プレのキャフェ、ドゥ＝マゴでひとときを過ごしていたとき、ベンヤミンは、さまざま人びととの輪のなかで、人間的世界で、生きている自分自身のアイデンティティと立場、自分が置かれている状況などについて思いを深くしたのである。異郷の地や外国で生活している時、また、旅に出ている時、それまで思ってもみなかったことや気づかなかったことにあらためて注意を向けるなどということがあることは確かだ。

旅とはパースペクティヴの転換であり、座標軸の移動なのである。旅からもどると、いままで見なれていたものが別なものに見えることがある。旅の収穫のひとつだ。旅の楽しさと魅力は、旅の途中や渦中において経験されるだけではない。旅がひとまず終わった後において、旅の日々をふりかえった時によみがえる、こみ上げてくる旅の楽しさや喜びもある。旅はいつまでも持続するのである。旅はなかなか終わらない。そのようにしてさまざまな旅は、人生と呼ばれるスケールが大きな旅の日々において生きているのである。

ベンヤミンは、さきのキャフェで、想像力にたいする都会の支配がどのようなものであるかということを了解したのである。パリで徘徊の技術を学んだ、というベンヤミン、そうした彼の手助けとなったのは、看板、街の名、通行人、屋根、新聞売場、酒場だったのだ。おそらくパリでは誰にとってもセーヌ河ほど有力な目印はないだろう。

(2000. 2. 24)

136　パリ

――パースペクティヴⅣ――

都会は人間の社会だが、故郷を異にする人びとが集まるところとして都市を理解したのは、マックス・ウェーバーである。彼が見るところでは、都市は、まさにそれぞれが市が開かれる場所としてイメージされるのである。都市とは旅する人びとにとっては、そこに落ちつくことができる、まさにもう一つの故郷のようなところなのだ。異邦人・外国人・ストレンジャー、コスモポリタンなどという言葉は、都市／都会とひとつになっているといえるだろう。

異邦人・外国人 das Fremde という言葉を社会学の舞台で展開したのは、ドイツの哲学者、社会学者、ジンメルである（『社会学』一九〇八年）。ジンメルは、生成と存在において人間と生を理解した人だが、彼が見るところでは、異国、異郷で生活することは、人間にとって心おどる生活体験なのである。それは生成と存在の綜合であるからだ。故郷にふみとどまることは存在そのものであり、旅することは生成として理解されるのである。

異国を旅する時ほど緊張感に富んだ劇的な新鮮な日々を過ごすことはないだろう。時にはすべてが珍しく、驚くべきことがつぎつぎに体験される。言葉が違う。衣食住にわたって様子が異なる。建物や町の様子が違う。マナーが異なる。風景が異なる。空の色がいつもとは違う。吹く風もどこか違う。人びとの身体的特徴や容貌、風貌が異なる。風土、気候が異なる。町なみや広場の様相、壁や窓の姿かたち、様子が異なる。さまざまな点で色彩感の違いに気づく。時には音の風景も異なる。さまざまな地方色が体験される。市街地の雰囲気や屋敷の姿かたちが異なる。パリの屋根がある。それぞれの集落や都会は、人びとの暮らし方、文化、屋根の姿かたち……などにおいても独自のローカル・カラーを示しているのである。

一九四〇年三月のパリ、アルベール・カミュ、『手帖』の第三ノートに見られる言葉である(『カミュの手帖〔全〕』大久保敏彦訳、新潮社、一三九ページ)。——「パリ。朝の五時の小さなカフェ——窓ガラスの水滴——沸き立つコーヒー——市場で働く人たちと運送業者——朝方に引っ掛けるリキュール、それからボージョレ。礼拝堂。霧——広々とした道路と街路灯」。パリでカミュは、一人の異邦人である。

(2000. 2. 24)

137　パリ

――パースペクティヴV――

パリ独特の雰囲気がある。漂い流れている匂いや香り、霧のようなものがある。都市／都会は、まさに社会的世界、人間的世界（人間にとっての独自の日常的世界）だが、いずこにおいても、こうした世界は、独自の風景としてその姿を見せているのである。パリは風景的世界として人びとによって体験されてきたのである。こうした風景、風景的世界の中心に姿を現しているのは、いうまでもなくセーヌ河であり、世界に冠たるパリは、セーヌ河によって方向づけられて／意味づけられているのである。

セーヌ河に架かるさまざまな橋がある。たとえば、ポン・ヌフ、ミラボー橋……セーヌ河こそ、パリの主人公なのだ。ジュリアン・グリーンは、ラ・セーヌが主人公となっているかと思われる小説を書いている（『漂流物』）。ジュリアン・グリーンのエセー『パリ』に姿を見せるパリがある。

エッフェル塔を空に向かって架けられた橋と呼んだのは、ロラン・バルトである。エッフェルは、もともと橋の技師だったのだ。エッフェル塔、モンパルナス・タワー、ノートル＝ダム寺院の塔は、いずれもパリを展望するためのみごとな見晴らし台なのである。シテ島のノートル＝ダム寺院の塔、屋上から眺めると、ラ・セーヌのパリがはっきりと理解される。

ジュリアン・グリーンは、パリを階段の町とも呼んでいる。セーヌ河の河岸、水辺に見られる階段もある。幅は狭く、段数の多い階段だが、セーヌ河の演出とパリの風情と旅情のために一役買っている愛すべき階段だ。

ル・クレジオ、あるとき、インタビューを受けて、つぎのように語っている(ル・クレジオ、中地義和訳『もうひとつの場所』新潮社)。作品に見られる変化について問われた時のことだ。——「浜辺で物を書きながら、わたしが実際に探し求めていたのは——そしてのちに見つけることができたのは——、現実世界との、自然の世界との接触です(当時、ル・クレジオは、ニースで暮らしていた。筆者注)。(中略)もしパリに住んでいたら、河岸に行っただろうと思います。広々としたセーヌ河と、それが運んでゆくものすべてが眺められますから。あそこに行けば、都会的な世界から逃れたような気になれます」。

セーヌ河畔で体験される自然と文明、文化がある。

(2000. 2. 24)

138　パリ

——パースペクティヴⅥ——

人びとはある都会について、それぞれにさまざまな思いを抱きながら、人生の日々を旅しているはずだ。ここで目を向けたいと思うのは、パリ。これまで幸い何度もパリを訪れることができたが、光の都とも呼ばれるパリに私は特別の愛着を抱いている。ヨーロッパの諸都市のなかで私の場合、座標原点となっているのは、まちがいなくパリだ。

あまたの名所旧蹟は、それぞれに魅力的だが、市中、街なかの片隅、片隅にパリの詩情が漂い流れながら、みなぎっている。

リルケの『マルテの手記』やプルーストの小説に姿を見せるパリがある。ユゴーやバルザックやボードレールのパリがある。描かれたパリがある。たとえば、マネやモネ……。写真のパリ、アジェのパリ……。セーヌ河の右岸、左岸に姿を見せるさまざまな広場や大小さまざまな通り、いろいろな駅、名高い墓地、広く知られた観光名所、あまたのキャフェ、みごとな美術館、公園、市場、大聖堂、教会、いろいろな店や百貨店、学生街、大学、そして森……。

パリ理解の鍵は、いうまでもなくセーヌ河にある。シテ島とサン＝ルイ島にある。ノートル＝ダム寺院にある。

エッフェル塔にある。セーヌ河の水辺といくつかの墓地において、パリの濃密な詩情が体験されるのである。アルベール・カミュの『手帖』に記されたパリがある（『カミュの手帖〔全〕』大久保敏彦訳、新潮社、一三七ページ—一三九ページ）。

パリにて。一九四〇年三月

パリのもつ鼻もちならないもの——優しさ、情緒、美しいものを好ましいものとみなし、好ましいものを美しいものと判断する忌まわしい感傷癖。この曇り空と、てかてか光る屋根と、このいつまでも降りやまぬ雨につき纏う優しさと絶望。

心を奮い立たせるもの——恐ろしい孤独。社会生活、つまり大都市の生活に対する良薬のようなものだ。それはいま手にしうる唯一の砂漠だ。ここでは肉体はもはや力を発揮しない。

パリ理解の鍵は、網の目をなして走っているメトロやパリの空にも壁にも窓にも、道ゆく人びとの姿にも見出されるのである。人間の風景という言葉は、パリにふさわしいのではないかと思う。

（*2000. 2. 23*）

139

マネのパリ／パリの生活と風俗
――パースペクティヴⅦ――

すべての絵画は、いずれもこれは、まぎれもなく一点の絵画だ、絵画とはこのような人間のプラクシス（行為／実践）、ポイエシス（制作／創造）なのだ、ということを私たちに呈示しつづけているスペクタクルなのである。絵画とはさまざまな不思議に満ち満ちている光と色と形の、コンポジションとマチエールの、点と線と面の、タッチのドラマなのである。ドラマは人間の行為に根ざしたものだが、絵画とは、創造的営為、行為なのであり、ひとつのオリジナルな世界の創造、それが絵画なのである。

マネの「フォリー＝ベルジェールの酒場」（一八八一年）は、一九世紀のパリの生活・風俗と都市文明が私たちの目に映る作品であり、目一杯、鏡が描かれたこの絵は、絵画のエッセンスが如実に表現された、まことに絵画的な絵画だと思う。雰囲気というものの表現は、絵画において重要だが、この絵にはざわめきを含めて現場の光景と雰囲気がていねいに描きこまれている。

向き sens が気になる絵だ。女性は私たちの方を向いているが、彼女のうしろ姿が、うしろの鏡に映っている。彼女の前にいる男性客の姿も見える。男性は口ひげをたくわえており、シルクハットをかぶっている。眼鏡をかけているのだろうか。大きな鏡によって空間が効果的に演出されている。絵の左上の片隅にブランコ上の人物の足が姿を覗かせている。注目さるべきワン・ポイントだ。鏡は見えないところを私たちに見せてくれるのであり、私たちは鏡を眺めながら、フォリー=ベルジェールに集う人びとの姿と動きを見ることができるのだ。

女性のネックレス、首飾り、胸飾り、卓上に飾られた花、ある意味では、絵画は部屋の飾りなのであり、壁に咲く花なのである。

マネの絵に見ることができるパリがある。パリとセーヌ河は、印象派の画家たちによって発見された、という言い方があるが、印象派の画家たちとは微妙な位置関係にあるマネは、パリの記録と発見、紹介に重要な役目を果たしているのである。

この絵には静物画（死んだ自然）が見られる。卓上のびん、ガラス鉢に盛られた果物、飾られた花……だが、この作品は、みごとなまでに一点の風俗画なのである。スーラの「グランド=ジャット島の日曜日の午後」と並べて見たくなるような絵だ。マネは、〈まなざし〉の表現においても注目される画家だ。

（2000. 3. 5）

140 ポン・ヌフ、パリ

――ルノワールの〈まなざし〉――

ポン・ヌフ、新しい橋、だが、この橋は、セーヌ河に架かる橋のなかで、もっとも古い橋といわれている。印象派によって発見されたものがふたつある、というい方がある。セーヌ河とパリだ。セーヌ河とパリ、そして印象派の画家たち、という時、私たちの視界にあざやかに姿を見せる橋、それがポン・ヌフなのである。ポン・ヌフは、まさにセーヌ河であり、そしてパリそのものだ。印象派の画家たちは、パリよりも下流域のセーヌ河をさまざまな地点で描いているが、彼らは、パリをモチーフとして作品を制作してもいるのである。

オーギュスト・ルノワールの作品、「ポン・ヌフ、パリ」（一八七二年）は、セーヌ河、パリというそれぞれのモチーフにおいても注目さるべき絵だと思う。都市が景観として、また、風景として画家の目に映ったのであり、カンバスを飾るモチーフとして、都市の風景が人びとの視界にクローズ・アップされるようになったのである。ボードレールは、シャルル・メリヨンの銅版画、エッチングに注目して、都市の風景というモチーフの浮上について筆を執ったことがあるが、ルノワールの絵は油彩画であり、印象派の第一回展覧会（一八七四年）以前に制作された作品である。

手前にあたるところはセーヌ右岸であり、橋のかなたの建築群は、セーヌ左岸の河岸の風景である。この絵の中景、左半分に姿を見せている横ならびの建築群は、セーヌ右岸に向かっているシテ島の建物だ。この絵にはシテ島の下流にあたるところの風景も描かれているのである。セーヌ河は、左手方向から右手方向に向かって流れている。空にはちぎれ雲が浮かんでいる。

道ゆく人びと、橋を渡っている民衆の姿が描かれている。人びとの動きが表現されている。子どももいる。犬が描かれている。馬車が姿を見せている。中景の右手方向に馬上の人物の記念像が小さく見える。画面の右はじに旗が描かれている。明るい日ざしだ。

都市の風景画だが、画面には風俗画の趣が漂っている。民衆の生活画と呼びたくなるような絵だ。

パリの建物だが、パリの空のもとの風景だ。光と影とともにパリの大気、都市、パリの雰囲気が体験される。ルノワールといえば、描かれたさまざまな人物をイメージする人びとが多いだろうが、彼の風景画も印象深い。

（2000. 5. 3）

141

サン＝ルイ島
——アンリ・ルソーとともに——

パリといえば、まずセーヌ河だ。ラ・セーヌ、この河こそ、まさにパリの母なる河であり、パリの母胎なのである。市街地の中心に姿を見せているシテ島からパリは始まったのである。ラ・セーヌにはいろいろな島が姿を見せているが、このシテ島ともうひとつの隣接している島、サン＝ルイ島、このふたつの島は、パリの証人ともいえる島といえるだろう。

セーヌ河のパリは、おのずから河岸のパリである。パリの地図を開くと、いろいろな河岸が水の流れに姿を現している。パリは、ラ・セーヌと河岸と橋のパリなのだ。今日、ラ・セーヌの証人のような姿で水の流れを飾っているのは、ノートル・ダム寺院であり、さらにエッフェル塔なのである。

画家、アンリ・ルソーに「サン・ニコラ河岸から見たサン＝ルイ島」（一八八八年頃）という絵がある。東京の世田谷美術館に所蔵されている作品だが、ルソーの画風が脈打っている美しい絵だ。月の絵、月光のスペクタクルと呼びたくなるような作品だ。手前の河岸に接岸している小さな船がある。マストに旗が飾られている。ラ・セーヌに架かる橋が描かれている。セーヌ河の上流方向から下流方向を眺めた絵だ。モチーフとなっているサン＝ルイ島、建物が建ち並んでいて、まるで船のようにも見える。サン＝ルイ島と隣り合っている下流の島、シテ島にあるノートル・ダム寺院の塔がかなたに見えるが、ノートル・ダムがサン＝ルイ島にあるようにも感じられる。ラ・セーヌの水の流れは、サン＝ルイ島を囲むようにして、この島の右手と左手を流れ下っていくのである。バルザックは、サン＝ルイ島をパリのヴェネツィアと呼んでいる。サン＝ルイ島の右手の河岸のある建物に一時期、ボードレールが住んでいたので、サン＝ルイ島をボードレールの島と呼ぶこともできるだろう。

一九九一年の秋、一一月に入ってからパリ入りした私たちは、サン＝ルイ島にあるホテル、サン＝ルイに二泊してから、イタリー広場のパリの宿に移ったのである。パリのハートともいうべきサン＝ルイ島でセーヌ河とパリを深く体験したいと願ったからである。

サン＝ルイ島は、全面的に河岸の島である。市中に名だたるふたつの島があることによって、都市、パリの風格が生まれているように思う。建築と船に共通点が見られるが、パリの紋章には船が入っているのである。

（2000. 5. 15）

142　ブランクーシと石、無限柱

パリ、セーヌ右岸のポンピドー・センター広場の片隅にブランクーシのアトリエがオープンして数年、経った。すでに何度かこのアトリエを訪れているが、ブランクーシのふところの深い部分に触れることができるのは、大きな幸いだと思う。

ブランクーシのシンプルな形の彫刻を目にする喜びは大きいが、アトリエの片隅のたたずまいや制作現場の様相もなかなか興味深い。訪れてみたいパリのスポットとしてブランクーシのアトリエを挙げたいと思う。

鳥、魚、人の顔、無限柱……ブランクーシの数々の作品によって、みごとなコスモスが体験されるのである。形を切りつめた形のエッセンスが、そこにみごとに姿を現していたのである。また、ブランクーシは「接吻」だ。

マチエールに関する芸術家の行為について述べた時、エリアーデは、こう論じている（『エリアーデ著作集第一三巻　宗教学と芸術　新しいヒューマニズムをめざして』中村恭子編訳、監修　堀一郎、せりか書房、二四三ページ、現代芸術における聖の永遠性）。――「たとえば、ブランクーシの石を前にした態度は、新石器時代の人間の心配、恐れ・畏敬にも比すべきものがあり、どちらにとってもある石は聖性顕現である。すなわち、それらは同時に神聖性と究極的で還元不能な実相を啓示するものである」。エリアーデが見るところでは、ブランクーシに一つの石は一片の無生物にすぎないと信じさせることはとてもできないのであり、新石器時代の全人類のように、その石に「神聖性」としか呼びようのない現れ、力、「意図」をブランクーシは感じているのである。エリアーデは、マチエールの内部構造と生の胎生期の様態へのブランクーシの執心を特に意義深いものと見ている（同書、二四四ページ、参照）。

エリアーデは、「ブランクーシと神話」と題されたエセーを残している。ふつう「無限柱」と呼ばれている作品がブランクーシにあるが、エリアーデは、こうした作品のなかにブランクーシがルーマニアの民俗的モチーフの一つである「天の柱 columna cerului」を再び見出したことを意義深いこととして注目している。天の穹窿を支えている「天の柱」は世界の各地に見られる発想、宇宙軸 axis mundi の一つなのである（同書、二五五ページ、ブランクーシと神話）。上昇や飛翔や超越のシンボリズムが、偏菱形のくりかえしが見られる無限柱において生きていることは、驚くべきことなのである。ブランクーシもエリアーデもルーマニアの出身である。

(2000. 5. 5)

143

道の表情について
——パリ、ベンヤミン、ホーフマンスタール——

道を歩くと、つぎつぎにさまざまな光景やいろいろな対象、オブジェが目に触れる。まことにさまざまな音が耳に触れる。私たちの身体、皮膚に触れる風がある。漂い流れてくるいろいろな匂いがある。花の香りがある。道に漂う匂いがある。路上で耳にする音がある。目に触れる色や形、コンポジションがある。そこで人びとが生きている生活の舞台、いわば世界は、まさにさまざまな出来事が満ちあふれている巨大な劇場なのである。

モンテーニュは世界を鏡と呼んだが、たしかにその通りだと思う。こうした世界、日常的世界をできるだけ多様な姿とスタイルで体験することは、生活者にとってきわめて大切なことではないだろうか。

ヴァルター・ベンヤミンが見るところでは、パリを遊歩者の約束の地にしたのは、あるいはホーフマンスタールがかつて名づけたように「まったくの生活だけからつくられた風景」にしたのは、よそ者ではなく、パリの人びとなのである。ベンヤミンは、こう述べている(ヴァルター・ベンヤミン、今村仁司ほか訳、『パサージュ論Ⅲ　都市の遊歩者』岩波書店、七一ページ、M　遊歩者)。——「風景——実際パリは遊歩者にとって風景となるのだ。あるいはもっと正確に言えば、遊歩者にとってこの町はその弁証法的両極へと分解していくのだ。遊歩者にとってパリは風景として開かれてくるのだが、また彼を部屋として包み込むのだ」。

パリのそこ、ここ、いたるところがイメージされるが、いうまでもなくパサージュやいろいろな道がクローズ・

アップされてくるのである。ベンヤミンは「空間が行商人の挿絵めいたものになる現象こそは遊歩者の基礎的な経験である」と書いている(同書、七四ページ、M)。

いずこであろうと、初めての旅先であろうと、ここで私たちが目にしたパリについていえることは、なかばどの土地においても妥当するのではないだろうか。ただし、住み慣れたところでは、見なれたものをあらためて風景として体験することは、至難の業ではないかと思う。

道の姿と形、表情、道に漂っている雰囲気がある。雰囲気について語ることは、なかなか難しいが、私たちは、さまざまな雰囲気によってたえまなしに気分づけられているのである。道の表情と雰囲気は、旅びとにとって時には忘れ難いほどすばらしい。

(2000. 5. 21)

144

〈まなざし〉
──パリ、ボージュ広場──

〈まなざし〉をするするとのびていく矢のようなものと表現したのは、マルセル・プルーストである。見るという行為は、一瞬のうちにおこなわれる、すばやい行為である。他人に気づかれないようにして見るなどという場合もある。見るとは、メルロ＝ポンティの表現を用いるならば、対象のうちに住みつくということだが、対象をていねいに見るためには、〈まなざし〉を一点に注ぐ必要がある。目のやり場、〈まなざし〉の方向性と焦点、見方、目の動きは、生活の場面、場面ではなはだ気になることではないだろうか。

対面的な状況において、たがいに向き合いながら、言葉を交わすことがある。相手のどのあたりを見るのか、目のやり場、〈まなざし〉に心をくばらなければならない。〈まなざし〉、視線という視点から、日常生活の場面や社会的世界の様相を理解することも大切だと思う。

社会理解の鍵を〈まなざし〉と会話に見出したのは、ジンメルである。ジンメルは目の人にしかすぎないわけではないが、見るということは、彼のモチーフおよびパースペクティヴとして注目に値する。距離のとり方、遠近、視野、それらのいずれもが、ジンメルのアイデンティティとなっているのである。私たちの誰もが、さまざまな〈まなざし〉がいきかう、交差する、まさに〈まなざし〉の網の目のなかで日々の暮らしを営んでいるのである。

画家は、〈まなざし〉を描くことに特別な注意をはらってきたといってもよいだろう。〈まなざし〉の画家でないような画家がいるのだろうか。絵画においては、〈まなざし〉の表現は、ひとつの勝負どころ、急所なのである。絵画とは〈まなざし〉の輝きなのだ。

パリ、セーヌ右岸のボージュ広場の片隅に子どもの遊び場がある。そこで目にした光景をごらんいただきたいと思う。大人、一人、子ども二人が姿を見せているが、すべり台に片足をかけて両手をすべり台においている男児の父親の〈まなざし〉に注目したい。すべり台の着地部分にすわりこんでいる女児の附き添いの人物は、このシーンには姿を現していない。

早春のボージュ広場、芽ぶきの風景であり、このうえなくやさしくて美しい若葉の緑によって樹木が彩られ始めている。この広場のこのシーンの左方、コーナー部分にユゴーゆかりの場所、住居がある。いまは博物館である。

145　パリのキャフェ

パリの風物詩、点景というとき、キャフェに注目しないわけにはいかないだろう。至近距離につぎつぎにキャフェが姿を現すようなところがある。旅びとにとってキャフェを体験するということは、まちがいなくパリの急所に触れるということなのだ。

セーヌ左岸、サン＝ジェルマン＝デ＝プレ界隈にはいくつものキャフェが見られるが、ドゥ＝マゴ（この写真、絵はがき）とフロールは、特に広く知られているキャフェだ。文化人と呼ばれた人びとがそうしたキャフェに集って話題に花を咲かせたことでも知られている。アートのサロンといった趣もあったようだ。

パリを楽しむということは、キャフェでの生活を楽しむということでもあるのだ。キャフェで一人で時を過ごす人びとの姿が見られる。向き合って談笑している人びとがいる。新聞を読んでいる人、読書に夢中の人、書きものをしている人、ぼんやりしている人、話に夢中の人、考えごとをしている人、外を見ている人、コーヒーを飲んでいる人、ワインを飲みながら軽食をとっている人、人さまざまのキャフェ・ライフが見られるのである。

道に面した、道に張り出しているキャフェ・テラスは、まことに興味深い場所だ。すぐそばを通り過ぎてゆく人びとがいる。街路の雑沓がストレートにこうしたテラスの席で体験される。いろいろな音が道にあふれている。ざわめきをベースとしてさまざまな音がキャフェのテラスの席で体験される。

キャフェのボーイの服装と身のこなし方、動きがある。キャフェのボーイのダンスを指摘したのは、ジャン＝ポール・サルトルである。ボーイは、ボーイのダンスを演じながら、ボーイであることを実践しているのだ。まさにボーイであることを演じているのだ。ボーイにはボーイとしての気くばり、目くばり、行動、注意深さ、要領、責任が求められているのである。サルトルはこうした場面に注目しながら、自己欺瞞的行為という言葉を用いている。ボーイは、いったいどこまでボーイなのか。ボーイはボーイでしかないのか。彼は、いったい何者なのか。

パリではずいぶんさまざまなキャフェに入って、そこで時を過ごしたが、キャフェの記憶があざやかである。キャフェは、人びとや風景のさまざまな姿やスペクタクル、エピソードを私たちにもたらしてくれるかけがえがない場所なのである。パリ、パースペクティヴのひとつの拠点、原点がキャフェなのだ。パリのキャフェで私たちの目に触れるのは、みごとなまでに人間の風景である。

(2000. 3. 5)

146

エッフェル塔

パリではエッフェル塔は、いたるところにその姿を見せる。パリはエッフェル塔が見える都市なのである。エッフェル塔は、まことにみごとなランドマークだ。ランドマークのなかのランドマークといえるだろう。

空に向かってその雄姿を見せているエッフェル塔は、ロラン・バルトがいうように空に向かって架けられた橋なのである。エッフェルが橋の技師であることは広く知られているが、彼はセーヌ河のほとりに空を舞台とした橋を架けたのである。異色の橋である。バルトは、エッフェル塔を鉄のレースとも呼んでいるが、まったくその通りだと思う。ラ・セーヌにはポン・ヌフを初めとして数多くの橋が姿を現している。流れに架かるさまざまな橋を眺めることは、旅びとにとって楽しみのひとつだ。

パリの最大規模のランドマーク、土地の目印といえば、いうまでもなくセーヌ河だ。セーヌ河によってパリと呼ばれる都市、都会は、方向づけられているのである。意味づけられているのである。上流から下流に向かってセーヌ河の右手をセーヌ右岸と呼ぶ。水の流れは動く矢印なのである。パリの市街地図を見ると、ラ・セーヌに矢印が入っている地図がある。流れの方向性が分からないときには手の施しようがない場合がある。

昼間と夜間、それぞれ一回ずつエッフェル塔の上からパリの眺望を楽しんだことがある。ロラン・バルトの目にはパリという都会はまるで自然のような眺めとして映ったのである。ゆるやかにカーヴを描いているセーヌ河が、私の場合、特に印象深かった。エッフェル塔によってパノラマと呼ぶことができる風景が体験されたのである。エッフェル塔が描かれた絵がある。スーラは建設途中のエッフェル塔を点描で描いている。セーヌ河の河岸に沿って走っている郊外に向かう電車がある。パリ市内のとある駅が眼下に見えるところからエッフェル塔を眺めたことがある。線路のかなたにエッフェル塔がすっくとその姿を見せていた。その日、私は友人、高山鉄男さんの車に乗せてもらって、マルセル・プルーストゆかりのイリエ＝コンブレーを日帰りで訪れ、パリ市内にもどってセーヌ河のミラボー橋のたもとで高山さんに別れを告げたのである。

コンコルド広場ではオベリスクとエッフェル塔が視界に入ってくるスポット、トポスがある。

(2000. 7. 23)

147 パリのメトロ

パリはメトロのパリだ。メトロからメトロへ、とメトロのルートをたどりながらパリを体験すると、地底の都市がイメージされるような気分になる。だが、パリはなによりもセーヌ河のパリなのである。メトロが地上を走るシーンがある。メトロの車窓からエッフェル塔が見える区間がある。

メトロの駅の構内に音楽が流れていることがある。音楽の演奏者がメトロの車内に乗りこんでくる場合がある。パリ風俗がメトロの車内に濃厚に漂い流れていることがある。メトロは、何から何までパリなのである

サン＝ジェルマン＝デ＝プレのメトロの駅構内でフランスの知識人の大きなパネル写真を見たことがある。ジャン＝ポール・サルトルのあの顔があった。知識人、文化人が、サン＝ジェルマン＝デ＝プレ界隈のキャフェにたむろして談論風発という時代があったのだ。メトロの駅には界隈が姿を覗かせているのである。

メトロの駅にも、ホームにも、車内にもパリの風情が漂っている。地上にメトロの駅が一部姿を覗かせているが、メトロの入り口あたりの独特の風景は、まぎれもなくパリだ。ギマールのデザインに古き良き日のパリが生きている。

メトロで移動して、地上に出た時、とまどいを感じない旅びとはいないだろう。地図を手にして居場所と方向を確認している人びとの姿を目にすることがある。メトロの出口で体験される当惑についてカフカが書いている。この写真は絵はがきだが、ルーヴル＝リボリのメトロ駅。プラットホームにルーヴルが姿を覗かせている。

「わたしのまえに開かれたパリは、たんに迷宮というよりも地底の迷宮であった」と書き、「この都会全体に幾百とない竪穴の口を開いているメトロやノール・シュドの地下の世界を抜きにして、わたしの果てしない徘徊を考えることはできない」という言葉を残したのは、ヴァルター・ベンヤミンである。(『ベンヤミン著作集12　ベルリンの幼年時代』編集解説　小寺昭次郎、晶文社、一三三ページ、ベルリン年代記)。ベンヤミンは、パリで徘徊の技術

を学んだのである。

ある日のこと、サン＝ジェルマン＝デ＝プレのキャフェ、ドゥ＝マゴでひとときを過ごしていた時、ベンヤミンは自分自身の人間模様をはっきりとイメージしたのである。都会でかき立てられる想像力があるのである。

メトロ、地下鉄をパリ名物に数えないわけにはいかないだろう。さまざまなホテルはメトロの駅名とひとつに結ばれているのである。

148 バルザック

バルザックにおいてパリの社会学をイメージしたのは、クルツィウスである。人間社会、人間、人間関係、生活、風俗、こうした点において社会学を理解しようとするならば、社会学の命名者、創始者、オーギュスト・コントとともに、むしろ、コント以上に社会学の舞台と視野においてバルザックがクローズ・アップされてくるのである。人びとの生活と風俗に注がれたバルザックの〈まなざし〉は、注目に値する。「服装は社会の表現である」というバルザックの言葉は、社会学においてまさに手ごたえ十分な言葉ではないだろうか。秩序ある進歩というコントのモチーフも社会学においては尊重されねばならないアイデアだが、人間喜劇をはじめとするバルザックの作品に私たちは社会学の原風景をつぎつぎに見出すことができるだろう。

農民の生活にもバルザックの目は向けられているが、パリ生活のさまざまな姿と局面が、バルザックにおいては私たちの視野に広がるのである。人間喜劇シリーズは、社会学のデータおよびテキストとして参照に値する作品である。

人間のドラマ、生活のドラマという言葉でバルザックのアプローチと方法を理解することができるだろう。オーギュスト・コントのアイデア、死者による生者の支配に共鳴していたアランは、バルザックにおいて社会学を見た人である。アランの視野にコントも、バルザックも姿を見せている。

バルザックの言葉をつぎに紹介したい（バルザック、山田登世子訳『風俗のパトロジー』新評論、二二ページ、二九ページ、三〇ページ、優雅な生活論）。

優雅な生活の感覚を身につけるには、社会の進歩をよくのみこんでいなければならない。こうした生活様式は、はやくも成年に達した若い政体が生みだした新しい人間関係、新しい欲求の表現ではないだろうか。

（中略）

要するに優雅な生活の原理とは、秩序と調和を重んじて事物に詩情をもたせようという高尚な思想に他ならない。以上から出来上るのが次の格言。

金持には成ってなれるが、優雅は生まれつきである。

（中略）

精神ハ物質ヲ動カス。ステッキの握り方ひとつにその人の精神が現れるのだ。

(2000. 4. 15)

149　街路／パサージュ
——ベンヤミンのアプローチ——

「街路は集団の住居である。集団は永遠に不安定で、永遠に揺れ動く存在であり、集団は家々の壁の間で、自宅の四方の壁に守られている個々人と同じほど多くのことを体験し、見聞し、認識し、考え出す」。このように書いたのは、ヴァルター・ベンヤミンである(ヴァルター・ベンヤミン、今村仁司、ほか訳『パサージュ論Ⅲ　都市の遊歩者』)。

集団といっても、もちろんまことにさまざま、食卓を囲みながら食事をともに楽しんでいる家族と呼ばれる集団があるが、ベンヤミンがここでいう集団は、いうまでもなく道ゆく人びと、街頭の人びとの群れであり、ときには群集と呼ばれる人びとや遊歩者などをさすといえるだろう。

生活者である私たちは、路上や街頭、街角や広場や公園、また、電車やバスの車中、駅や駅頭などを軽く見るわけにはいかないのである。そうしたところでも人びとの生活がくり広げられているからである。

「街路は集団の住居である」というベンヤミンは、この文章のつづきの後の方でつぎのように述べている（同ページ）。——「労働者たちから見れば、パサージュはサロンである。他のどんな場所にもまして、街路はパサージュにおいて、大衆にとって家具の整った住み馴れた室内であることが明らかになる」。ここでベンヤミンは、労働者という言葉を用いているが、生活者というほどの意味でこの言葉が使われているように感じられる。

ベンヤミンがパサージュについて述べているシーンがある（同書、二四八ページ、Q　パノラマ）。——「パノラマに関する関心は、真の町を見ることにある——家の中の町。窓のない家の中にあるものは、真なるものである。ところで、パサージュもまた窓のない家である。パサージュを見下ろす窓は、桟敷席のようにはそこからパサージュを覗き込むことはできるが、パサージュからは外を覗くことはできないものである。（真なるものは決して世界には開かれていない。）」

パサージュはふつうの街路とは異なり、鉄骨ガラス張りの天井をいただいている通路、長い廊下のようにも見える一筋の道なのであり、ほとんど家のなか、室内といった感じを人びとに与えるような場所なのである。今日のパリにおいてもパリゆかりの名だたるパサージュが体験される。ベンヤミン——「パサージュは外側のない家か廊下である——夢のように」。（同書、四八ページ、L）

(2000. 5. 6)

150 杖
——パリでのベンヤミン展——

さまざまな杖がある。歩行が困難な人が用いている杖、目が不自由な人の支えとなっている杖、山登りのための杖……また、ステッキがある。ピッケルもある。

もう何年か前になるが、パリのポンピドー・センターでベンヤミンの展覧会を見たことがある。パリ生活を体験したことがあるベンヤミンの生活と仕事、人物がヴィジュアルに紹介・展示された展覧会だったが、たまたまパリに滞在していたので、パリでベンヤミンとめぐり会うことができたことは、大きな幸いだった。その会場のあるコーナーにステッキがいくつも展示されていたことを思い出す。時代の姿と風俗、人びとの生活とファッション、都市生活と都市空間の様相とスペクタクルが、展示されたたくさんのステッキから浮かび上がってきたのである。ステッキを手にした人びとの動きと生活があったのである。

ベンヤミンは、ホーフマンスタールの表現、「ただひたすら生活だけから構成されているような一つの風景」というパリについての表現に注目していたが、パリという都市は、ベンヤミンの想像力を豊かにかきたててくれた都市だったのである。ベンヤミンのパリ、彼の『パサージュ論』がイメージされるような会場構成だった。

目が不自由な人びとが歩行に際して手にする杖がある。私たちの目に白い杖が触れることがある。こうした杖を手にする人びとにとっては、杖はその人の手となり、目となり、まさに身体そのものとなっているのである。すでにメルロ＝ポンティが述べているが（『知覚の現象学』）、こうした杖の先端には目がついているといえるのだ。杖を用いながら歩行する人びとにとっては、杖は時には一人の他者の手や身体にあたるものとなっているのである。松葉杖がある。

いうまでもないことだが、さまざまな支えなしでは、人間は生きることができない。なによりも他者、とくに信頼できる他者、家族、身内のさまざまな人びと、親友、また、好きな音楽や絵画や小説、エセー、自分の趣味、熱中しているもの、愛用の品々、好きな景色、目も心も慰められるような風景、支えとなるもの、よりどころとなるもの、いろいろな杖とも呼ぶべきものが、人生の旅びと、生活者にとって必要なのである。

ジンメルは、人間を慰めを探し求める存在と呼んでいる。ジンメルにおいては、人間は生成／存在であり、まさに生なのである。

151 パリ／風景／遊歩者
――ホーフマンスタールとベンヤミン――

ポーの短編小説、「群集の人」は、まさに徹底した追跡劇だが、追う者と追われる者とのあいだで衝突が起きるわけでもなく、トラブルが生じるわけでもない。追われる人物は、この私の目に気になる男として映ったのだが、犯罪者ではない。ただ、自分一人でいることに耐えることができず、群集のなかで、人混みに身を投じている時に安らぎを得ることができる、そうした人物なのである。ヴァルター・ベンヤミンは、ポーの群集の人に注目して、この小説を探偵小説の原型をなすものと呼んだのである。

群集というモチーフに着目したベンヤミンの視野に大きく姿を見せたのは、シャルル・ボードレールである。ボードレールに触れることによって、ベンヤミンが群集というモチーフと取り組むようになったというべきかもしれない。ボードレールにとっても、ベンヤミンにとっても、「群集の人」は、注目に値する作品だったことは、まちがいない。

ところでベンヤミンといえば、遊歩者であり、パサージュでもあるのだが、ここでは、つぎのようなベンヤミンの言葉に注目したい（ヴァルター・ベンヤミン、今村仁司ほか訳『パサージュ論Ⅲ　都市の遊歩者』岩波書店、七〇ページ―七一ページ、M　遊歩者）。

遊歩者というタイプを作ったのはパリである。それがローマではなかったというのは奇妙なことである。それはどうしてであろうか。ローマでは、夢さえもおきまりの道を行くのではなかろうか。（中略）また多くの点ではイタリア人の国民性によるのかもしれない。というのもパリを遊歩者の約束の地にしたのは、あるいはホーフマンスタールがかつて名づけたように「まったくの生活だけからつくられた風景」にしたのは、よそ者ではなく、彼ら自身、つまりパリの人々なのだからである。風景――実際パリは遊歩者にとって風景となるのだ。あるいはもっと正確に言えば、遊歩者にとってこの町はその弁証法的両極へと分解していくのだ。遊歩者にとってパリは風景として開かれてくるのだが、また彼を部屋として包み込むのだ。

ベンヤミン――「集団の夢の家とは、パサージュ、冬園〔室内庭園〕、パノラマ、工場、蠟人形館、カジノ、駅などのことである」。（同書、四六ページ、L 夢の家、博物館、噴水のあるホール）

(2000. 5. 6)

152 サン＝ラザール駅

サン＝ラザール駅の蒸気機関車の立ち昇る噴煙に〈まなざし〉を注いだ画家といえば、モネである。鉄骨ガラス張りの駅構内でモネは格好のモチーフにめぐり会ったのである。モネやゴッホの絵に姿を見せるＳＬがある。鉄骨ガラス張りといえば、一八二〇代にパリに姿を見せたパサージュであり、また、鉄道の駅だが、もちろん温室を忘れるわけにはいかない。一九世紀のヨーロッパを鉄と蒸気力の時代と呼ぶ場合がある。この鉄と蒸気力の時代、一八三〇年代の後半、イギリスで鉄道技師として職を得た一人が、若き日のハーバート・スペンサーである。後の社会進化論の哲学者、社会学者、スペンサーだ。

ベンヤミンを見ることにしよう（ヴァルター・ベンヤミン、今村仁司、ほか訳『パサージュ論Ⅲ　都市の遊歩者』岩波書店、四六ページ―四七ページ、Ｌ　夢の家、博物館、噴水のあるホール）。

サン＝ラザール駅は、さながら汽笛を鳴らし蒸気を吐く公爵夫人、時計はその眼差し。「現代人にとって駅はまさしく夢の工場である」とジャック・ド・ラクルテルは言う（「夢見るパリジャン」『ＮＲＦ』誌、一九二七年）。確かにその通りである。自動車と飛行機の今の時代では、黒いホールの下にいまも憩っているのは、静かな先祖返りの恐怖だけであり、寝台車を背景にして演じられる別離と再会というお馴染みの喜劇が、プラットフォームを田舎芝居の舞台にしている。古代ギリシアのメロドラマがもう一度われわれの前で演じられているわけである。駅頭でのオルフェウスにエウリュディケー、そしてヘルメス。車掌のヘルメスが信号円盤をかざして、オルフェウスの潤んだ眼差しを探しながら、出発の合図をすると、トランクの山の麓にいるエウリュディケーはアーチ型の岩の通路を通って地下墓場ならぬ車中へ消えて行く。別離の傷痕、それはギリシアの壺に描かれた神々の身体の上を走るひび割れのように疼く。

モネばかりではない。マネもモネとはまったく異なったパースペクティヴでサン=ラザール駅の構内を描いている。絵の手前には二人の人物、女性と子ども、子どもは噴煙が立ち昇っている構内を眺めている。サン=ラザール駅は、まさに印象派の駅なのである。この駅は、パリの象徴なのである。

(2000. 5. 6)

153 ウェルギリウスの蜜蜂／ミシュレ

――ペール・ラシェーズにて――

ジュール・ミシュレに「ウェルギリウスの蜜蜂」と題された文章がある。『博物誌　虫』に見出される。時は一八五六年一〇月二八日、ミシュレたちは亡父とその孫、生まれるとまもなく散ってしまったミシュレの子が永眠しているペール・ラシェーズに向かったのである。墓参のおりにミシュレは忘れがたい、驚くべき出来事を体験したのである。四年前に世を去っていた父の足もとにこの子どもが葬られたのだったが、そのときにミシュレが植えた二本の糸杉は、粘土の多い土質にもかかわらず、わずかの時間のうちに驚くべき成長をとげ、その高さはミシュレよりも二倍も三倍も高く、たくましい枝には、つねに天に向かおうとする若々しく豊かなしげみが見られたのである。

もの思いにふけりながら坂道をのぼっていき、墓に着く前にミシュレは、このペール・ラシェーズではほとんど昆虫を見たことがない、ということに気づく。坂道をのぼりつめて、墓の前に出たミシュレは、思いもよらぬ事実を発見して衝撃を受けたのである。ミシュレの言葉がある（『博物誌　虫』ちくま学芸文庫二七五ページ―二七六ページ）。――「非常につやのよい蜜蜂が二十匹ばかり、季節柄ものがなしく花も咲いていない、棺ほどの狭い墓園の上をとびまわっていた。墓地全体の中にも、なかば葉のおちたベンガルばらのおとろえた数輪のような、ゆく秋の残りの花があるだけであった。私たちの立っていた場所も、石と漆喰とのあたらしい築造物ばかりで、さながらアラビアの沙漠であった。そして家の墓には、祖父の頭のあたりにすっかり色あせた数輪の白いえぞ菊と、私の亡児の上に糸杉があるだけにすぎなかった。この悪い粘土質に植えられ、空気の息吹きか、それとも土地の精かを養分としていたこれらのえぞ菊は、それでもいくらかの蜜を持っていたにちがいない。あの小さい落穂ひろいの群は、まだそこに収穫物をあさりに来ていたのだから」。

予想もしなかった小さな生物の動きとその姿を目にしてミシュレの心は激しくゆさぶられ、心なごむ思いがしたのである。金色のつやのある翅の下で光りかがやくばかりに美しいこの生物をよく見ると、蜜蜂のように翅が四枚ではなくて、二枚しかない。ウェルギウスもミシュレもこれらの昆虫を蜜蜂だとばかりに思い違いをしたのである。ミシュレ――「しかし、ウェルギリウスが物語った事実は正確である」。ミシュレは、ウェルギリウスを大地の子、古いイタリア農民の高貴で純朴な典型、信仰のあつい探究者、自然の秘密の細心にしてまた素朴な代弁者と呼ぶ。名称や単語に誤りがあったとしても、「かれが語ることは、かれが見たことであると私は思う」とミシュレは述べている。

(2000. 6. 11)

154
空

空の色と表情がある。季節感や四季の表情は、空においても理解されるのである。土地が変われば、空も変わるのだ。旅の楽しみは、旅先で目にする空の色や表情にも見出されるのである。

空を大地のみごとな額縁と呼ぶこともできるだろう。大地は空によって飾られているのである。空を見上げる時、私たちは大自然に完璧に巻きこまれるのである。

空を最大の風景と呼んだのは、オーギュスト・ロダンだ。彼は、あるところで、私は森を抜け出た時に空を発見した、と書いている。深い森のなかでは、樹木や木の葉におおわれて、空がほとんど見えないことがある。森とは、本来、明るい闇、時には、文字どおりの暗闇なのである。森を抜けた時、あらためて空を発見することは、おそらく誰にも理解できることだろう。

ミレーやバルビゾン派の画家たちで名高いフランスのバルビゾンを訪

れたとき、私たちは、テオドール・ルソーやミレーゆかりの場所や家を見たのち、バルビゾンのはずれのレストランで昼食をとってから、フォンテーヌブローの森を訪れた。森の入口に近いところにルソーとミレーの記念碑があった。そのあたりにはいくつも大きな石が見られた。春、三月の末で私たちが目にしたのは、幹と枝の森だった。樹木やさまざまの枝のレース模様かと思われる風景が視界に広がっていた。空をたっぷりと体験することができたが、真夏のフォンテーヌブローの森だったら、明るい闇、暗い闇が、森のいたるところで体験されることだろう。

空といえば、なによりも無限性、広がりゆく広大な空間であり、空と大地という時には地平線ではないだろうか。一七世紀のオランダの風景画を目にした時、空と大地と地平線に開眼した人がいたとしても、当然だと思う。クロード・ロランやコンスタブルの絵に見られる空もある。明らかに画家にとっては空は文字どおりの晴れ舞台なのである。

パリ、フュルスタンベール広場の片隅にあるドラクロワ美術館で目にしたドラクロワの空がある。たっぷりと空が描かれたこの絵は、彼の風景体験が躍動している空の習作である（制作、一八四九年頃）。ゴッホが描いたさまざまな空がある。

(2000. 2. 23)

155 リュクサンブール公園
——荷風、生きた詩——

リュクサンブール公園(この写真は、絵はがき)は、セーヌ右岸にあるチュイルリー公園とならんでパリを代表する公園である。この公園のとある境界領域となっているところに姿を見せる通りのひとつが、オーギュスト・コント通りである。社会学の創始者、命名者、コントの名にちなんだ通りだ。パリを旅するたびに何度もこの公園を訪れているが、まことに美しい心安らぐ場所である。さまざまな方向からリュクサンブール公園にアプローチしている。モンパルナス方面から春のリュクサンブールを訪れたのは、一九九七年、九八年のことだ。

大きな池があり、そこで船を浮かべて遊んでいる子どもの姿を目にしたことがある。きちんとデザインされた池だ。公園のそこ、ここにベンチや椅子が見られる。一人がけの椅子、公園の片隅を飾っているそうした椅子は、まわりの風景にとけこみ、独特の詩情を生み出している。ベンチとは異なる言葉がそうした一脚の椅子から発せられているように思われる。

永井荷風の『ふらんす物語』の一シーンだが、いよいよ明日は日本に帰国するこの私のパリでの最後の一日というモチーフが読者の目に触れるところで、私は結局、なじみのリュクサンブール公園で時を過ごす。そこで目に触れたのは、思い思いのスタイルで公園で自分の時をつむぎ出している人びとだった。一人で時をすごしている人、読書中の人、編物をしている人、三人四人と椅子を近寄せて話をしている人びと、あちこちの木の根元で砂掘り遊びをしている可愛らしい幼児、通りすがりに杖を止めて、その様子を目にしている白髪の老人、たがいにもたれ合うようにして、うっとりと思いにふける男女……ここで荷風は、「凡ては皆生きた詩である」と書いている(『荷風全集　第三巻』岩波書店、五四四ページ―五四七ページ、参照、ふらんす物語、巴里のわかれ)。

四季おりおりの公園の風情と趣がある。あるとき、リュクサンブール公園からサン＝シュルピス教会に向かい、サン＝ジェルマン＝デ＝プレに出て、さらにセーヌの河岸まで歩いたことがある。この公園は、セーヌ左岸に姿を見せている。

パリといえば、何よりもセーヌ河だが、公園や墓地でパリの風情と詩情をたっぷりと体験することもできる。春のリュクサンブールもすばらしいが、秋のパリ、晩秋や初冬のパリにもいいがたい魅力がある。

IX　道と人間、人間の生活

人間に固有の特徴は、人間が客観的であるということ、（たとえ低い意味であろうと高い意味であろうと）主観にたいして関心をもつ代わりに事象《ザッヘ》にたいして関心をもつということだ。つまり人は、客観的なものを自覚するというただそれだけのために、事物がどのような関係にあるかを知ろうとするのであり、個人的になんの関係もないある種の状態を実現するために、行動するのであり、報酬《むくい》をあてにしたりせずにただ絶対者にたいするわれわれの関係の論理にもとづいてのみ、神に仕えるのであり、現実的あるいは理想的に自我への関係を顧慮したりせずに、もっぱら人生の価値を客観的なものとして生きていくために、自分の人生に価値を与えようと努めるのである。こうしたことは、人間そのものが人間の対象になりうるというまったく精神的な事実にたいして、実践的に形を与えていくことである。

——ジンメル

『ジンメル著作集11　断想』白水社、四四ページ、Ｉ　断想、土肥美夫訳人間社会が歴史的であるのは、単に、人間社会が一つの過去をもっていることから由来するばかりでなく、人間社会がその過去を、記念碑として取り戻すことから由来する。

私の隣人によってつきまとわれている一つの世界のなかに生きるということは、ただ単に、道のすべての曲り角で他人に出会うことができるというだけのことではない。それは、また、私の自由な企てが最初に与えたのではないような意味作用をもちうるもろもろの道具複合から成る一つの世界のなかに拘束されているということでもある。それは、また、すでに意味をそなえたこの世界のただなかにおいて、やはり私が私自身に与えたのでないにもかかわらず私のものであるような一つの意味作用、しかも私が私自身を《すでにそれの所有者》として発見するような一つの意味作用に、かかわりあうことである。

われわれの知っているように、人間存在は、意味づける存在である。いいかえれば、人間存在は、自分がそれであらぬところのものによって、自分が何であるかを、自分に告げ知らせる。あるいは、言うならば、人間存在は、自己自身に対して将来的〔来る―べき〕である。それゆえ、人間存在は、たえず自己自身の未来に拘束されている。別の言いかたをすれば、人間存在は、この未来の確認を期待している。

――サルトル

J＝P・サルトル、松浪信三郎訳『存在と無　現象学的存在論の試み』人文書院、九三四ページ、九四九ページ、九九三ページ、第四部「持つ」「爲す」「ある」、第一章「ある」と「爲す」――自由

156　地図と風景

地図を眺める楽しみと喜びがある。地図ほど私たちの想像力を豊かにかきたててくれるテキストがあるだろうか。それにしても、なんとさまざまな地図があることだろう。用途に応じて用意されたさまざまな地図がある。歩行者のためにふさわしい地図がある。

地図といえば、まず道であり、ルートである。地形である。方位であり、方向である。さまざまな集落である。地図にはなんとさまざまな記号が見出されることだろう。地図はまさに記号空間なのである。しばしば言われてきたことだが、地図とは現地の代理なのだ。風景はまさに現地そのものであり、あくまでも具体的であり、現実的なものだが、地図は、ある意味では、抽象化された風景なのである。地図によっては様子が異なるものの、多くの地図には風景が浮かび漂っており、風景が姿を覗かせているといえるだろう。地図と風景の微妙な関係に注目したいと思う。見方によっては、風景を直接的な地図と呼ぶことさえできるだろう。生活者にとって、また、旅する人びと、行動する私たちにとって、風景も、地図も、つねに頼りになるものなのである。風景の激変や風景の喪失は、人びとにとって手痛い打撃となってしまう。

その土地に不案内な時には、地図や風景を頼りにして、慎重に行動しなければならない。人に道をたずねる場合もある。地図も、風景も指針であり、矢印、目印、ランドマーク、目印なのである。

記憶されたさまざまな地図がある。身体化された状態の地図がある。メンタル・マップがある。そうした地図を用いながら、私たちは行動しているのである。

地図とは、明らかにどこから、どこへ、なのだ。地図とはコースであり、道程なのだ。地図には私たちの手によってさまざまな印が書きこまれる。手もとに地図があって、そうした地図を用いながら、行動する場合、地図づくりがおこなわれるのである。マップとマッピングを切り離すわけにはいかない。地図は、プラクシス（行為／実践）、ポイエシス（制作／創造）とともにある。プラクシス、ポイエシスに地図があるということもできるだろう。手描きの地図がある。要所、要所、目印、曲がり角などが、はっきりと分かればよい地図がある。略図がある。見取り図と呼ばれる地図もある。

地図と風景との微妙な関係が一挙に体験される旅がある。空の旅である。地図は大地の相貌、大地の風景、大地そのものなのである。

(2001. 2. 28)

157　道の歴史

新道があり、旧道がある。新たに生まれたばかりの道もある。市街地の区画整理によって生まれた市街地の新道がある。道にはそれぞれの歴史がある。郊外の住宅地の開発にともなって消えていった道があるかと思うと、新興住宅地の道もあるのである。道ほど人びとの暮らしと密着した状態にある風景があるだろうか。道に注目するということは、人びとの生活と生活の歴史に、また、人びとがそこで生きている世界に目を向けるということなのである。

道の歴史に注目していた人として民俗学の柳田国男がいる。ここでは彼のつぎのような言葉を紹介したいと思う（『定本　柳田国男集　第二巻』筑摩書房版、三五四ページ—三五五ページ、武蔵野の昔、豆の葉と太陽、所収）。

散歩者の又一つの楽しみは道路の年代を見ることである。殊に現在の状態を標準とした新らしい地図が陸地測量部から出て居るから、比較の趣味が出て来るのである。話が長くなるから要を摘んで述べるが、屈曲の少ない道は如何にも遠くへ行く感が深いから、一見幹線のやうに思はれるが、決して前代の幹線では無い上に、前に申す如き開発の為の徒らに広い直路もある。道幅の如きも亦決して新旧の目安にはならぬ。細い方が却って古い場合も多い道理である。なぜかと申せば昔の道は、人と馬とがすれちがひ得れば十分であった。其上に路はぢきに狭くなるものである。

柳田国男が見るところでは、旧道はどちらかといえば、小高いところに姿を見せており、新しい道ほど下の方に降りてきて造られるのである。

地図には目一杯、歴史が詰まっているといえるだろう。記号化された空間である地図は、歴史の情報空間でもあるのである。

旧道の風情とそこに漂う情緒がある。旅びとにとっては旧道はうれしい道だ。旅先で私たちはさまざまな旧道にめぐり会う。道を目にした時、旅する人びとの姿がイメージされないことはないだろう。人びとがそこで生きていた世界の表情と姿は、それぞれの道において鮮明に理解されるのである。道はまさに客観的精神（ディルタイ）そのものなのだ。道端を見落とすわけにはいかない。道端に姿を覗かせている人びとの生活の姿と人びとの深い思いがあるからだ。

(2000. 8. 1)

158　道しるべ

人生の日々にたいしてどのような生活態度をとりながら生きていくかということは、人生の旅びとにとって大切なことではないだろうか。一日、一日を心ゆたかに充実感をもって晴れやかに生きることができれば、それは大きな幸いというべきだろう。

一日はさまざまな出来事に満ちあふれている。淡々と過ぎ去っていくような一日もある。それでも生活のドラマが、一日の場面、場面で私たちによって体験されているのである。

ドラマという言葉は、もともと人間の行為に根ざした言葉であり、行為者である人間は、知らぬまにドラマの舞台に立って、ドラマを繰り広げているのである。

劇場のステージでは、一幕、二幕などというように明確な区切りがつけられていることがあり、幕合いや幕間があることがあるが、日常生活のステージにおいては、私たちの行為はほとんど連続的におこなわれており、途切れることがないといってもよいだろう。それでも公的な職場と家庭とのあいだにはギャップがあり、そこで安心してくつろぐことができるところで、やっと我に帰るなどということは、おそらく誰の場合であろうと、ふつうのことだろう。

平凡な日常生活 trivial round of daily life には緊張感に富んだ場面、プレッシャーが身にふりかかってくるような舞台などが多々、見られるのである。平凡な日常生活という言葉はあるものの、日常生活を平凡という言葉で片づけてしまうわけにはいかないのである。ふだん慣れ切ってしまっているような事柄や見慣れた風景などを距離をとりながら、新鮮な〈まなざし〉で見ること、体験することが、生活者である私たちにとっては大切なことなのである。

通い慣れた通り道、道筋は、ほとんど目に入らなくなっているのではないかと思われるが、そうした道端にさまざまなエピソードが見られないとはいえないのである。

モンテーニュの『エセー』第三巻第一三章につぎのような言葉が見られる。自分自身をモチーフとして人間の理解につとめた人の言葉である（モンテーニュ、原二郎訳『エセー』六、岩波文庫）。――「人々は間違っている。端を歩くのは、縁が境界線とも道しるべともなるから、まんなかの広い大きな道を歩くよりもはるかに易しい」。人生の旅びとは、道しるべや手がかりや支えとなるものをつねに必要としているのである。

159 坂道

坂道に漂う独特の表情と雰囲気がある。かつてヘラクレイトスは、のぼり道も、くだり道も同じ道、といったが、確かに同じ道ではあるものの、のぼっていく時とくだっていく時とでは、歩行者の気分も、体験される風景や雰囲気も、ずいぶん異なるように感じられる。とにかく坂道は、ただの道ではない。道のドラマというべきものが、坂道ではことのほかはっきりと体験されるのではないだろうか。同様のことは、カーヴを描いている道についてもいえるだろう。家に住むこと、道をたどること、このふたつのモチーフは、日々の生活や人生の日々をイメージする時、注目に値するモチーフではないかと思う。

東京、地下鉄、半蔵門線——半蔵門駅で下車して外に出ると、そこは大妻通りである。大妻女子大学方面をめざして進む。ただちに坂である。その名は、袖摺坂、しばらくのぼり道をたどると、交差点、左手の角に滝廉太郎の居住地の跡を示す記念のモニュメントがある。この四つ角をお壕端の方に右にくだっていく道がある。坂道である。その坂の名は、五味坂。ついこの間まで四つ角には交番があったが、この四つ角は、坂と坂との交差点なのである。交差点に滝廉太郎の記念のスポットが姿を見せている。交差点を左方向へ坂をくだっていくと半蔵門駅である。右方向へ向かうと大妻女子大学の交差点に到達する。この交差点の手前は、くだり道であり、交差点を渡ると、こんどは、ゆるやかなのぼり道、御厩谷坂である。いずれの坂も道端に坂のいわれを記した標識、ポール、道標が見出される。このあたり一帯では、さまざまな坂が体験されるのである。名だたる坂は、九段坂だろう。半蔵門駅のすぐ近くには永井坂がある。

下町の川と水、山の手の丘と坂といってもよいだろう。水と河岸と橋において下町を、そして坂と崖と樹木において山の手を理解したのは、永井荷風である。地形や微地形に気をつけながら道をたどると、それまで気がつかなかった都市空間の相貌がクローズ・アップされてきて、驚くことがある。

この数年間、のぼり道やくだり道を体験しながら、いったいどれくらい大妻通りをゆききしたことだろう。さまざまな道において理解される都市の姿と人びとの暮らし、人間の姿と行動がある。道路社会学、という言葉を用いて都市へのアプローチを試みた研究者がいる。『現代大都市論』の奥井復太郎である。

160 山道／七二会

私にとっての山道といえば、どこよりも七二会の道である。長野からバスで七二会《なにあい》に向かう時、瀬脇でおりる。犀川に架かる鉄橋を渡ると瀬脇、バス停からただちに登り道となり、山道をたどりながら市場《いちば》をめざす。途中、古間というところを通ったが、道から少しはずれたやや下の方に森田神社の森があった。村社で鎮守の森である。今ではかつての山道が車やバスが楽々と通れるように整備され、バスは一気に川沿いの道から、カーヴを描きながら市場に向かい、さらに山腹の市場から高い場所にある集落をめざすことができるようになった。市場からさらに上方にある集落のひとつが橋詰、その一郭、地蔵堂に七二会の家、私の母の実家があった。いまでもこの家は小高いところにほとんど昔日の状態で姿を見せている。

七二会に新道ができたことをはっきりと記憶している。かつては人びとが通っていたのだが、新道が出来てから次第に廃道となっていった道がある。七二会の家から市場に向かう近道があった。細々とした急坂の山道だった。その道から林のなかに入ると、ひんやりしたことを思い出す。林のなかに水の流れがあったと思う。その林をぬけると、眼下に市場の集落が見えた。市場には役場や学校や農協があり、村の店もそこにあった。七二会は山村、山地の村だった。集落と集落を結ぶ村道があったが、傾斜地、山地の村だったから、山道はいずれも楽な道ではなかったと思う。瀬脇を通って大町や新町へ向かう道が街道だった。橋詰方面から地蔵峠へ向かう山道、峠道があった。この峠を越えて、裾花川のほとりに出て、そこから水の流れに沿って戸隠に近づき、川べりから戸隠の高原に出るルートを歩いたことがあるが、これも山道だった。

七二会の道路事情は著しく変わったが、山間部の村での道づくりに村の人びとが精を出していた当時の姿が目に浮かぶ。人びとの手によって道が造られていたのである。手づくりの道がさらに整備されて、今日の車道となっているのである。だが、旧来のただずまいを見せている村道や山道がある。

柳田国男は、旧道は新道よりも高いところにあったと述べているが、さまざまな道をたどる時、村の歴史と人びとの暮らしの歴史が如実に思い起こされるのである。七二会、長野県上水内郡の七二会村は、私の生活史に忘れがたい人間の風景として消えずにその姿を留めているのである。

(2000. 3. 4)

161 道端／庚中塚／七二会／トポス

多摩の唐木田方面から町田の小山田方面に向かう道筋に善次ケ谷と呼ばれるところがあり、民家が点在している。この善次ケ谷のある地点、そこは辻であり、唐木田からくだってきて、この辻を左折すると小山田緑地、風致地区に入っていく。この辻に道祖神と刻まれた石標が道端に見出される。道祖神の辻なのである。

道端に姿を見せるさまざまなオブジェがある。庶民の生活と信仰がそうしたオブジェに息づいているのである。道端はありふれた、つまらない場所ではない。道端こそ生活者や旅びとの深い思いが如実にうかがわれる特別な場所なのである。人びとは道端にさまざまな手がかりを見出しながら、歩を進めたのである。

長野県上水内郡七二会村笹平、今では長野市七二会の一地区だが、笹平は長野から大町や松本に向かう道筋にある土地である。犀川のダムもある。笹平の少し先で道は分岐する。松本へ向かう道と大町、高府、中条、方面に向かう道がそこで分かれるのである。笹平には街道の宿場町といった風情が、かすかにではあるが、そこはかとなく漂っている。寺もある。郵便局もある。確かに笹平は街道筋の集落だ。眼下に犀川の流れといったトポスである。

道端に庚申塚があった。夏草に飾られた状態で、私の目に触れたのは、石のモニュメントと呼びたくなる塚だった。郵便局で絵はがきのセットを二組求めた。ひとつは、「信州からのメッセージ」、もうひとつは、「花はながの」——信州のイメージをたっぷりと盛り込んだ、いわば郷土の絵はがきである。このほかに、はがきを二枚求め、そのうちの一枚に庚申塚をボールペンでスケッチした。母の生まれ故郷、七二会を訪れた記念のスケッチである。

七二会の山腹、市場からさらに登ったところに橋詰地区がある。その地区（昔は大字）の地蔵堂に母の実家がある。この家は小高いところに姿を見せている。まちがいなくアクロポリスの農民の家なのである。七二会は山村だった。瀬脇から山道を登って七二会の家にたどり着いた頃を思い出す。瀬脇は笹平よりいくらか長野に近い集落であり、犀川の水音が耳に触れそうなところであって、街道沿いの集落である。

家もトポス、集落もトポス、ギリシア語、トポスにはもちろん場所、位置という意味がある。

(2000. 8. 29)

162 雪道
――日本人の色彩感――

雪道ほど心もとない道はない。一筋の細々とした道は、降雪のなかでは、たちまちその姿を消してしまう。人一人やっと、というくらい細い道を歩いている時、すれちがう場合には、歩行者は、声をかけ合う。道をはずれて一人が雪中に立つこともある。雪道は、心くばりと親切が求められる道なのである。

越後の広々とした雪原をゆく雪道がある。新潟平野のそうした雪道を歩いたことがある。吹雪にでもなると、不安に襲われる。視界がきいている時には、前方、かなたに見える集落を目ざして歩みを進めることができるが、白い闇に閉ざされでもすると、身動きできなくなる。ようやく集落にたどりつくとほっとする。雪道は、不安が拭い去れない道である。

越後瞽女さんを「風のごとき、雪のごとき、雨のごとき人」と呼んだのは、越後瞽女さんをモチーフとして数々の絵を制作した斎藤真一である。彼は目が不自由な旅芸人、瞽女さんの生活と行動と風俗に魅せられて、こうした旅芸人のあとを追った画家だった。

赤を血の色、火の色、人の命の根源の色と呼んだ斎藤真一は、「色に思う」と題されたエセーのなかで、つぎのように書いている（斎藤真一『風雨雪』朱雀院、六八ページ―六九ページ）。――「私は長い間、幻の瞽女、盲目の女旅芸人を追って越後の深い山村を隈無く歩いてきたが、今思いにふけると、赤、朱の色、緋の色、紅色が日本の文化に大きな役割を果していたことが、あなどれない事実として忘れがたい。貧しく、外見つつましやかな越後の古い民家を訪ね、しばしば囲炉裏端に座し鈍く光る根来の板戸や障子の桟の深い紅色が、時に日本民族の純血にすら思え、絢爛たるものであった。それはきっと、暗く閉鎖された雪国という条件が、生きる命の拠り所を色彩にもとめたのかも知れない。松本キクエ瞽女さん（明治三一年生まれ）は、六歳の時、麻疹がもとで失明した。或る日私は、彼女に幼い時の思い出の色を細かく訊ねると、『緋牡丹の色、鬼燈の真赤、お盆祭の編み笠に付いた赤いビラビラ。赤い赤い火の色が忘れられません……』と言った。八〇年を暗黒に閉ざされたキクエさんの、忘れないで心に秘め、眼底に焼きついている色はやはり真紅の色であった。その色は、きっと悲しいまでに純度の高い緋の色であったに違いないと私は信じている」。ところで雪はどこまで白く見えるのだろうか。

(2000. 2. 20)

163

旅は道連れ世は情
――蔵内数太と社会学――

人びとは、それぞれの日々の生活や生涯においてどのような道を体験しているのだろう。自宅からスタートして職場に向かい、仕事を終えて、自宅にもどる、そうした生活を一日の旅と呼ぶこともできるはずだ。エリアーデは、こうした自宅への帰着をオデュッセウスのイタケーへの帰還にあたるものと見ているが、その通りだと思う。世間では、いつ、どんなことが起きるか分からないし、家の外では誰もがさまざまな危険に身をさらしているともいえるから、無事、家に帰り着くということは、まことにめでたいことなのである。

「旅は道連れ世は情」という言葉があるが、この言葉をタイトルとして、蔵内数太が残した文章がある。そのなかから(『蔵内数太著作集　第四巻』一八九ページ―一九〇ページ、旅は道連れ世は情、潮見　実『社会学的断想』昭和五三年、所収)。

すでに道というものが社会学に縁が深い。元来の道は人間交通のために留保している細長い地面であり、衆人のために準備されてあるもの、衆人の実践している道具である。「おのずから径をなす」ばあいもあれば、岩石をきり開いてつくった道もあるが、この道こそは、社会的空間を支えている支柱である。それはただの物的な事象ではなく、むしろ社会的事実である。人々の認知、人々の意識、人々の動きを離れた道はない。社会規範がしばしば道と呼ばれているのも当然である。だから道を見れば人を想う。人のいない道は淋しく、無気味ですらある。「この道を往く人なしに秋の暮」の句が生まれる所以である。道の意味を深く思索することは、社会学の核心に触れることである。

「世は情」というその世は、さきにあげた家族や近隣集団に比して、通例広く遠のいた社会を意味する。世の字は三十の文字からなっており、人の一世代を意味する。世代は親・子・孫とつながる生の節である。また国語の「よ」も、竹や葦の「節」に由来することばである。この世がやがて同時代を生きる人々の世界、社会を意味することになったのである。シュッツのミットウェルトは英語ではコンテンポラリーズとなっており、文字通り時代を同じくしている人々である。（中略）世は旅にささえられた社会である。旅は道連れ次第ではないだろうか。

(2000. 5. 3)

イタリア、シエナ、街頭にて、人間の風景

イタリア、シエナ、カンポ広場、人間の風景

X　自然と人間と人間の生活と

自然と文化なる語は一義的でない、殊に自然の概念は常に、これと対立せしめられる概念によって初めて詳細に規定せられる。今の場合、もし我々が先づ第一に言葉の元の意味にたよるならば、恣意らしい外見は最もよく避けられるであろう。即ち、自由に大地から生ずるのはNaturprodukt（自然産物）であり、人間が耕作播種したときに田畑の産するのはKulturprodukt（文化産物）である。これに従えば、自然はひとりでに発生したもの・「生れたもの」及びおのれ自らの「成長」に任せられたものの総体である。文化は、価値を認められたもろもろの目的に従って行動する人間によって直接に生産されたもの、或いは（もしそれが既に存在しているならば）少なくともそれに附着せる価値のゆえにわざわざ養護されたものとして、自然に対立する。

方法は目標に通ずる道である。

――リッケルト

リッケルト、佐竹哲雄・豊川　昇訳『文化科学と自然科学』岩波文庫、四七ページ―四八ページ、一〇二ページ　旧かなづかいと旧漢字表現を現代の表記に改める自然は人間の土壌であるだけでなく、存続する人間の環境でもある。ましてや自然はスープをとった後の出し殻ではなく、むしろまだ上演されていないドラマのための劇場である。これまでの人間史では、自然を全的に通過物と化しうるようなドラマは少なくともまだ終幕まで演じつくされていない。人間史がまだ明るくなっていないとすれば、まして人間史によって自然が明るくなっているはずがない。したがって、自然はまだ過去ではなく、依然としてその内部に多くの抱卵、未完結性、意味、符牒を内包しつつわれわれをとりまきわれわれの上に漂よっている。自然は通過物でなく、むしろ朝焼けの国なのである。

——ブロッホ

エルンスト・ブロッホ、山下　肇ほか訳『希望の原理』第三巻、白水社、五七八ページ、54　究極の願望内容と最高善

生命はわれわれの頭上に輝く星空の深淵のように、測り難く偉大で底深いのです。人はその個人の存在という小さな覗き穴から、窺い見ることができるにすぎません。しかもそこに、人は眼に見える以上のものを感知するのです。だからその覗き穴を、とりわけ清潔にしておかなければなりません。

——カフカ

G・ヤノーホ、吉田仙太郎訳『増補版　カフカとの対話』ちくま学芸文庫、三三五ページ

164 ヘルマン・ヘッセと雲の眺め

雲はカンバスとなった大空を彩るみごとな眺めである。静止状態にあるような雲の眺めがある。静かに微妙に動きながら、姿かたちを変えつづけている雲がある。絵画史のさまざまな画面を飾る雲の表情と様相がある。季節感は、さまざまな雲においても体験される。夏の日の雲がある。冬空の雲がある。空の色の魅力がある。想像力がかきたてられるような雲がある。雪空がある。それは空一面、雲の空といえるのだろうか。

ヘルマン・ヘッセの小説、『ペーター・カーメンチント』（『郷愁』）につぎのようなシーンが見られる（高橋健二訳『郷愁（ペーター・カーメンチント）』新潮文庫、一七ページ―一九ページ）。ヘッセは、雲を大地の夢、あらゆるさすらい、探求、願望、郷愁の永遠な象徴と呼んでいる。

広い世界に、私より雲をよりよく知り、私以上に雲を愛する人がいたら、お目にかからせてもらいたいものだ！　あるいはまた、雲より美しいものが世界にあったら、見せてもらいたいものだ！　雲は戯れであり、目の慰めである。祝福であり、神のたまものであり、怒りであり、死神の力である。雲は、みどり児の魂のように、やさしく、柔らかで、おだやかだ。雲は、親切な天使のように、美しく、豊かで、恵み深いが、死神の使者のように、暗く、のがれがたく、容赦を知らない。雲は、薄い層をなし、銀色にただよう。雲は、ふちを金色に光らせて笑いながら白く帆走する。（中略）

おお、雲よ、美しい、ただよう、休むことのないものよ！　私は、無知な子どもだったが、雲を愛し、見つめた。（中略）幼年時代から雲は私にとっていとしい女ともだちであり、姉妹であった。私は小路を歩けば、きっと雲とうなずきあい、あいさつをかわし、一瞬じっと目と目を見あわすのだった。私はまた、そのころ雲からおそわったこと、その形、色、表情、戯れ、輪舞、踊り、休らい、不思議な地上的な天上的な物語などを忘れなかった。

雲はヘッセの風景体験の中核を飾っている眺めだったのではないだろうか。

(2000. 2. 15.)

165　青い空

――阿多多羅山――

空を最大の風景と呼んだのは、オーギュスト・ロダンである。彼は森を抜け出た時に空を発見した人だが、そうした体験が私たちにもあるのではないだろうか。空の色こそ色のなかの色ではないかと思う。広大な空間、空には時間がたっぷりと入りこんでいる。時間によって空が染め上げられているように感じられる。空といえば時間なのである。黄昏時の空や夜明けの空に感激しない人はいないだろう。現実に体験されるさまざまな空色があるが、絵画作品に見られるさまざまな空と空の色がある。クロード・ロランが描いた空に強い魅力を感じている。ロダンは、クロード・ロランを太陽の画家と呼んでいるが、同感だ。

土地が変わると、吹く風も、風俗も、言語文化も、人びとの暮らしも、風景も変わるといっても過言ではないだろう。生活世界は、社会的世界でもあれば風景的世界でもあるのである。環境の変化を空の色や空の表情、あたり一帯の雰囲気、風や光などによって、はっきりと感じ取ることができる。それぞれの地方や土地の空があるのだ。トポスを理解するための手がかりは、空にも見出されるのである。

高村光太郎の詩、「あどけない話」を見たいと思う（昭和三年五月一一日作。『東方』六月号に発表、北川太一編『高村光太郎詩集』財団法人　高村記念会、二〇四ページ―二〇五ページ、および二〇四ページ、注1　参照）。

智恵子は東京に空が無いといふ、
ほんとの空が見たいといふ。
私は驚いて空を見る。
桜若葉の間に在るのは、
切っても切れない

むかしなじみのきれいな空だ。
どんよりけむる地平のぼかしは
うすもも色の朝のしめりだ。
智恵子は遠くを見ながら言ふ。
阿多多羅山の山の上に
毎日出てゐる青い空が
智恵子のほんとうの空だといふ。
あどけない空の話である。

智恵子は生まれ故郷の空を生きている。その空を見ている。
光太郎と智恵子の信頼と愛情に満ちあふれた心あたたまる人間関係が、この詩にみごとなまでにほとばしり出ていると思う。

(2001. 3. 4)

166
虹

天然、自然のスペクタクル、ショーとして虹ほど私たちの目にしみる美しい出来事はないだろう。現象という言葉は、虹にふさわしい。虹とは色彩であり、その姿かたちである。ある時、虹は空に浮かび、現れ、私たちを驚かせ、喜ばせる。夢かと思われるほど美しい虹に目がうばわれることがある。壮大な自然のドラマだ。感動をさそう驚くべき色彩と形のスペクタクルだ。虹を眺めて平然としている人などいないだろう。思わず叫び声をあげたくなるほど虹のドラマはすばらしい。大きなカンバスともいうべき空にのびやかに描かれた、きわめて映画的なスペクタクル、それが虹だ。しばらくすると、虹はしだいに薄れて、やがては、はかなく消えてしまう。出現と消失、立ち現れては消えていく、ほとんど瞬間と呼びたくなるようなドラマ、それが虹と呼ばれる出来事であり、世界の現象なのである。

ところで虹を描いた画家たちがいる。たとえば、コンスタブル、フリードリッヒ……虹は空に架け渡されたスケールが大きな色彩の橋なのである。虹を絵画の原風景と呼びたいと思う。

二〇〇〇年四月二四日、夕方、六時すぎ、ところは多摩、谷戸と丘陵、そして空を舞台として、まことにすばらしい虹の時間が体験されたのである。大妻学院の多摩校、多摩のアクロポリスの人間関係学部棟、四階の研究室の窓から、ため息が出るほど美しい虹を私たちは目にしたのである。現実ばなれした、形容しがたい美しさだった。

大きなカーヴを描いた虹が、丘陵と谷戸のうえに、くっきりと姿を見せていた。私は急いで色鉛筆でこの虹をスケッチした。やがて虹が消えて、空が明るくなった。空の表情が変わり、一部分、明るい空と雲の姿によって、こんどは夕空と雲のスペクタクルが、体験されたのである。

大自然は、私たちにとってかけがえがない生活の舞台なのである。私たちは虹によってとらえられたのである。虹に巻きこまれて、虹を浴びたのである。

自然の風景として、虹ほど私たちの心をときめかしてくれる絵画的な風景はないだろう。私たちは虹を待っているわけにはいかない。偶然のめぐり合わせによって虹が体験されるのである。虹とはほとんど幸運そのものなのだ。

イギリス留学時、カンタベリーからロンドンに向かう列車の車窓から眺めた虹が、いま、あざやかに記憶によみがえってくる。

（2000. 4. 30）

167　鶴見川

鶴見川と呼ばれる川がある。それは広大な流域を誇る川でもなければ、その長さが話題となるような川でもない。だが、この川が視界を飾っている大切な風景となっている、そのような土地で生活している人びとがいるのである。いずれの河川にも、流域の生活のドラマとそれぞれの河・川の物語やエピソードがある。

鶴見川をあえて町田市と横浜市の川と呼ぶこともできるだろう。この川の源流域は、町田市の北端にあたる小山田地区である。上小山田の田中谷戸、そのあたりが鶴見川の源流、源泉といわれてきている。この川は小山田あたりの幾筋もの流れを集めて、次第に川の体裁を整えていく。田中谷戸の片隅に鶴見川の源泉、文字どおりの泉と呼ばれている地点がある。この泉を中心として泉のひろばが整備されている。小公園といった趣が漂っている。泉から湧き出ている水流があるほかに、この川の源流と呼びたくなる小さな流れがある。小山田地区を抜けて一筋の水の流れは町田市域から横浜市域に入り、やがて東京湾に流れ注ぐ。河川の源流域には私たちの気持をゆさぶる何物かがあるように思われる。

この泉は道端にある泉である。すぐ近くに民家がある。泉のひろばは、子どもたちの格好の遊び場となっていた。私にとっては、初めての源流体験だった。

横浜線で町田から東神奈川に向かう時、車窓の左手方向に鶴見川がイメージされる風景が浮かび上がってくる区間がある。車窓のすぐ近くに水の流れが見られるわけではない。東横線で渋谷に向かう時には、綱島駅に近づく手前のところで電車は鶴見川の鉄橋を渡る。

鶴見川は都市域にその姿を見せている川だが、多摩の自然を故郷とした川なのである。ある日、私は唐木田の多摩のアクロポリスのキャンパスから山道をたどりながら小山田のバス停のあたりに出て、方向を変えて、泉のひろばを目ざしたのである。谷戸が鶴見川の母胎となっているのである。

新宿方面に向かう小田急の電車は、鶴川に到着する手前のところで鶴見川を渡るのだが、よほど注意していないと、この水の流れに気づかない。

源流を訪ねる旅は、その流れがどのような流れであろうと、胸おどる旅ではないだろうか。鶴見川は、その名が小山田川であっても少しも不思議とはいえない川だ。河口のトポスがこの川の名となっているのである。

(2001. 2. 28)

168 千曲川

千曲川は信州の代表的な河川である。小海線に沿って流れているといってもよいが、千曲川は秩父奥多摩国立公園と呼ばれているそのあたりを源流としている川である。東信濃と呼ばれている地方を流れて、千曲川は長野市に達する。かつての信越線の車窓を飾っていた川は、千曲川だが、いまでは信濃鉄道という名が目に触れるところがある。藤村、小諸、そして千曲川である。長野市で千曲川は犀川と合流する。そこからは千曲川一筋、善光寺平から千曲川は新潟県に向かう。飯山線の車窓に浮かぶ千曲川の風景は、なかなか印象的だ。故郷をうたった唱歌で知られる高野辰之の生まれ故郷を流れくだった千曲川は、飯山辺を流れて、やがて長野、新潟両県の県境からは、名称が変わり、信濃川となる。千曲川は信濃川に生きているのである。山国、信州の水の流れといえば、いくつもの河川が姿を見せているが、長野県のいくつかの地方が、この千曲川によって方向づけられているのである。いわば意味づけられているのだ。一筋の水の流れになんと数多くの水流がつぎつぎに流れ注いでいることだろう。河川は大小さまざまな水流の花束なのである。

数年前、長野市で千曲川と犀川が合流する地点を訪れたことがある。犀川には梓川が入っているのだが、水の流れは私たちを深い思いに誘い込む。私にとっては大切な故郷ともいえる七二会(かつては上水内郡七二会村、いまは長野市七二会)は、犀川沿いの山間部に広がっているトポスなのである。さまざまな地点で千曲川を眺めてきたが、私にとっては犀川こそ信州の川なのである。

信濃川の流れに姿を見せている新潟県中越地方の都市、長岡が私の生まれ故郷だが、犀川、千曲川、信濃川の流域と水の流れに深い愛着を抱いている。水の流れによってさまざまな地方が結ばれているのである。流域の生活と文化、歴史が語られるのだ。

ギリシア語、トポスには場所という意味があるが、複数形になると地方という意味が生まれる。トポス、地方なのだ。

それぞれの土地や各地方には河川が姿を現しているのである。水の流れによって生まれている水の風景があるが、川の流れは風景にすぎないのではない。さまざまな水は人びとの暮らしに深く入り込んでいるのだ。飲料水、用水など水は生活とひとつになっているのである。土地や場所や地方を理解する重要な手がかりは、水の流れ、水の道に見出されるのである。

小海線は千曲川に寄り添うように走っている。千曲川は鉄道に先んじている。


(2001. 3. 17)

169

薔薇

——匂いと香り——

薔薇の花ほど画面を飾ってきた花は、ないだろう。野の草花が描かれた作品もあるが、薔薇の花は、名もなき野の草花とはおよそ対照的な特別な花ではないだろうか。だが、野薔薇となると、薔薇といってもだいぶ様子が違う。庭園の草花の魅力があるが、野の草花にも捨てがたい魅力がある。

ジャン＝ジャック・ルソー、彼の〈まなざし〉は、野の草花に注がれたのであり、野生の植物を目にした時、彼の目は輝いたのである。ルソーは、大地を人類の島と呼び、植物を大地の飾りと呼んだ人である。

薔薇色と呼ばれる色があるが、なんとさまざまな薔薇の色があることだろう。品種の改良が進み、私たちは、さまざまな薔薇の花を目にしているのである。

花の匂いや香りを空気の宝石と呼んだ人がいる。モーリス・メーテルリンクだ。宝石と呼びたくなるような匂いや香りがあるとしたら、それはさまざまな花の香りだろう。

アンリ・ベルクソンは、つぎのような言葉を残している（ベルクソン、平井啓之訳『時間と自由』白水社、一四九ページ、第三章　意識の諸状態の有機化について——自由、心理的決定論）。——「私がばらの匂いを嗅ぐと、ただちに幼少期の混然とした思い出が私の記憶によみがえる。実を言えば、それらの思い出はばらの匂いによって喚起されたのではなかった。私はその匂いそのものの中にそれを嗅ぎとるのである。匂いとは私にとってそれらいっさいのものなのだ」。

こうしたベルクソンの言葉にも注目しながら、「いき」という視点から日本の文化と日本人の生活へのアプローチを試みたのは、九鬼周造である（『「いき」の構造』）。九鬼が見るところでは、赤味を帯びた京紫よりも青味を帯びた江戸紫の方が、「いき」なのである。

私たちの生活史を意味づけている匂いの記憶があるのではないだろうか。

絵画史を飾る薔薇がある。花は絵画の原風景であり、絵画のエッセンスなのである。食卓の画家と呼びたくなるような画家、アンリ・ド・シダネルの絵に姿を見せる薔薇がある。一輪の薔薇ではなく、薔薇の群れである。

(2000. 1. 31)

170

世界の匂い
――デュアメルとミンコフスキー――

匂いを根本的な性質をそなえた雰囲気と呼んだのは、ミンコフスキーである。彼は、匂いについてつぎのように述べている（E・ミンコフスキー、中村雄二郎・松本小四郎訳『精神のコスモロジーへ』人文書院、一二四ページ――一二五ページ、10　拡がる――嗅覚的なもの）――「匂いは雰囲気を「色づける」と言ってもいいだろう。（中略）匂いは、匂う物体の属性であるよりも、いっそう本原的に非人称的な発散であり周囲の雰囲気の属性である。つまり、デュアメル流にいえば「世界の匂い」なのである。（中略）匂いは拡がり、しみ込み、浸透する。（中略）このように、匂いには音よりもさらに目立たぬものがある。そして、匂いは外へ拡がっていくが、一陣の風よりもはるかに穏やかで静かである。風は大気の偶発的な現象にすぎないが、それに対して雰囲気と密接に結びついた匂いはわれわれにとって生の一つの構造的な所与なのである」。

フェルテ＝ミロンという農業を営む小さな村に住んでいたデュアメルは、そこで晴天の日、麦の新芽の一つ一つから漂ってくる快い匂い、森のなかでの匂い、農家でパンを焼いている匂い、羊飼いが枯れ草を燃やしている匂い、記憶のなかで渾然一体となっているこうした匂いを世界の匂いと呼んだのである。パリ、セーヌ河畔の古本屋、本の行間からかすかに漂ってくる匂いは、世界の古い匂いなのだが、本を求めて、家に持って帰って、匂いをかぐと、古本の匂いがするだけ、世界は匂いを変えてしまったのだ。ミンコフスキーは、デュアメルの『オレブの石』(「メルキュール・ド・フランス」誌、巻一八五、一九二五年)に見られるデュアメルの言葉を紹介しているのである。

匂いといえば、ただちに香水をイメージする人びとが少なくないだろう。香水を帯びた人によって生み出された独特の雰囲気にまわりにいる人びとは必然的に巻きこまれてしまう。香水の匂いによっておのずから生まれる人間と人間との関係領域があることに注目しないわけにはいかない。

さまざまな匂いによって私たちがそこで生きている世界は、豊かな表情を見せているのである。魅力的な花の匂いや香りがある。

(2000. 2. 20)

171 水中花

水中花、もはや死語となってしまった言葉なのだろうか。この言葉を目にして、耳にして、ただちに祭の夜店をなつかしく思い浮かべる人びとがいることだろう。

ガラスのコップに水を張って、そこに水中花を入れると、花が開く。単純なしかけだったが、水中花遊びは、なかなか楽しかった。

この水中花が姿を見せるフランスの小説がある。いうまでもなく名高い作品、『失われた時を求めて』、マルセル・プルーストの長編小説である。この小説のもっとも印象的なシーンに日本人にはなじみの水中花が姿を現すのである。ある飲物を口に含んだとき、突如として記憶がよみがえり、水中花が花開く時のように、つぎつぎにあるシーンや出来事が浮上してきたのである。

水中花は水中に姿を見せる花火のようにも見える。水を含んだ花は、徐々にその形を整え、みごとに一輪の花として、その姿を現す。水を得て息を吹きかえす花、水中花とはそのような花だ。いろいろな水中花があったように思う。三、四種類はあったのだろうか。いま、水中花をどこで見ることができるのだろう。水中花は、回想される風景となってしまったのか。

子どもの遊びと呼ぶならば、水中花は、まさに掌中の遊びである。ささやかな遊びだ。水中花が開くのを何人もで眺めて楽しんだように記憶している。かつて地方都市の町の片隅に一文店と呼ばれた小さな雑貨店のような店があったように思う。そうした店では水中花を求めることができたのではないかと思う。いささか頼りない記憶だが、町筋やそうした店先が目に浮かぶ。雪国の長岡でのことだ。雁木通りがあった。雪深い時には、家なみ、町なみは、深雪のなかになかば姿を隠していた。

山本健吉編『季寄せ』(上　春夏、文芸春秋、一六四ページ）に水中花についてつぎのような俳句が紹介されている。

水中花　山吹の芯などに彩色して圧縮して作ったもの。コップに水を満たして沈めると、水中で美しい花をひらく。

水中花子の性かくもわれに似つ　敦
ある日妻ぽとんと沈め水中花　青邨

モネでなじみの睡蓮、眠りにつき、目覚める花だが、この水上の花にはどことなく水中花の趣がうかがわれるようにも感じられる。

(2000. 4. 30)

172　雪

雪国で生まれ育った人で雪を原風景と言わない人がいるだろうか。私にとっては越後、長岡の雪が、雪である。

湿気の多い重い雪、それが長岡の雪だ。上京するまでの私は、冬ともなると、雪中の生活を体験していた。新潟県から清水トンネルを抜けて上州に入ると、大地がカラカラに乾いており、雪にかわって土が車窓にクローズ・アップされてきたことを思い出す。太陽の光を浴びることができたが、雪国では何日も太陽の光を体験しないことがあった。来る日も来る日も雪という日々が体験されたのである。一夜で一メートル近くも雪が積った大雪の年があった。激しく降る雪がある。また、雪が舞う日があった。

長岡を故郷とする堀口大学の詩に「雪につぶやく」と題された作品がある。第七詩集、『あまい囁き』に見られる詩である（『堀口大学詩集』平田文也編、白凰社、九〇ページ）。

雪につぶやく

雪国の雪を愛さう
のがれない自然と知って
ふる雪は落花と見よう
積ったら綿と思はう
子供には砂糖とおしへ

満喫の夢を見せよう

半歳は埋もれてゐよう
天上の落花の雪に

一面に地を被ひつくす
純白の砂糖の中に

度はづれの雪を愛さう
のがれない運命と知って

軒しのぐ雪に埋れて
ぬくもらぬ身をいたはらう

老いの身を　病身を
寒冷の綿につつんで

雪国の人びとは、雪おろしをしながら、雪に耐えて、春の訪れを待ちわびていたが、雪中の生活で学んだことや雪中の楽しみごとなどがあったことも確かである。言葉はひとつだが、まことにさまざまな雪があるのである。

173 雪野

雪国で冬場、深い雪ともなると、水田地帯は、一面、雪原となってしまう。あえて雪の野原と呼ぶこともできるだろう。吹雪ともなるとあたりは白い闇に閉ざされてしまう。雪国の人びとは、じっと耐えて、雪解けと雪国の春を待つ。やがて、ふきのとうが姿を覗かせるような季節がやってくる。柳田国男に「雪国の春」と題されたエセーがある。

「雪野」Champ enneigé 一九九二年、麻布彩色・額装 一〇六・〇×一四六・〇cmと題された作品がある。画家は東山魁夷、パリで催された東山の展覧会に出品されたものである。パリ展がこんどは東京展となったのである。久しぶりに東山の作品群に触れることができた。風景の画家、東山の日本画のなかでも、この「雪野」は叙情性の高い立ち去りがたい作品だった。雪の野原の片隅に〈まなざし〉が注がれている。雪が舞い落ちている雪中の野の植物のたたずまいと風情がすこぶる印象的な絵だ。すすきをはじめとしてさまざまな野の草（草花といいたいくらいだ）のまことに微妙な姿かたちが目に映る。しなやかな繊細さのなかにも、どこか凛としたたたずまいが青味をおびた画面にみなぎっている。さまざまな茎がいくらかしなりながら林立している姿になんともいえないリズム感と独特のハーモニーが感じられる。たわわにしなっている茎もある。茎の上をはうような姿でそうした茎にところどころ雪が降り積っている。茎を飾っている小雪の風情に目が奪われそうになる。

枯野に降り始めた雪のようにも感じられるが、根雪の野の一情景のようにも見える。平面的な描法のようにもうかがわれるが、手前部分と少しばかり離れた先の部分との距離感が表現されている。このあたり、春野の風景はいったいどのようなものとなるのだろう。

茎を飾っているさまざまな植物の表情に注目したい。そうした茎の飾りは、この絵のささやかなアクセントとなっている。

絵画とはこのうえなく微妙な空間なのである。この「雪野」は、自然の片隅の風景だが、雄大な風景にいささかもひけをとらない緊迫感と充実感が画面に満ち満ちている。

雪国の出身者にとっては、雪野はまぶたに浮かぶなつかしい風景なのである。東山魁夷は、雪野の野草の雪の綿帽子と戯れている。

（2000. 2. 25）

174　冬場・雪国と雪

斎藤茂吉の短歌、一首（斎藤茂吉『赤光』岩波文庫、九二ページ、大正二年、1　さんげの心、赤光）。

家ゆりてとどろと雪はなだれたり今宵は最早幾時ならむ

雪国では冬場、茂吉の歌にあるように屋根からなだれ落ちる雪がしばしば体験される。「とどろと」という表現に落下する雪の勢いが感じられる。雪の上に雪が落ちる時にはドスンという音がする。雪が降っている時、かすかに感じられる雪の気配がある。気配としての雪の音がある。サラサラという感じの音だ。雪にもさまざまな降り方がある。

斎藤茂吉は山形県の出身、宮　柊二は新潟県の出身である。つぎに柊二の歌を一首（『宮　柊二歌集』宮　英子・高野公彦編、岩波文庫、一八三ページ、藤棚の下の小室、昭和四〇年）。

赤き柿食へば歯に沁みおもほゆる雪乱れ降るわれがふるさと

新潟県下でも魚沼地方は雪の深いところ、宮　柊二の故郷は、魚沼の魚野川沿いの田舎町、堀之内である。雪国で生まれ育った人びとの生活史は、雪とともに語られるのであり、雪は、おそらく誰の場合でも生活史に刻まれた原風景となっているといえるだろう。『北越雪譜』を著わした鈴木牧之は、魚沼の塩沢の出身である。

雪に閉ざされた時に生まれる静寂がある。白一色の音風景があるのである。屋根の雪おろしの時、いくつかの滑り台をつなげて雪を運びおろす光景が見られたのである。雪はカタ、カタという音を発しながら、滑っていった。ツララを割る時の音があった。

靴で雪を踏みつけるとき耳に触れたククク ッというような音を思い出す。耳の記憶である。

雪は苦労の種だったが、雪の風景の美しさや風情があったことも確かだ。上京して雪のない冬を過ごした時の驚きは拭い切れない。東京ではっきりと体験したのは風であり、東京の寒さだった。雪のなかで感じられる一種の暖かさがある。雪のなかで築かれた人びとの生活に注目しないわけにはいかない。

上京にあたって冬場、いつも驚いたことは、上越国境の清水トンネルをぬけて上州の地に入ると目に触れた土だった。雪ではなくて土である。

(2000. 3. 4)

175　ふるさと／野原
――幻影の人、西脇順三郎――

ふるさとへもどるということを果てしない円を描いてまわること、永遠へもどることとして理解したのは、西脇順三郎である。「永遠への帰郷」と題されたエセーのなかで、私たちは詩人で英文学者、西脇順三郎が、幻影の人であり、野原の人であることを知るのである。芭蕉の句が姿を見せるところから、西脇をたどってみることにしよう（西脇順三郎『野原をゆく』講談社文芸文庫、二七七ページ―二七八ページ、永遠への帰郷、昭和四七年一月四日「読売新聞」）。

旅に病んで夢は枯野をかけ廻る

はふるさとへもどるという意味にもとれる。（中略）
私の「ふるさと」というのは放浪の心のふるさとであって、それは野原であり、またそれは永遠ということである。だからあのボン鐘の音に一種の果てしない郷愁さえ感じられる。
私のふるさとは野原であってススキも枯れて、ケヤキの枯れ枝にからすがたまに鳴くばかり、さびしい世界だ。でもこんな世界へもどってゆけるのもあの鐘の神秘的な力である。
こんな風景は私が理想とする心のふるさとの野原をよく象徴してくれる。また幸いに一二月の暮から正月にかけて四季を通じてもっとも美しい夕焼けが野原を訪れてくれる。(中略)この種の夕焼けは人間が感じうる窮極の哀愁の色であるとさえ思われる。そして人間のふるさとはこの夕焼けの哀愁かもしれないと思いたい程である。(中略)
ふるさとへもどるということは一つのビジョンにすぎないが、私はそんなうすむらさきの幻影を夢みながら、正月になると昔は瀬田や用賀の方へほっつき歩いた。三軒茶屋で「リリー」というタバコを買って、おばあさんの髪のように枯れはてた野原から野原をわたってゆっくりとめぐり歩いた。

(2000. 2. 27)

絵画の制作にあたって、豊かで微妙な色彩感の持主だった英文学者、詩人が、ここで「うすむらさきの幻影」という表現を用いていることに注目したいと思う。

176 水田

新潟平野は、水田の平野である。全国有数の稲作地帯である。稲穂たなびく秋の風景が体験される平野である。信濃川の流れを目にすることができる長岡市は、東山、西山を東西に望むことができる地方都市だが、市街地をはずれると水田が広がっている。この信濃川に架かる橋がいくつもある。もっとも名高いのは長生橋、橋の姿かたちが優美である。八月初めの有名な花火大会の時には、長生橋は、ナイヤガラの滝の舞台となる。いずれかの橋を渡って、三島町へ向かうルートがある。三島町の上岩井をめざす道がある。あるところからは西山をめざす直線の道路となる。上岩井の集落は、西山の麓に旧道に沿って帯状に延びている。この集落に西照寺という寺がある。

この直線の道路は、おそろしく長い。タクシーで走ればそれほど時間はかからないが、歩いたら相当の時間が必要となるはずだ。この直線の道路の左右には耕地整理された水田、統合された水田がみごとなまでに広々と広がっている。水田を貫いて走っている道だ。田植えが終わってまもない水田は、浅い水鏡といった趣を見せている。枠づけられた水面といった感じだった。

直線の道路の左右に広がっている水田は、きちんとした形の広々とした水田だった。定規で線を引いた幾何学的なパターンの水田模様が体験されたのである。一区画がとても広くて大きい。休んでいる水田、稲田があった。聞くところでは、以前は、水田は不規則な形をしていたが、整理、統合されて、きちんとした形の広くて大きな水田が生まれたという。

冬、水田は一面の雪原となる。雪の野原といった趣が、そこで体験される。

斉藤真一が描く雪国の風景がある。雪原、雪の野原、雪野がモチーフとなっている。そうした雪の野原に沈む夕日が描かれた絵がある。越後の瞽女《ごぜ》をモチーフとした彼の作品は広く知られているが、雪原や冬の越後も彼の絵を飾っている。

田植えが終ったばかりの水鏡に苗が映えていた。水田の風景は、季節に応じて変わる。青々とした緑の水田、黄金の穂波の水田、刈田の風景が視界に広がる水田、白一色の水田、冬になると、水田は雪の下に姿を消してしまう。水田の四季に雪国の風景が生きているのである。畔道や農道にまっすぐにのびた背の高い木が姿を見せている。秋になるとそこに稲束のみごとな壁、屏風が立ち現れる。秋の新潟平野のランドマークと呼びたくなるような景観、風景である。

(2000. 5. 15)

177　八海山／山本山

車窓風景がある。ここでいう車窓とは、列車での旅を飾っている車窓をさす。柳田国男は、このような窓を「汽車の窓」、「風景の窓」と呼んでいる。

「風景の窓」という柳田の表現に魅力を感じている。すべての窓は、いずれも多少なりとも風景の窓ではないかと思われるが、汽車の窓こそ風景の窓ではないかと思う。かなりの時間、車窓風景が変わらない場合もあるが、地形が変化に富んでいるところでは、車窓の景色は、刻々と移り変わる。右手の窓の景色と左手の窓の景色が、まったく異なっている場合がある。

上越新幹線で越後路に向かう時、越後湯沢をスタートすると、列車はトンネルに入る。かなりの長さのトンネルを抜けると、車窓の右手に越後の名山が姿を現す。四月の末、この山には、まだ雪が残っていた。山肌が現れているところがあり、まだら模様が目に触れたが、残雪の山は、ほんとうに美しかった。秀峰と呼びたくなる山、それは、八海山である。列車の動きにつれて、山の姿かたち、山容は著しく変わってしまう。八海山は、さまざまな山容、風景において八海山なのだ。

トンネルを抜けたところで大急ぎで八海山をスケッチした。パステルを手にして、待ちかまえて、瞬間的な状態でこの山を旅の記念としてスケッチブックに残したのである。（口絵、参照）

長岡での法事、墓参をすませてから、長岡から小千谷へ。車で山本山の頂上へ。小千谷は西脇順三郎先生の生まれ故郷、先生の詩碑がそこにあった。上越国境方面を眺めると、かなたに八海山が見えた。スケールが大きなすばらしい風景が視界を飾っていた。魚沼地方の雄大な風景だった。

山本山は小千谷のランドマークとなっている山だが、そびえ立っている山ではない。小高い丘陵と呼びたくなる山なのである。山本山はすばらしい展望台であり、山本山と八海山は、結ばれていたのである。

上越新幹線で国境から、魚沼地方から、中越地方、長岡をめざす。「風景の窓」に姿を見せるのは、まず八海山、つぎに魚野川、そして信濃川である。山本山から信濃川の流れを望むことができた。この新幹線ルートはトンネルの区間がかなりある。上越線で長岡—東京を往復していた時、風景の窓は、いまの新幹線のそれよりは、はるかに変化に富んでおり、一段と楽しかったように思う。スピードに伴って失われていく眺めがあるのである。

車窓での風景体験は、人びとの生活史にかなり大きな影を落としているのではないかと思う。列車の最後部の車輛から後方の風景を眺めたことが何度かある。鉄路の風景と自然の景色とがみごとに融合した状態でスピードと化していたのである。

小千谷では山本山、長岡では悠久山、そして鋸山である。郷土を飾る山や河川において地方が理解されるのである。小千谷も長岡も信濃川の河畔に姿を見せているトポスである。

(2002. 5. 2)

XI　絵画と人間

芸術家が今も昔もやっていることは、自分自身がそれを作ったときに持っていた気分の中へわれわれを浸すことだ。芸術家の自由な気分は、われわれを自由にする。その反対に、不安な気分であれば、われわれを不安にする。芸術家のこのような自由というのは、ふつう彼が自分の仕事を十分に発展させ得たところに生れるもので、だから、オランダ派の絵画は、見ていて気持がよいわけだが、それはあの画家たちが自家薬籠中のものにしている身近な生活を描いているからにほかならないのさ。

——ゲーテ

エッカーマン、山下　肇訳『ゲーテとの対話』（中）、ワイド版岩波文庫、一四五ページ—一四六ページ、一八二九年一二月一六日水曜日

人間や、人間の行為や、人間の作品の現実の上には、そういう行為や作品になるべきすべてのものの像が、同じ根源からよりいっそう抜きん出た高みへ駆りたてられるように漂っている。

—ジンメル

『ジンメル著作集11　断想』白水社、一四三ページ—一四四ページ、V　芸術作品の合法則性、土肥美夫訳

UN SENS À LA VIE　人生に意味を

人間の偉大さというものは、人類全体の運命だけから考えられるものではない。ひとりひとりの個人は、またひとつの世界なのだ。

鉱山がくずれおち一人の鉱夫が閉じこめられるとき、山の町の生活は停止してしまう。友人や子供や女は悲歎の淵につきおとされるが、同時に、救助隊がつるはしで足もとの大地の底へと掘りすすんでいく。

(中略)

ひとつの心、その重さがけっしてはかられることのない、ひとつの世界を救うのである。坑木が罠にかけてとらえた鉱夫の小さな頭のなかには、ひとつの世界が存在している。両親、友人、家庭、夕餉のあついスープ、愛情と怒り、そしておそらくは社会的な熱情、同胞への大きな愛さえもが。どうして人間をおしはかることができるだろうか？　かつて人間の祖先は、洞穴の壁にとなかいを描いたが、その行為は二万年たった今日なおかがやきを失っていない。それはわれわれを感動させる。われわれのうちになお生きつづけているからだ。人間の行為とは永遠の泉なのである。

——サン＝テグジュペリ

『人生に意味を　サン＝テグジュペリ著作集6』渡辺一民訳、みすず書房、扉うらのタイトル、一一〇ページ—一一一ページ、血ぬられたスペイン

178　絵画と呼ばれる人間の営み、試み

絵画ほど人間の生成と存在の様相をみごとに示してくれているスペクタクルがあるだろうか。絵画とは、一点に凝縮された濃密な世界なのである。そこで人びとが、人間が、生きていた世界の眺め、それが絵画なのだ。生きるということは、あくまでも具体的で実践的な人間の営みであり、行動と行為に見られる生活の展開だが、それだけに尽きるものではない。イメージすること、思い浮かべること、想像力を働かせること、欲すること、感じることなどは、行為や実践と同じくらい日常的なことなのであり、生活と呼ばれる人間の営みと一体となっているのである。記憶と想像力は、人間のアイデンティティ＝存在証明の核心をかたちづくっているといえるだろう。もちろん行為についても同様のことがいえると思う。

想像力がみごとなまでにふくらみを見せている絵画がある。記憶の全面的展開と呼びたくなる絵もある。目に触れた対象が描かれた作品がある。人びとが生活の場面で体験したさまざまな出来事が表現された作品がある。実際には見ることはできなかったが、それでも描かれた対象がある。画家の絵筆が、そのまま想像力の火花となってしまった、といいたくなるような絵がある。

見ることができた対象をはるかに越えて、見ることができなかった対象へのアプローチが試みられたところに絵画と呼ばれる人間の創造的な営為の驚くべき広がりと深さが見られるのである。だが、見ることと具体的な生活が

絵画の制作活動の土台であり根底であることは否定し得ないだろう。見ることは、同時に想像力を働かせることでもあるといえるだろう。絵画とは実践的行為と記憶の、実践的行為と想像力の、はざまに花開いた麗わしい眺めなのである。絵画ほど私たちの記憶が呼び戻されたり、想像力がそそられたりする眺めはないだろう。記憶と想像力は、芸術のさまざまなジャンルにおいて創造的活動の支えとなっているといえるだろうが、私たちの目に触れる絵画は、人間の理解、世界の理解、生活の理解にあたって、注目に値する、頼りがいのある糸口、支え、視点、パースペクティヴ＝遠近・眺望・視野なのである。

人生の旅びとである人間にとっては、さまざまな支えとなるものが必要である。心に安らぎを覚えることができるくつろぎの場が必要だ。人間的空間の名に値する広場が必要なのである。小さな絵も大きな窓なのである。

(2000. 7. 26)

179 芸術と人間、そしてプルースト

芸術とは、しなやかな、ナイーヴな心である。初心にかえっての世界体験なのである。「太陽は日ごとに新しい」というヘラクレイトスの言葉にアートのハートを見出したのは、カッシーラーだが、芸術とは、ジャンルを問わず、いわばおおいなる驚きと深い感銘なのである。個性と多様性に芸術が生きている。芸術とはパターンの打破、オリジナルなアイデンティティなのである。

想像力、イマジネーションやヴィジョンが、限りなくしなやかにふくらむ場、それが芸術なのである。意味の、体験の、深みへ、それが芸術ではないだろうか。科学の厳密性、一貫性、論理性、整合性は、いうまでもなく大切なものだが、芸術における多面性、限りなく多様なパースペクティヴもまた、人間の生成と存在の証しとして注目に値するのである。この絵、ファン・アイクの「ロラン卿の聖母」をごらんいただきたいと思う。

芸術作品に触れることによって私たちがそこで生きている世界がなんと表情ゆたかにクローズ・アップされてくることだろう。絵画も、音楽も、文学も、ドラマも、ことごとく世界の拡張と深化、人間の生成と存在の地平のみごとな展開なのである。

マルセル・プルーストの言葉に注目したい（マルセル・プルースト、井上究一郎訳『失われた時を求めて10』ちくま文庫、三六六ページ）。

芸術によってのみわれわれは自分自身から出ることができる、そして他人がこの宇宙をどう見ているかを知ることができる、その宇宙は、われわれの宇宙とはおなじものではなく、その風景も、月世界にありうる風景のように、われわれには未知のままであるだろう。芸術のおかげで、われわれが見るのは、ただ一つの世界、われわれだけの世界ではなくて、多数化された世界であって、われわれは独創的な芸術家が存在するだけそれだけ多くの世界を意のままにもつことができる。それらの世界は、無限のなかを回転する多くの世界よりももっと相互に異なる世界であり、そこから発せられていた光の源、たとえそれがレンブラントと呼ばれるにせよ、フェルメールと呼ばれるにせよ、その光の源が消えてしまってから何世紀ののちまでも、なおそれらの世界は、その特殊の光線をわれわれのもとに送ってくるのである。

(2000. 4. 15)

180 絵画の驚き

――〈まなざし〉のドラマ――

パリのセーヌ右岸にあるルーヴル美術館の所蔵作品を飾る輝くばかりの逸品、それはファン・アイクの「ロラン卿の聖母」（一四三五年）である。

絵画とは空間の驚きと輝きだが、細密な絵画技法で対象に〈まなざし〉がまるで張りついてしまうような仕方で描かれたこの絵は、みごとなまでに私たちに絵画の不思議さというものを体験させてくれる。質感の表現、立体感、遠近感の表現、臨場感の表現という点で、小品ながら、この絵は、絵画史のみごとな道しるべとなっているといっても過言ではない。オルテガ・イ・ガセーは、絵画の展開について述べたとき、嵩の絵画という表現を用いたことがあるが、「ロラン卿の聖母」は、まさに嵩の絵画を代表する作品であることは、まちがいない。

モチーフという点でこの絵は明らかに宗教画だが、世俗的なものがかいま見られるように思う。聖母子とロラン卿の少し先に姿を見せている二本の支柱によって、空間はみごとなまでに秩序づけられており（意味づけられており、方向づけられており）、構造化されているのである。この二本の支柱によって、私たちの〈まなざし〉は、外界に、屋外に、かなたの風景的世界に誘い出される。〈まなざし〉は、ここからそこへ、かなたへと導かれるのである。

この絵の支柱の間の、二本の支柱の先の、また、かなたの細密な描写と表現を見るとき、驚きを覚えない人は、おそらくいないだろう。クローズ・アップによって新たな視界が立ち現れるのである。

橋を渡っている人びとが細かく描かれている。細密の限りをつくして描かれているが、遠近感の表現には十分に心くばりがおこなわれている。

二人の人物のうち左側の人物は、覗きこむようにして眺めおろしている。おそらく河沿いの街路を眺めているのだろう。この二人の人物は二本の支柱に劣らず重要だ。私たちはこの二人の人物によってこの建物の外に連れ出されるのである。ロラン卿、聖母子、それぞれにおいて体験される〈まなざし〉と〈まなざし〉の方向性、表情がある。ここから、そこへ、かなたへと導かれる、また、方向づけられた、〈まなざし〉がある。この絵は深い意味においてまさに〈まなざし〉の絵なのである。絵画を〈まなざし〉のドラマと輝きと呼ぶこともできるだろう。

(2000. 2. 21)

181

〈まなざし〉と花と宝石と

――絵画のエッセンス――

ファン・アイクの「ロラン卿の聖母」――まさに宗教的空間と信仰の心が表現されているが、この絵は、建築的空間の表現や風景の展開という点においても注目に値する作品だと思う。はるかかなたの風景は、青味をおびた状態で表現されている。水の流れは蛇行しているが、教会の塔が姿を覗かせている。そこには集落があるのだろうか。水の流れに島が姿を見せている。この絵のコンポジションの一つの要、いわば、アイ・ストップとなっている島だ。アイ・ストップとは、目がいき着くところに姿を現している対象をさす。

二人の人物から橋へ、島へ、その先の教会の塔へ、さらにはるかかなたの青味をおびた山々へと私たちの〈まなざし〉は方向づけられながら、延びていくのである。

この二人の人物や目一杯、建物でおおいつくされている流れにある島が描かれていなかったとしたら、この絵の趣や空間様相は、まちがいなく一変してしまう。ファン・アイクは、〈まなざし〉のさまざまな方向性にも注目しながら、まことに緊張感に富んだコンポジションを創造している。

絵画はまさに見ることに捧げられたドラマであり、〈まなざし〉のドラマだが、この絵は私たちに触覚的な絵画体験をもたらしてくれる作品でもあることに注目したい。

見るとは、いうまでもなく目で対象に触れることだが、この絵を見る人びとは、おそらく自分の手でこの絵に触れる思いに駆られるのではないだろうか。布地や金属や宝石の表現は驚きに値する。ファン・アイクはまるで質感の表現に魅了されているかのように思われる。

宝石が描かれている。花も描かれている。この絵はまるで画面全体が宝石のような絵ではないだろうか。二本の支柱の上部のふたつの美しい飾り窓、ステンドグラスなのだろう。

花は絵画の原風景、そして宝石も絵画の原風景なのである。絵画は色彩のドラマだ。また、それは光のドラマなのだ。色彩は光によって息を吹きかえす。生気を帯びる。この絵を見る私たちは、ファン・アイクの光を体験するのである。巷間のざわめきは、二人の人物の耳に触れるだけなのだろうか。

絵画のエッセンスと呼びたくなる絵である。

(2000. 2. 21)

182

人間の風景、風景的世界の光景

――レオナルドと「モナ・リザ」――

人間の風景の最たるものといえば、それは人間の顔ではないだろうか。顔に劣らず、人間の手にも注目しないわけにはいかないだろう。さまざまな風景のひとつの極点に姿を見せるのは、疑いなく人間なのである。

人間は決して静止的な眺めではなく、きわめてダイナミックな眺めであり、さらに人間とはまさに丸ごと出来事なのである。人間は、プラクシス（行為／実践）とポイエシス（制作／創造）の主体なのであり、さまざまな網の目のなかで自分自身を支えつづけている意味の主体でもあるのである。渦巻くさまざまな世界体験のなかから、意味が立ち現れるのである。

さまざまな網の目――人間関係の網の目、意味の網の目、すなわち文化、風景の網の目、網の目のように配置されている道具……絵画やさまざまな作品は、意味の網の目に姿を現しているのである。

レオナルド・ダ・ヴィンチのモナ・リザには斜め上方から光が射している。レオナルドが選んだ光だ。光と影の光景が目に触れる。

「モナ・リザ」（一五〇三年―五年頃、油彩、板、パリ・ルーヴル美術館）は、まさに〈まなざし〉と表情の絵だが、この絵は、あますところなく手や着衣が描かれた絵であり、また、注目すべきことだが、「モナ・リザ」を人間の風景、そこで人間が生きている世界の風景的様相、独自の風景画としても見ることができる。

山岳風景が描かれているが、道や橋もかすかに姿を見せている。モナ・リザの目もと、口もと、顔面は、まさに表情のステージなのだ。特に微妙な向きを見せている〈まなざし〉。レオナルドとモナ・リザがたがいに直視し合う状態にあったならば、レオナルドは、絵を描くことができなかっただろう。

レオナルドは、自分のことを「経験の弟子」と呼んだが、顔面や〈まなざし〉、手の描写や表現において、着衣などの表現や背景の風景の描写において、「経験の弟子」の面目は躍如である。

レオナルドをあえて手の画家と呼ぶこともできると思う。「最後の晩餐」に姿を見せている人物、それぞれの手の動きとポーズに注目したい。画家にとって人間の手は、目や〈まなざし〉と並んで勝負どころ、急所なのである。手において理解されるドラマもある。

（*2000. 2. 23*）

183
花

フィレンツェのウフィツィ美術館には立ち去りがたいほどみごとな絵が数多く所蔵されているが、ボッティチェリの「春」は、そうした作品の一点である。匂い立つばかりに美しい、深い輝きにあふれた作品である。

人物や着衣の模様、色柄などがすばらしい。大地に咲く野の草花から目を離すことはできない。画面のどの片隅にも絵画のドラマが躍動している。絵画を麗しい眺めと呼ぶならば、この「春」こそ絵画のなかの絵画といえるだろう。ある意味では、絵とは花の眺めなのである。人物を描くことにも、花を描くことにも、画家たちは、熱中してきたのである。花を絵画の原風景と呼ぶことにおそらく異論はないだろう。

モーリス・メーテルリンクは、その花の愛の仕草に甘美な優美さがあり、また、それを目にすることがたやすくかなう花について、つぎのような言葉を残している。その花はクロタネソウである（モーリス・メーテルリンク、高尾歩訳『花の知恵』工作舎、四六ページ、婚礼）。――「その植物はダマスカスのクロタネソウといい、ヴィーナスの髪、茂みの悪魔、ほつれ髪の美女といったいくつかの魅力的な俗名をもつ。自分の気に入ったかわいい植物を、民衆の詩心はなるほど巧みに表現するものだ。クロタネソウは南仏では道端やオリーヴの木の下に野生の状態で見られるが、北仏では古めかしい感じの庭によく栽培されている。花はルネサンス前派の絵に描かれている小さな花のように素朴で、淡い青色をしている。「ヴィーナスの髪、ほつれ髪」とは、絡みあった、ごく細い、軽やかな葉のことで、これが、ふわりとした緑の「茂み」と称される花冠を取り巻いている」。メーテルリンクは、このあとにつづくところで、まことに感動的な待機のドラマ、驚くべき花の宴というべきスペクタクルについて筆を執っている。

慶應義塾大学のキャンパスがそこにある三田の山について触れた時、「タンポポは盛りの時は聖書物語のイタリア宗教画の前景をおもわせる程である」と述べたのは、英文学者で詩人、西脇順三郎である。絵ごころ豊かな彼は、三田の山をこのタンポポの丘と呼んでいる（西脇順三郎『野原をゆく』講談社文芸文庫、一〇四ページ、街路の雑草、昭和三〇年六月「青淵」）。

(2000. 2. 27)

184　家族的現実／繭あるいは巣、揺籃

――ピーテル・デ・ホーホの絵――

家のなかは、それがどのような片隅、どのような場所であろうと、人間的な雰囲気がそこはかとなく感じられるコスモス、宇宙なのである。私たちは、自分の家で安らぎを得て、くつろぐことができるのだ。旅する人間 homo viator という言葉を私たちに残してくれたガブリエル・マルセルはつぎのように述べているが、共感を覚える言葉だ（『旅する人間　マルセル著作集4』春秋社、一〇一ページ、家族の神秘、一九四二年、山崎庸一郎訳）。

繭、巣、揺籃といった映像は、私があえて家族的現実における綿毛に包まれた領域とでも呼びたいものをもっとも正確に表現している。（中略）

この特権的なわれわれは、たとえ意識的生活のもっとも低次の段階においても、「われわれのもの」としての常住の「住まい」（habitat）と切り離されることはできないし、しかもこの住まいは、生存をつづけてゆくあいだに、しだいにわれわれと分かちがたく一体となってしまうのである。

マルセルがいう「特権的なわれわれ」は、まさに原初のわれわれ（nous）なのであり、こうしたわれわれは、家族生活のなかでしか実現されないのであって、しかもマルセルが見るところでは、一般にわれわれのところ（chez nous）と絶対的に切り離すことができないのである。マルセルがここで示した繭という言葉にはなんというやさしさがこめられていることだろう。

一七世紀のオランダの画家、ピーテル・デ・ホーホに「オランダの家の後の中庭」と題された絵がある。パリのルーヴル美術館でこれまで何度も目にしている絵だが、ぬくもりが感じられる絵だと思う。タイトルは中庭だが、

家のなかや母親と幼児の姿、また、中庭をゆく後姿の人物、格子状のガラス窓などが、デ・ホーホの光とともに私たちの目に触れる。らせん状の階段がある建築的空間が体験される。腰かけて仕事中の女性、母親ではないかと思われるが、いま、いったい何をしているのだろうか。中庭はみごとな採光の場所となっている。

生活画、風俗画と呼ぶことが出来る作品だが、親子関係や家族生活、生活の息吹き、居住空間が、親密な状態でクローズ・アップされてくる絵だと思う。人間の風景画だ。

（2000. 4. 16）

185 都市景観

――ウィーンの場合――

ある日、ウィーンの中心部を歩いていた私の目の前にまるで黒山のような巨大な建造物が姿を現した。ウィーンの大聖堂、聖ステファン寺院だった。私がヨーロッパで初めて目にしたゴシック式のみごとな建築、それがウィーンのこの寺院である。昭和四二年九月のことである。イギリス留学時、横浜港からナホトカまで船旅で、ソ連に入り、ハバロフスク、イルクーツク、モスクワとたどり、モスクワから国際列車、ショパン号でポーランドのワルシャワ経由でウィーン入りを果たしたのである。

この聖シュテファン寺院で幸いオルガンの演奏会に臨むことができ、ゴシックの大建築が丸ごとすばらしい楽器となることを体験したのだった。この寺院は単独のみごとな塔の聖堂である。一人の留学生にとっては、まさに衝撃的なゴシック体験だった。塔は空に向かって雄大にそそり立っていた。

ベルナルド・ベロットに「ヴェルベデーレ宮からの眺め、ウィーン」（一七五九一六〇年)という絵がある。市壁によって取り囲まれたウィーン市街の中心部に聖シュテファン寺院と塔が姿を見せている絵で、手前部分にはヴェルベデーレ宮とその庭園が人物とともに描かれている。ウィーン遠望、郊外からの眺めといったスケールの大きなパースペクティヴ(遠近・眺望・視野)が体験される。幸いこの絵をウィーンの美術史美術館で見ることができたが、この美術館の白眉は、いうまでもなくピーター・ブリューゲルだ。

奥井復太郎の『現代大都市論』の六〇二ページに第三四図として「ウィーンの遠望(ヌースドルフ附近より)」写真が掲げられている。——「欧洲の中世都市を遠く眺めると教会の尖塔が高く天空を衝いてゐる。それはニューヨークの摩天楼の衝き方とは趣が少し違ふ様である。西欧の哲人は此の教会の尖塔を眺めて「何故に彼等は空高く指さすか」の問に対して、「其れは中世都市市民の神に対する渇仰心の表現である」と答へた。如何にも是等の尖塔や領主居城の卓越した建物を中心に取り巻いて出来た中世都市の景観は、社会的に思想的に依拠すべき柱を持つ、統合された正しき社会の姿と見る事が出来る」。都市計画について論じた時、奥井はこのように述べたのである。ドイツの中世都市のみごとな景観を体験した若き日にその景観と風景にコミュニティをイメージした奥井復太郎は、やがて都市研究の道を一筋に歩むことになったのである。

(2000. 3. 5)

186

水と花のオフェーリア
――サー・ジョン・エヴァレット・ミレーのシェイクスピア――

絵画とは麗しい眺めだが、絵の美しさという点でこのサー・ジョン・エヴァレット・ミレーの「オフェーリア」(一八五一―五二年)ほど印象深い絵は少ないだろう。シェイクスピアのドラマの舞台が姿を見せている絵だ。「ハムレット」である。水の流れに浮かび漂い、漂いながら流されていくのは、オフェーリアばかりではない。流されていく花によってこのオフェーリアが飾られている。さまざまな花は、ドレスの模様のようにも見える。また、このドレスは、別種の藻のようにさえ見える。

絵画にはこれまでさまざまな人物や顔や手、いろいろなドレスが描かれてきたが、それらのいずれにおいても、このオフェーリアの場合ほど印象深いものはないように思われる。特に忘れがたいのは、手の姿かたち、ポーズではないだろうか。手首や腕、掌、指……シェイクスピアとオフェーリアの思い、画家の深い感慨が、こうした描かれた手や顔の表情に、また、水上や水中の眺めや風景に、いろいろな草花などに、見られるのである。

緑色が鮮やかだが、花の赤が格別にみごとだ。この絵では私たちの耳にどのような音が触れるのだろうか。水辺は誰もがそこでさまざまな思いに駆られる特別な場所ではないだろうか。この水の流れ、どれほどの川幅なのだろう。水はどちらに向かって流れているのか。

イギリスの中部、シェイクスピアの土地がある。生まれ故郷、ストラトフォードの近郊にはこの絵に描かれたような水の流れがいくつもあるのだろうか。この絵は、ある意味では水の風景だが、まさに悲劇的なドラマとひとつになった風景なのである。

この絵の輪郭だが、左右、上方に見られるゆるやかなカーヴによって画面はドラマの舞台場面に転換されているようにも感じられる。絵画には静止画像という趣が漂っているが、画面に見られる動きもある。このオフェーリアはやがて私たちの視界から姿を消してしまうだろう。サー・ジョン・エヴァレット・ミレーは、オフェーリアの姿を追いつづけている。絵画とは、いつまでも幕が降りないドラマなのである。長岡市の新潟県立近代美術館に「アリス・グレイの肖像」（一八五九年）と題された女性を描いた絵がある。瞳の絵と呼びたい絵だ。

（2000. 2. 23）

187

向きとパースペクティヴ
——顔と目・瞳・〈まなざし〉と耳——

アリス・グレイの目にはいったい何が映っているのだろう。私たちの目にはアリス・グレイの目や瞳が触れるだけではない。この絵を見ながら、私たちは彼女の〈まなざし〉を体験するのである。

髪形が気になる絵だ。アリス・グレイの瞳も、唇も、魅力的だ。耳飾りと首飾りによって画面が引きしめられているが、肩が広々と開いているドレスの緑色の横のラインが、アクセントとしてみごとだ。

顔の向きは重要だが、この絵では、斜め横向きのパースペクティヴが選ばれている。顔といえば、まず、向きなのである。ここでもフランス語 sens に注目したいと思う。いつも眺めている向きと反対の、逆方向から見ると、たとえば上下さかさまの人間の顔などは、何が何だか、まったく訳が分からなくなってしまうのである。メルロー＝ポンティがこうしたことについて述べているが、向きが変わると、意味が失われてしまうのだ。サンスというこのフランス語には、向きという意味も、意味という意味も、あるのである。

顔を顕現、像と呼んだマックス・ピカートは、「それは人間の姿のうえに浮び漂っている」という。ピカートは、人間の顔を昼のヴィジョンと呼ぶ。なぜ、ヴィジョンかといえば、ピカートが見るところでは、顔は、それが現にあるところの場所に突然発生し、同様に忽然としてその場所から消えてゆく何ものかのように、私たちの前に姿を現すからである（マックス・ピカート、佐野利勝訳『人間とその顔』みすず書房、四〇ページ、八八ページ、参照）。

仮面のように無表情な顔はない。人間の顔は、いつも変化に富んだ表情を見せている。目に映るものによっても微妙に表情が変わる。顔とは限りなく微妙な眺めなのである。顔こそ人間の風景のなかの風景ではないだろうか。

宝石の輝きという言葉があるが、アリス・グレイの瞳は、人の目をとらえて離さない。瞳や〈まなざし〉は、まさに sens に満ち満ちているのである。斜め横向きとは、もっとも微妙な状態で人間の顔を見ることができる向き、状態なのである。耳がクローズ・アップされてくる眺めだ。彼女の左耳は私たちの目に触れるが、右の耳は見えない。

（2000. 2. 23）

188 ゴッホ「じゃがいもを食べる人びと」

私たちが、ここで目にするのは、まるで社会学の原風景と呼びたくなるような生活の光景、情景だ。人と人との微妙な触れ合いや人びとそれぞれの人間関係が、クローズ・アップされてくる。制作は一八八五年。

一緒に食事をとる時、人と人との距離は、一挙に縮まる。親密感が深まる。一緒に生きているのだ、という生活感情が波打つのではないだろうか。ここに姿を見せている人びとは、いったいどのような間柄にあるのだろうか。いつもの席で食事をとっているのか。私たちの目に触れているのは、おそらく夕食の席だろう。まことに簡素な食事だが、肌のぬくもりが感じられる光景だ。うしろ姿を見せている人物は、いったい誰なのか。

言葉や人びとの声が、耳に触れるような気がする。じゃがいもから湯気が立ち昇っている。人びとの身辺や食卓にどのような匂いが漂っているのだろう。食事の席は、会話と談笑の席でもあるはずだ。言葉は沈黙から生まれるのであり、言葉は沈黙によって活性化されるのだが、沈黙に終始する席があるのだろうか。

この絵において注目に値するのは、人間の声や語らいだけではない。私たちは、描かれた人びとの〈まなざし〉と手に注目しないわけにはいかない。ゴッホは、目を描いているだけではない。〈まなざし〉も表現されているのであり、目も〈まなざし〉も豊かな表情を見せている。

ゴッホは、人間の顔や〈まなざし〉、それらの表情の表現に熱中しているが、特に注目したいと思うのは、食卓を囲む人びとの手だ。この絵のモチーフは、人物にも、じゃがいもにも見出されるが、この人びとの手こそ、この絵の中心的モチーフだ、といっても決して過言ではないだろう。さまざまな手において理解されるのは、人間の生活と労働であり、人間のアイデンティティなのである。

居住空間の片隅と日常生活の大切な一シーンが、作品に結晶している。家の内外にも、人びとの生活史にも思いが及ぶ。ゴッホが描いた、このみごとな人間の風景から目を離すわけにはいかない。

ジンメルは、食事の社会学、といったが、食卓の人間学にも注目したいと思う。

(2000. 1. 31)

189 「種まく人」とゴッホ

種まく人を描いた画家といえば、いうまでもなくミレーだが、ミレーを範としてゴッホが、沈みゆく太陽と畑を背にして、種まく人を描いている。姿を見せているのは、おそらく麦畑だろう。よく見ると地表に近いところに鳥が描かれている。大きな大きな燃え立つばかりの太陽だ。ゴッホは、太陽の画家でもある。

ゴッホは、種をまきつつある人の歩みと運動を大地の風景として制作したのである。太陽と大地と呼んでもよい絵だ。人物の位置にゴッホの目がいきとどいている。大地の広がりをたっぷりと表現するためにゴッホはコンポジションに工夫をこらしている。コンポジションのうえでは、種まく人の顔と帽子が麦畑の上方に少しばかり出ているが、こうした帽子などによって空と大地がみごとに結ばれているのである。麦畑が地平線となっている。点描風のタッチが画面におどっている。タッチの画家、ゴッホといいたいくらいだ。

たしかにミレーがゴッホに入りこんでいる。ミレーも、ゴッホも、農民の労働と生活を描いたのである。ミレーの「晩鐘」を見ると、一日の仕事を終えて、残照のなかで、祈りを捧げているカップルが描かれている。静かに鐘の音が響き渡ってくるような絵だ。このゴッホの「種まく人」（一八八八年）においては仕事はまだ終わっていない。太陽はほどなく沈み、やがて大地は闇につつまれることだろう。好天気だから夜空には星が輝くにちがいない。ゴッホは太陽の画家であるばかりではない。彼は星の画家でもあるのだ。星月夜が彼の絵のモチーフともなっている。星空のもとに姿を見せている糸杉がゴッホによって描かれている。

オランダ生まれのゴッホは、フランスのプロヴァンス地方で、アルルで、いままで体験したことがなかったような太陽とその光を体験したのである。

ゴッホを大空なきグレコ、彼岸なきグレコと呼んだのは、ルーマニアの出身で、パリで思想家として著述活動をおこなったシオランである。シオラン――。「エル・グレコにとって、世界は神に向かって急ぐが、一方ヴァン・ゴッホにとって、世界は炎のなかで花開く……」（E・M・シオラン、金井裕訳『涙と聖者』紀伊国屋書店、一一四ページ）

画家は、まさにオリジナルなスタイルでひとつの世界を樹立する。創造するのである。描くことは、世界への、自分自身への挑戦なのである。

(2000. 4. 15)

190 色／藍

なんとさまざまな色があることだろう。色についての人びとそれぞれの思いがあるのではないかと思う。色、色彩というとき、私たちはいったいどのような色をイメージするのだろう。自然のままの色、絵具の色、染料の色、肌の色……究極の色を空の色に見出す人がいるのではないかと思う。バシュラールは空の青に注目している。

イタリアの北部、トリノでのこと。ニーチェはこのトリノでクロード・ロランの絵かと思われるような風景を体験して、心をふるわせたのである。時は二〇〇〇年の暮、一二月も末のある日、シチリア島を旅していた私たちは、古代の神殿の遺跡で名高いアグリジェントで夕刻、まるでクロード・ロランの絵画、彼の空、彼の雰囲気そのものと思われるような風景を体験したのである。

色といえば確かに絵画がイメージされるが、染料の色にも注目したいと思う。染織家として知られる志村ふくみが、宇佐見英治との対談の場面で色の誕生、色の発生と成長についてつぎのように語っている(宇佐見英治、志村ふくみ『一茎有情——対談と往復書簡——』ちくま文庫、一八ページ—一九ページ、冬の章)。

志村　ええ「誕生」ですね。そして「青春、壮年期」がありますね。それは縹でも初々しくて透き通ったような、それから力強い藍、そして段々に濃くなって紺になり濃紺になる。藍の色は、重ねれば濃く深くなるのですが、甕の方は藍分を糸に吸いとられてゆきますから、日に日に淡くなってゆくわけです。それがまた人間の生きて行く姿、老いて行く姿のように思われるのですね。ある日すーっと色がなくなる時など、本当に成仏というような感じがするんです。

宇佐見　特に藍が一番それを感じさせるわけですか。

志村　藍以外はないですね。

（以下略）

色が変わっていくということでは、花の色にも注目しないわけにはいかない。色といえば、空であり、花なのだ。ヘルマン・ヘッセは、晩夏の百日草に特別の魅力を感じていた人だが、彼は百日草の感動的な変色について文章を書いている。

志村ふくみの言葉に生きている色のみごとな風景を見ない人はいないだろう。ある意味では色は生命そのものなのである。色の風景が人間の風景と結ばれるのである。

(2001. 3. 5)

ミレー「晩鐘」1857—59年
油彩、カンバス、55.5×66 cm、パリ、オルセー美術館

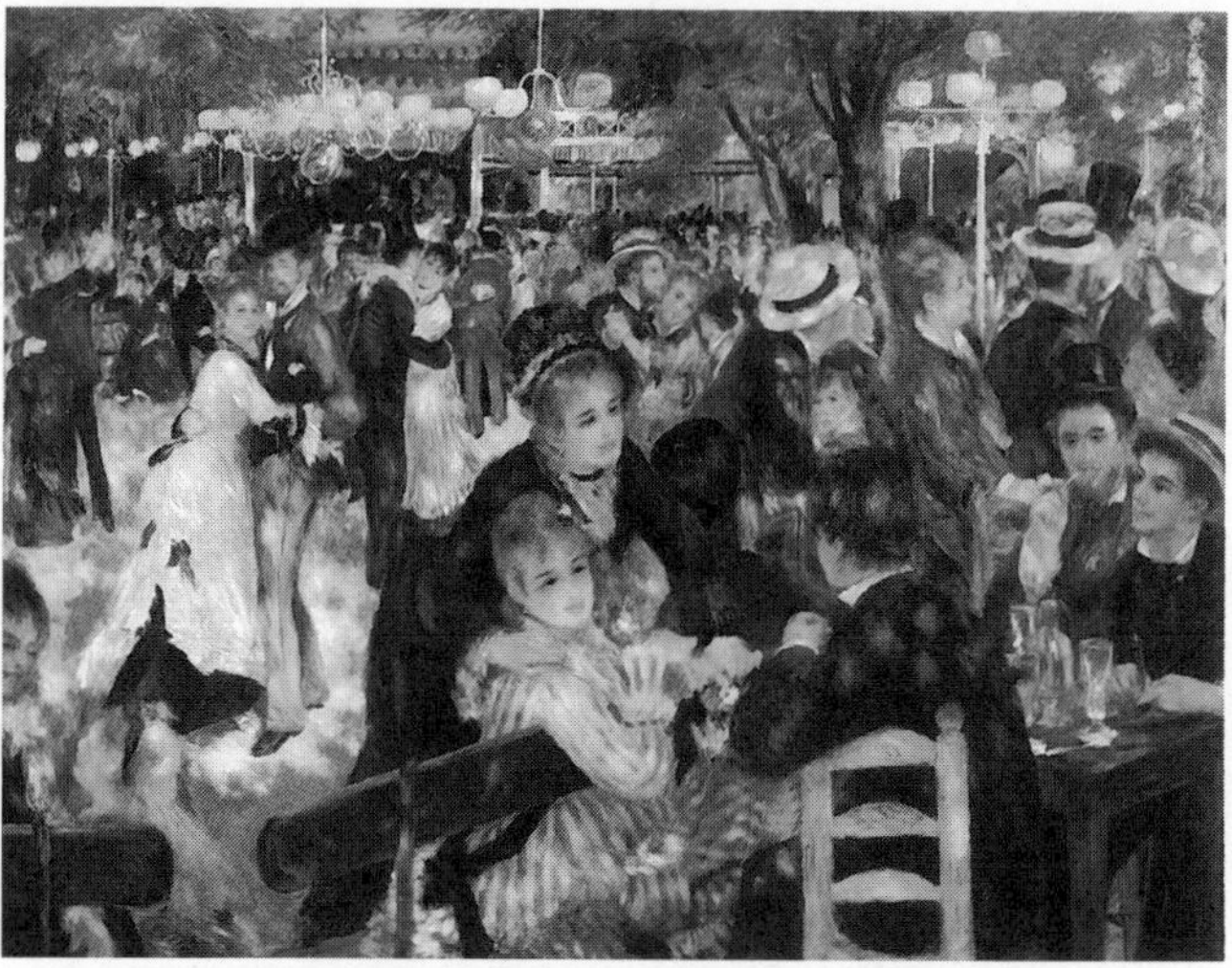

ルノワール「ムーラン=ド=ラ=ギャレット」1876年
油彩、カンバス、131×175 cm、パリ、オルセー美術館

エピローグ

人がほかの人たちといっしょに暮らして、好意の気持で結ばれているときは、自分に存在理由があると自覚しているし、また自分が全く役立たずの、余計者ではなくて、多分なんらかの役に立つ人間だと感じている。人はお互い同士を必要とし、お互いを同じ「旅の道づれ」にしているからだ。しかし、慎しみのある自尊心はまたほかの人たちとの関係に大いに依存している。

君に言っておこう、僕は今言った犬の小道を選ぶ、僕は犬であり続ける、僕は貧乏になる、僕は画家になる、僕は人間であり続けたい、自然の懐に入って。

——ゴッホ

『ファン・ゴッホの手紙』二見史郎編訳、圀府寺司訳、みすず書房、三八ページ、一八七九年八月一五日ごろ、テオ宛の手紙、ボリナージュ、一六一ページ、一八八三年一二月一七日ごろ、テオ宛の手紙、ニュネン生物が生きてゆくということは、つまり世界を形作ることである。生物が生きているとは、つまり生命が環境を形作ることである。（中略）環境は生命なくして環境ではない。環境と生命とは対立し、生命は環境ではなく環境は生命ではないが、環境なしに生命はなく、生命なしに環境はない。（中略）機能的とは生命的であることであり、生命的とは環境を生命化すること、環境を形成することである。環境なくして生命は無い。

——西田幾多郎

『西田幾多郎全集　第十四巻』岩波書店、二七六ページ、信濃哲学会のための講演、五　歴史的身体（昭和一二年九月二五、二六の両日長野市女子専門学校講堂に於いて信濃哲学会会員のための講演）　旧かなづかいを新かなづかいに改める

きみのからだ、それはきみの唯一の宝だ。人間になるためにはながいこと生きねばならない。人はゆっくりと、友情と愛情の網を編んでいくものだ。ゆっくりと学び、ゆっくりと仕事をしあげていく。あまりにもはやく死ねば、その貯えも無駄になろう。自己を完成するには、ながいこと生きなければならない。

——サン＝テグジュペリ

『サン＝テグジュペリ著作集6　人生に意味を』みすず書房、渡辺一民訳、一四三ページ、血ぬられたスペイン

モーリス・メルロ＝ポンティが見るところでは、〈意味〉というものは、単に言語や政治的・宗教的諸制度のなかを貫いているばかりではなく、血族関係・施設・風景・生産など、一般に人間的交渉のあらゆる様式のなかをも貫いているのである（M・メルロ＝ポンティ、滝浦静雄・木田　元訳『眼と精神』みすず書房、二四四ページ、哲学をたたえて）。人びとがそこで生きている世界は、根底的には自然的世界として理解されるが、大自然によって包みこまれるような状態で、人間はさまざまなトポスや道を築き、共同生活を営みながら、相互に支え合うようにして、人生の日々を生きてきたのである。生成／存在として、また、個人、人物 person 、主体、自己、自我 self 、なによりも身体として理解される人間のアイデンティティ（存在証明／自己同一性）は、日常生活のさまざまな場面で、人びとにとって問題だったといえるだろう。デルポイの神殿の銘〝汝自身を知れ〟――この銘文は、これまでの時代、時代において、多くの人びとによって注目され、考察されてきたが、自分自身を知る（見る・理解する）ためには、人間の生活と生存の舞台と領域である世界、人間にとっては根底的なトポスというべき世界に、身辺に、ここやそこに、生活と生存の地平に、注目して、世界と人間についての理解を深めないわけにはいかないのである。自覚と自己反省、内省は、また、記憶は、人間のアイデンティティの中枢をなすものといえるだろうが、人間は堅く閉ざされた殻のなかに引きこもった状態で生きてきたのではなく、人びとのなかで、人びとのかたわらで、道具や作品とともに、さまざまな風景のなかで、多元的現実を体験しながら、日常生活を、アイデンティティを、築きつづけてきたのである。人生を旅するためには、支えやよりどころとなるもの、対象や客体、トポス、重要な他者、信頼できる人びと、さまざまなシップ、それによって生活や行動・行為・進路などが意味づけられる（方向づけられる）ところの何かあるものが必要とされてきたのである。

日々はただ流れ過ぎていくものではないだろう。人生を生きるということは、痕跡や記録や刻印を世界に残していくということではないだろうか。生活の記録に無関心というわけにはいかないだろう。生きるということは、生活の舞台を整え、トポスとコスモスを築きつづけるということではないだろうか。カントは、空間と時間を感性の形式と呼んでいるが、人間・時間・空間について、さまざまな世界体験のなかで、持続的に理解を深めていきたいと思う。人間は自然のふところの深いところで生きているが、人びとがそこで生きている世界は、意味の網の目（文化）ともいうべき世界なのであり、意味のなかで、自然と意味によって包みこまれた状態で、人間の生活が築かれつづけているのである。生活体験は世界体験なのであり、このような体験こそ、人びとにとっては、大切なよりどころであるはずだ。心身・身心をどのようにして支えながら、どのように方向づけていくか、どのようにして自分自身の居場所、また、広い意味での居場所、まさにトポスを見出していくか、築いていくか、ということに私たちは、心をくだかないわけにはいかないだろう。

日常生活はあくまでも現実的であり、徹底的に実践的だが、日々の生活にどのようにして夢や希望や楽しみを見出していくか、どのようにして生活感情を豊かに養っていくか、ということが、人生の旅びとに求められているのではないかと思う。生きがいがある日々と自己実現のために、生存感を深めていくために、私たちには持続的な努力が必要とされるのである。

ショーペンハウアーは、人間を形而上学的動物《アニマール・メタフィジクム》と呼ぶ。人間を除いて、いかなる生物も自分自身の存在について驚くものはないのであり、人間は自分の存在を自明視することはなく、自分自身が何であるかについて自問するのである。理性に裏づけられた思慮と驚きとともに人間だけに固有な形而上学の欲求が成立する、とショーペンハウアーはいう（『ショーペンハウアー全集5　意志と表象としての世界・続編Ⅰ』塩屋竹男・岩波哲男訳、白水社、二七〇ページ―二七一ページ、参照）。ショーペンハウアーの表現だが、動物たちは現在にのみ生きるのであり、人間は現在と同時に未来にも過去にも生きるのである。

――「人間を規定するのは現在に左右されない抽象的な概念である。（中略）動物は感覚し直観する。人間は、さらにそのうえ思考し、知る」。（『ショーペンハウアー全集2　意志と表象としての世界・正編Ⅰ』斎藤忍随、ほか訳。九八ページ―九九ページ）――「動物は死においてはじめて死を知る。人間は刻々意識しながら死に近づく」。（同書、一〇〇ページ）ショーペンハウアーによれば、人間は熟慮された計画を遂行し、格律に従って行動するのである。彼は、つぎのような言葉を残している。――「われわれ自身が生への意志なのである。だからこそわれわれは、よかろうと、悪かろうと生きなければならないのである」。（『ショーペンハウアー全集6　意志と表象としての世界・続編Ⅱ』塩屋竹男、ほか訳、八六ページ）

人間――「生への意志」（ショーペンハウアー）、また、人間――「死への存在」（ハイデッガー）人生はまるごと生そのもののように思われるが、人生は初めから死によって貫かれているのであり、死によって意味づけられているということを人生の旅びとである誰もが認めないわけにはいかないだろう。

「作られたものから作るものへと動き行く世界の極限に於て、作られて作るものの頂点として人間といふものが現れるのである。人間は何處までも無限に深い歴史的バラストを脱することは出来ない。又之を脱すれば、人間といふものはなくなるのである」。これは、西田幾多郎の言葉だが、彼は、動物と人間を対極的に位置づけたうえで、「我々は日常生活に於てかゝる生命の極限に立つ時のみ、真に人間であるのである。（中略）行為的直観的に創造的なるかぎり、生命が生きて居るのである。私が日常性的生活を具体的と云ふのは、その因習的自動的なるを以てではない。それが歴史的生命としていつも絶対に面して居るが故である」と述べている。西田においては、制作と実践は、感性的・人間的活動として理解されているのである。西田がいうところの実在界は、制作的実践の世界にほかならない（『西田幾多郎全集 第九巻』岩波書店、五三ページ、四八ページ、四九ページ、哲学論文集 第三、一 人間的存在、『思想』第一九〇号、昭和一三年三月）。——「人間は人間自身によって生きるのではない、又それが人間の本質でもない。人間は何處までも客観的なものに依存せなければならない。自己自身を越えたものに於て自己の生命を有つ所に、人間といふものがあるのである。（中略）創造的世界の創造的要素として制作的・創造的なる所に、我々の真の自己というものがあるのである」。（同書、六一ページ—六二ページ、一 人間的存在）

主体と環境——西田幾多郎のパースペクティヴと方法において注目さるべきモチーフ、主題領域のひとつである。——「真の環境とは個物相互限定の世界、私の所謂世界でなければならない。（中略）主体的形成といふものなくして環境といふものはない」。（同書一〇二ページ、哲学論文集 第三、二 歴史的世界に於ての個物の立場）西田が歴史的世界というとき、そのような世界は、社会的、人格的、創造的世界なのであり、表現的世界なのだ。——「何等かの意味に於てそれ自身が世界でない社会といふものはないのである」。——「社会は何處までも深く個人を媒介することによってそれ自身が世界となり、我々は何處までも社会を媒介とすることによって世界を映すと云ふことができる」。（同書、一二一ページ、二）西田幾多郎は、あくまでも具体的な歴史的・社会的自己、まさに行為的・制作的自己に注目している。彼が用いている言葉ではないが、このような自己を日常的自己、生活主体、生活者と呼んでもさしつかえないだろう。西田は、プラクシス（行為／実践）とポイエシス（制作／創造）のなかで生きている社会的人間をふまえて世界と現実を理解しようと試みたのである。――「併し具体的人間としては、我々は制作的・行為的として歴史的・社会的世界に生れ来るのであり、何處まで行ってもか丶る立場を脱するものではない」。――「社会的科学の世界と云ふのは、ポイエシス的自己即ち人間を世界の中に置くことによって考へられるのである」。(同書、二〇七ページ、三　絶対矛盾的自己同一、二八七ページ、四　経験科学)

人間と世界――このふたつの言葉とともに人間の生活が、世界の諸様相が、また、社会が、さらに風景が、大地が、姿を見せる。日常生活と風景、しかも人間の風景が、クローズ・アップされてくるのである。人間にとって世界は対象ではなく、舞台であり、生活と生存の領域、おおいなるトポスなのだ。生活をもつ風景――これは日本画家、鏑木清方の表現だが、人間の生活と姿が、そこはかとなく漂っている風景、日常生活がどことなく滲み出ている風景は、私たちにとって気がかりな、魅力的な風景ではないだろうか。人間それ自体が、このうえなくみごとな眺め、風景として視野に浮かび上がる場合がある。いたるところ風景、まさに風景は、いずこにおいても、人間の生活・生存圏となっているのであり、シェイクスピアが、すべてこの世(世界)は舞台といった、そのような舞台は、ときところを問わず、風景、風景的世界として立ち現れているのである。風景は、人間の生活の舞台背景ではない。舞台そのものなのだ。私たちは、人びとをただ風景としてしか眺めているわけではない。〈まなざし〉や言葉や手などによって、人間と人間とのあいだに、さまざまなコンタクトやコミュニケーションが生まれるのである。だが、人間は、まちがいなくみごとな風景なのだ。人間は、いつも風景のすばらしい点景であり、大きな風景なのだ。一人の人物がそこに姿を現したとき、あたりの様子が、状況が変わってしまう。人間とは気配そのもの、雰囲気的なものなのである。

場面は変わるが、あるとき、永井荷風は、東京の団子坂にあった森　鷗外の居宅、観潮楼を訪れる。部屋に通された荷風は、鷗外が現れるのを待つ。荷風は、音色の深い上野の鐘を聴く。永井荷風の『日和下駄』の第九、崖に見られる一シーン（『荷風随筆集　日和下駄　他十六篇』上、野口冨士男編、岩波文庫、八四ページ）。

私は振返って音のする方を眺めた。千駄木の崖上から見る彼の広漠たる市中の眺望は、今しも蒼然たる暮靄に包まれ一面に煙り渡った底から、数知れぬ灯火を輝し、雲の如き上野谷中の森の上には淡い黄昏の微光をば夢のように残していた。私はシャワンの描いた聖女ジェネヴィエーブが静に巴里の夜景を見下ろしている、かのパンテオンの壁画の神秘なる灰色の色彩を思出さねばならなかった。

ところは、パリ、セーヌ左岸にいくらか小高いトポス、聖ジュヌヴィエーヴ山がある。山とはいっても起伏が体験される丘である。この地にパリ名所のひとつパンテオンがある。パンテオンの上の階で目にすることができる作品、それが、シャヴァンヌ（荷風はシャワン、という）の絵「聖女ジュヌヴィエーヴ」である。荷風のパリ体験にこの絵が入っている。リルケがロダンのもとに身を寄せたりして、また、パリの市街地のいくつかのトポスで生活したことがあるが、リルケもこの絵を目にしている。さきの鏑木清方のエセー「月の絵（一）」（昭和一一年九月）に見られる文章をここに紹介したいと思う（『鏑木清方随筆集——東京の四季』山田　肇編、岩波文庫、一九七ページ—二〇一ページ）。

都会の夜があかるくなって、月の光は昔に比べるとずっと弱くなってしまっている。思い出は昔室町で見たまるい月。（中略）

欠けてゆく月、まるくなってゆく月、七日、八日、また十六夜を越して急に欠けてゆく下弦の月、冬木立にかかったのなど寂しさを越してもの凄くさえも見える。そんなのはどうかすると芝居では見る、絵ではあまり見かけない。

聖ジュヌヴィエヴ巴里を護る、シャヴァンヌの、高層の楼に聖女がつつましく立つ、巴里の上に照る月、思い切って絵の上方に高く澄んだ月。昔私はあの月が好きで、居室の壁に複製のものをかけていた。そういえば絵にした機会はたんとはないが私は月夜が好きだ。

月の光がだんだん冴えて来ると、二階の欄干に凭れたままで何を考えるともなしに、いつまでも眺めあかすことも珍らしくはない。

月の光によって画面に輝きがもたらされている。市街地を囲むパリの市壁が姿を覗かせている。トポスの絵だが、描かれた人物、聖女ジュヌヴィエーヴの姿が印象的だ。建築の縦横それぞれのラインによって、画面が引きしめられている。端正な構図だ。ここからそこへ、かなたへ、パースペクティヴ（遠近・眺望・視野）が体験される。地平線がこの絵の深さと広がりを示している。月はまことにみごとなワン・ポイントとなっている。聖女ジュヌヴィエーヴの〈まなざし〉は、いったい何に注がれているのか。

パリ、セーヌ左岸、パンテオン、
シャヴァンヌ「聖女ジュヌヴィエーヴ」1898年

鏑木清方の生活空間、壁にシャヴァンヌのこの絵が飾られていたことが分かるが、京都にあった西田幾多郎の書斎の壁には、レオナルド・ダ・ヴィンチの「洗礼者ヨハネ」が飾られていたのである。さまざまな自然光があるが、絵画作品において体験されるさまざまな光がある。光によって、色彩によって、コンポジションやマチエールやタッチなどによって、さまざまなシュポール（カンバスや紙などをさす、支持体である）が、ふたつとない世界、みごとなトポスとなっているのである。光や色彩やタッチなどによって、平面が意味づけられているのである。レオナルドに見られる上方からの光は、「洗礼者ヨハネ」の画面においても体験される。

堂々としたシュポール、地底の大地の壁、絵画史を飾っているアルタミラやラスコーの洞窟壁画がある（口絵、アルタミラの壁画、参照）。

エマニュエル・レヴィナスによれば、思考や意欲や感情は、知性からはどれほど隔たったものであっても、なによりもまず経験であり、直感であり、生まれ出ようとしている明らかなヴィジョンあるいは明るみなのだ。レヴィナスは、「世界の存在は光によって特徴づけられている」と述べている（エマニュエル・レヴィナス、西谷　修訳『実存から実存者へ』講談社学術文庫、八八ページ―八九ページ、九一ページ、参照）。人びとがそこで生きている世界も、絵画も、光によって息を吹きかえすのである。ただし、あまりに強烈な光のもとでは、視覚はうまく働かない。明暗の適度なバランス、適度な光度、暗がり、これらのいずれもが、日常生活の舞台と場面では必要とされるのである。暗い空間との対比において、対比をとおして、明るい空間が立体的な世界として現れる、といったミンコフスキー、だから、われわれは、どんなことがあっても、明るい空間のために暗い空間の豊かさ、詩情、生、神秘を諦めようとは思わない、とミンコフスキーが文章を綴っている(ミンコフスキー、中村雄二郎・松本小四郎訳、人文書院、一七一ページ、14　ランプに灯をともす)。

天と地のあいだ、誕生と死のあいだ、喜びと苦しみのあいだ、行為と言葉のあいだ、このようなさまざまな間を世界と呼んだ人物がいる。ハイデッガーだ。彼は、世界を死すべき者たちが居住する家と呼ぶ（『ハイデッガー全集　第13巻　思惟の経験から　第1部門　既刊著作（一九一〇―七六）』東　専一郎ほか訳、創文社、一七四ページ――一七五ページ、ヘーベル――家の友、一九五七年、芝田豊彦訳、参照）。

自然と人間とのあいだには、形が介入している、芸術作品を空間の尺度、形と呼んだアンリ・フォシーヨンは、このようにいう。フォシーヨンのつぎのような言葉がある（アンリ・フォシーヨン、杉本秀太郎訳『形の生命』岩波書店、二〇四ページ、形にかかわるところは、一二〇ページ、参照）。

それまでにはどこにもなかった宇宙をつくり出しながら、手はその宇宙のいたるところにみずからの手型をのこす。手は素材ときそってその素材を変貌させ、形ときそってその形を変容させる。人間をみちびきながら、空間、時間、いずれの場においても、手は人間をどこまでもつらねてゆく。

絵画を光と色と形とコンポジション、タッチ、マチエールによって意味づけられた人間の手型と呼ぶことができるだろう。画面のどの片隅にも人間の〈まなざし〉が住みついているのだ。どのような絵画であろうと、絵画は、全面的にプラクシス、ポイエシスであり、〈まなざし〉であるとともに手型なのだ。そして絵画は、身体の全面的展開、ふたつとない世界となった人間のアイデンティティ、彩られた形として理解されるスペクタクル、描き手、その人自身なのである。絵画とは浄められた視界なのだ。だが、画面で体験される音もある。絵画は、人間の風景なのである。モーリス・メルロ＝ポンティは、絵画についてつぎのような言葉を残している（M・メルロ＝ポンティ、滝浦静雄・木田　元訳『眼と精神』二六三ページ、眼と精神）。

たとえ絵画がいかなる文明のなかで生まれ、いかなる信念、いかなる動機、いかなる思想、いかなる儀式によって囲繞されていようとも、そして見たところそれが他のものへ捧げられているかに思える時でさえ、ラスコー以来今日まで、およそ絵画は、純粋であろうと不純であろうと、具象的であろうとなかろうと、〈可視性〉の謎以外のいかなる謎をも祭りはしなかったのである。

おそらく誰もが体験していることではないかと思われるが、絵画は目の楽しみや喜びにつきるものではないだろう。絵画体験は、全身にくまなく波及するまことに深い世界体験なのだ。どのようなモチーフやスタイルの絵であろうと、絵画は、人間の生活環境、さまざまなトポスに花開いた人間の風景なのである。ラスコーの洞窟壁画についてのメルロ＝ポンティのみごとな言葉を紹介したいと思う（同書、二六一ページ、眼と精神）。——「ラスコーの洞窟に描かれている動物は、石灰岩の亀裂や隆起がそこにあるのと同じようなふうにそこにあるわけではない。といって、それらの動物がどこか〈ほかのところ〉にいるというわけでもない。この動物たちは、それらが巧みに利用している岩の少し手前、あるいはその少し奥に、しかもその岩によって支えられながら、そのまわりに放散しており、目に見えないその繋索を引きちぎることはないのだ」。

ヨーロッパの各地で体験することができた数々の絵画作品が、クローズ・アップされてくる。建築空間を飾っていた壁画や天井画の記憶がよみがえる。各地の美術館やギャラリーなどで目に触れた時代、時代の絵画作品がある。想像力の躍動、しなやかな、あふれるばかりのヴィジョンと呼びたくなるような絵がある。迫力十分な絵もある。掌中の花といいたくなるような絵がある。視界をはるかに超越しているような絵もある。

絵画とは空間の拡張、深化であり、トポスの創造なのである。どのような絵であろうと、絵画は、パースペクティヴ（遠近・眺望・視野）そのものだ。それは対象との真剣な戯れではないかと思う。絵を見るということは、光や色彩や形と戯れながら、いままで眺めたことがない世界の光景（スペクタクル）を一巡しながら、散策することなのである。絵を見ていると、また、絵を描いていると、何かあるものが見えてくる。絵画とは光や色や形の出現なのだ。描き手の目に実際に触れた対象だけが描かれたわけではない。実際にはそれを眺めることができなかったモチーフであっても、イメージしながら、見ることができなかった対象が制作されたことは、珍しいことではなかった。絵画をあえて観察力と想像力、表現力と呼ぶこともできるだろう。

ヴェネツィアで見ることができたティントレットの数々の絵がある。また、ローマのヴァチカンでシスティーナ礼拝堂を訪れて目にすることができたミケランジェロの絵画作品がある。絵画をみごとな宇宙と呼びたくなるようなすばら

ミケランジェロ「アダムの創造」
ローマ、ヴァチカン、システィーナ礼拝堂

しいトポスが体験されたのである。身体の拡張、いわくいいがたい展望――絵画体験をこのように呼びたいと思う。

抽象絵画の扉を開いたカンディンスキーは、あるとき、モスクワの展覧会で見ることができたモネの絵について文章を残しているが、その絵を見たとき、初めのうちは、いったい何が描かれているのかよく分からなかった、と記している。その絵は、実は積み藁が描かれた絵だったのだが、カンディンスキーは、このときの絵画体験から対象がなくても、絵画が制作されるということを学んだのである。印象派の画家、モネの一点の絵にカンディンスキーの制作活動のひとつの契機が見出されることに注目したいと思う。絵画によってその扉が開かれる世界があることは疑い得ない。

ミケランジェロの絵の一シーン、システィーナ礼拝堂の天井画のなかでも名高い作品、「アダムの創造」――神の手が、アダムの手にいま、まさに触れるかと思われるシーンが描かれている。指先のドラマといってもよいだろう。緊張感に富んだ時間のドラマといえるような作品だ。〈まなざし〉のドラマだ。手と手、指と指が触れ合うところこそ、もっとも注目に値する凝縮された人間の風景ではないだろうか。手からスタートする世界と世界像がある。ミケランジェロのこの指と指のシーンにさきのカンディンスキーが注目している。

ヤン・ファン・アイクの絵画「アルノルフィニ夫妻の結婚」（一四三四年、ロンドン、ナショナル・ギャラリー）――この絵には円形の鏡が描かれている。注目したい鏡だ。鏡面は画面となっており、そこに描かれたトポス、部屋がある。人物も描かれている。そして描かれた二人のそれぞれの手。手と手である。二人の手に私たちは、魅力的な人間の風景を眺めることができるだろう。人間の手は、私たちの誰もが、それを見つづけないわけにはいかないその人自身の、まさに人間の全体像であり、人間のみごとな風景なのである。

ヤン・ファン・アイク「アルノルフィニ夫妻」
ロンドン、ナショナル・ギャラリー

これまで何度か旅したヨーロッパ各地の風景が、つぎつぎに思い出される。人間の大地と人間の風景、さまざまなトポスや道から目を離すわけにはいかない。どのような旅であろうと、旅とは並々ならぬ世界体験であり、一日、一日の人生の旅を含めて、すべての旅は、私たちにとって記憶の大切な道しるべなのである。

ヴェネツィア
運河は水の道、ゴンドラはヴェネツィアの点景だ。

同上
運河に姿を見せているさまざまな橋がある。橋と水と壁、ヴェネツィアの光と影である。

ヴェネツィア
上下二つの写真は一つに結ばれる。あくまでもパースペクティヴと光である。

同上
ヴェネツィアほど人間の風景としての道が印象的なトポスはないだろう。

サン=ジミニアーノ

雪煙りに浮かぶさまざまな塔、林立している塔によって、
丘の上のこの集落はまことに印象深いトポスとなっている。

サン=ジミニアーノの広場

雪の日、人間の姿は見られない。だが、広場も椅子もみごとなまでに人間の風景なのだ。

多摩市と町田市の境界領域、小高い丘の上にまことに美しいキャンパスが姿を見せている。大妻学院の多摩校である。平成一一年四月、一九九九年、大妻女子大学のふたつの新学部が、この地に誕生した。ひとつは、人間関係学部、もうひとつは、比較文化学部。社会情報学部と並んで三学部が、この多摩校のキャンパスにそろったのである。大妻多摩中学・高等学校もこの多摩校のキャンパスにある。中心となっている軸線がみごとな風景となっているキャンパスだ。何層もの階段によって、各平面が立体的にデザインされている。意味づけられている。学園通りの両サイドを飾っている欅並木とこれも両サイドに見られる建築的造形、回廊によってこの立体的なキャンパスでは筋が通った、調和がとれた美しい風景が体験される。平面図を見ると、このキャンパスは、ハープの形を示している。ギリシア語では、小高い場所をアクロポリスという。一九九九年四月から、幸いなことに人間関係学部の一教員として、教育と研究にたずさわってきたが、私は、このキャンパスを多摩のアクロポリスと呼んでいる。

大妻コタカ先生が好んでおられた花は百合の花である。千代田校、このトポスには大妻コタカ先生を記念する記念館がある。一階が展示室となっており、その片隅に日常生活の舞台となっていた先生の居間が復元されている。この居間の片隅に鏡台が置かれている。鏡台の鏡面をおおっている前垂れの布には、百合の花がデザインされている。よほど百合の花がお好きだったのだろう。

大妻コタカ先生を偲んで、多摩校の人間関係学部棟の前庭には百合が植えられている。百合の花が咲く季節が訪れると、色とりどりの百合の花によって私たちの目が慰められる。

二〇〇二年四月、人間関係学部は、めでたく完成年度を迎え、キャンパスは賑わいを見せている。一年生、二年生、三年生、四年生と四学年がそろい、私はうれしさを感じながら、晴ればれとした幸いな日々を過ごしている。日頃、私を支えて下さっている方々すべてに、また、学生一人、一人に心から感謝したいと思う。

大妻学院の理事長、中川秀恭先生、大妻女子大学学長、佐野博敏先生、大妻学院の常任理事、澤田　徹先生、常任理事、長岡晃夫先生、事務局、事務部の方々、人間関係学部の教員、助手の方々に心から感謝の意を表し、厚くお礼を申し上げたいと思う。

このたびのこの作品の出版にあたっては、三和書籍の高橋　考氏、また、羽毛田顕吾氏にたいへんお世話になったことをここに記して、厚くお礼の言葉を申し述べさせていただきたいと思う。一点の作品の出版は、まことに幸いなことであり、この幸いに感謝するとともに、できれば、さらに先へと進みたいと希望している。

日常生活をともにしている家族のことが、いつも私の心にかかっている。手厚いサポートによって、今日の日を迎えることができた。妻、秀子と若い研究者でもある美穂に感謝したい。ふたたび、三人で海外を旅したいと思う。私たち三人は、ドイツの研究者、ペーター・ルックナー博士のお誘いもあって、二〇〇一年の暮れから二〇〇二年の年頭まで、ドイツ、チェコ、オーストリアを旅することができたが、マールブルク、アイゼナッハ、ワイマール、ライプツィヒ、ハレ、そしてプラハ、ウィーン各地の日々が、なつかしく回想される。つぎの機会にこの旅について書きたいと思う。ペーター・ルックナー博士とご家族の方々に心から感謝の意を表したい。ドイツの雪を思い出す。

若き日、三木 清が留学したマールブルク大学、その頃、ハイデッガーが、この大学で教壇に立っていたのである。一泊しただけだったが、このマールブルクは、私自身のうちに深く根をおろしている。

私の念頭にいつもあるホーフマンスタールの言葉をここに記して、この作品の筆をおくことにしたい（ホーフマンスタール、檜山哲彦訳『チャンドス卿の手紙 他十篇』岩波文庫、一三〇ページ、詩についての対話）。

マールブルク（絵はがき）

自分自身を見いだそうとするのなら、内面へおりてゆく必要はないのだ。自分自身は外部に見いだすことができる、外部に。ぼくらの魂は、実体をもたない虹に似て、とめがたく崩れゆく存在の絶壁のうえにかかっているのだ。ぼくらの自我をぼくらは所有しているわけではない。自我は外から吹き寄せてくる。久しくぼくらを離れていて、そして、かすかな風のそよぎにのってぼくらに戻ってくるのだ。じつにそれが——ぼくらの「自我」なるもの！

私たちは、マールブルクの町並や建築を体験し、また、ラーン河の河畔に出て、マールブルクの風景と風情を楽しんだのである。

ここにささやかな道しるべを築くことができたことは、私自身にとって幸いなことである。社会学的人間学への道をたどっていきたいと思う。

二〇〇二年八月一六日

東京・町田にて　　　山岸　健

イタリア、サン=ジミニアーノ
ホテル・ベル=ソッジォルノの客室の窓から、トスカーナの丘の風景

多摩市唐木田 2-7-1
大妻女子大学人間関係学部、研究室の窓から、多摩丘陵と谷戸の風景
この風景――市域は町田市

——ルノワールの〈まなざし〉
141　サン＝ルイ島——アンリ・ルソーとともに
142　ブランクーシと石、無限柱
143　道の表情について
——パリ、ベンヤミン、ホーフマンスタール
144〈まなざし〉——パリ、ボージュ広場
145　パリのキャフェ
146　エッフェル塔
147　パリのメトロ
148　バルザック
149　街路/パサージュ
——ベンヤミンのアプローチ
150　杖——パリでのベンヤミン展
151　パリ/風景/遊歩者
——ホーフマンスタールとベンヤミン
152　サン＝ラザール駅
153　ウェルギリウスの蜜蜂/ミシュレ
——ペール・ラシェーズにて
154　空
155　リュクサンブール公園——荷風、生きた詩

Ⅸ　道と人間、人間の生活

156　地図と風景
157　道の歴史
158　道しるべ
159　坂道
160　七二会
161　道端/庚申塚/七二会/トポス
162　雪道——日本人の色彩感
163　旅は道連れ世は情——蔵内数太と社会学

Ⅹ　自然と人間と人間の生活と

164　ヘルマン・ヘッセと雲の眺め
165　青い空——阿多多羅山
166　虹
167　鶴見川
168　千曲川
169　薔薇——匂いと香り
170　世界の匂い——デュアメルとミンコフスキー
171　水中花
172　雪
173　雪野
174　冬場・雪国と雪
175　ふるさと
176　水田
177　八海山/山本山

Ⅺ　絵画と人間

178　絵画と呼ばれる人間の営み、試み
179　芸術と人間、そしてプルースト
180　絵画の驚き——〈まなざし〉のドラマ
181〈まなざし〉と花と宝石と——絵画のエッセンス
182　人間の風景、風景的世界の光景
——レオナルドと「モナ・リザ」
183　花
184　家族的現実/繭あるいは巣、揺藍
——ピーテル・デ・ホーホの絵
185　都市景観——ウィーンの場合
186　水と花のオフェーリア
——サー・ジョン・エヴァレット・ミレーの
シェイクスピア
187　向きとパースペクティヴ
——顔と目・瞳・〈まなざし〉と耳
188　ゴッホ「じゃがいもを食べる人びと」
189「種まく人」とゴッホ
190　色/藍

——庶民の生活の情景、風景
71「朝夕安居」/昼の景色と夕景
72 乱歩とロビンソン・クルーソー
73 三宅一生の空間と時間——衣服·服装のドラマ
74 陶芸作品

Ⅵ トポスの様相

75 漱石——馬場下、界隈
76 武蔵野へ——独歩と渋谷
77 山小屋——山林弧棲の光太郎
78 三角は飛ぶ——クローデルと柳田国男
79 なまこ壁——三田の山/演説館
80 大都市の風貌と町の姿/道路社会学
——奥井復太郎のアプローチと景観論
81 島・地域性、都市へのアプローチ
——奥井復太郎のパースペクティヴ
82 天使のラッパ——デュアメルと尾崎喜八
83 住宅地——丁字と会話
84 屋根裏部屋
85 窓/ピクチャー・ウインド
86 リューベックとトーマス・マン
——精神的生活形式としての
87 公園をめぐって——客観的精神
88 食料品売場/市場
89 中庭、住吉の長屋——安藤忠雄のアプローチ
90 家、その内部と外部——ふたたび住吉の長屋
91 故郷の断片——“原風景”/こども
92 原っぱ——原風景をめぐって

Ⅶ 旅をめぐって

93 ペイネ、恋人たち
94 ベルナール・ビュッフェ
95 いわさきちひろ——紫色/こども
96 安野光雅の画風
97 上野駅
98 蒸気機関車
99 駅舎と待合室
100 道と山——風景の様相
101 浄瑠璃寺
102 塔——佐原六郎先生と西脇順三郎先生
103 仏頭と仏手
104 若草山
105 阿修羅とともに
106 京都、太秦、広隆寺の仏像
107 修善寺
108 鎌倉、新緑
109 花野
110 ボタンヅル/旅人のよろこび
——西脇順三郎、英文学と雑草
111 石
112 日時計/回想
113 ヘルダーリンのテュービンゲン
114 アクロポリス/アテナイ
115 トスカーナ TOSCANA
116 トスカーナの丘、多摩の丘
117 ヴェネツィア
118 ヴェネツィア——イマージュの都市
119 風景の眼——ヴェネツィア/バラージュ
120 シチリアへ——時の香り
121 プロヴァンス/讃歌
——ジャン・グルニエとともに
122 LA MIRANDE——アヴィニョンで
123 ペトラルカとヴァントゥウ山
124 ジャン=ジャック・ルソー
——水と緑とすばらしい景色
125 ル・モン=サン=ミッシェル
126 フォンテーヌブローの森
——ミシュレとともに
127 コンブレーのふたつの散歩道
——イリエ=コンブレー
128 シャルトル
——ステンドグラスと「日時計の天使」
129 ジヴェルニーのモネ
130「鳥の群れ飛ぶ麦畑」——ゴッホの空と麦畑、道

Ⅷ パリ——スペクタクルとパースペクティヴ

131 パリ
132 ポスターのパリ/パリのポスター
133 パリ——パースペクティヴⅠ
134 パリ——パースペクティヴⅡ
135 パリ——パースペクティヴⅢ
136 パリ——パースペクティヴⅣ
137 パリ——パースペクティヴⅤ
138 パリ——パースペクティヴⅥ
139 マネのパリ/パリの生活と風俗
——パースペクティヴⅦ
140 ポン・ヌフ、パリ

I　谷戸の風景

1　1999年、谷戸の煙
2　土——畑と谷戸と土手
3　〈からきだの道〉
4　畑
5　新緑の谷戸
6　緑、そして新緑
7　谷戸と山ノ端
8　大地と谷戸

II　晴れの日

9　開学式——1999年11月6日
10　紅白の幔幕
11　卒業式
12　地鎮祭
13　辞令伝達式——2001年4月2日

III　人間について

14　人間
15　人生の旅びと、人間
16　人間の生活
17　人間と人間——さまざまなシップ
18　人間的秩序
19　教育について
20　バルザックと人間学
21　人びとのなかで、他者にたいして
22　誕生日——1月26日

IV　人間と生活と

23　戴帽式
24　贈物——カーネーションの日
25　ジンメルの〈まなざし〉とアプローチ
26　人間と人間の関係の諸様相
——ジンメルの〈まなざし〉
27　人間
28　歩く
29　街頭風景——ポーの群集の人
30　孤独と群集と
31　手のスペクタクルとドラマ
32　人間の手——ヴァレリー、そして
33　人間の手
34　右手と右手——人間と社会の原風景
35　芸術——中原中也の芸術論ノート
36　視覚と触覚、救いの手
37　耳——寅彦/コクトオ/大学
38　携帯電話と人間
39　声
40　漱石
41　世の中に住む/漱石
42　義務と好意——漱石、修善寺の記憶
43　木曜会——友情の交響楽
44　西田幾多郎とドストイェフスキイ
——人間の理解をめぐって
45　人間存在——和辻哲郎のアプローチ
46　故郷——花鳥山水風月
47　われ思う、ゆえにわれあり　cogito, ergo sum
48　人間の社会——コントとアラン
49　記念と回想——コント、アランとともに
50　生活世界の諸様相——フッサールと
51　西部劇、映画「真昼の決闘」
52　映画「真昼の決闘」
——人間関係のドラマ、時間のドラマ

V　日常生活の場面

53　ホモ・エスペランス——生活の場面と人間
54　生活/パースペクティブ
55　暮らしの場面——言葉と行為
56　開放的な都市、閉ざされた町
57　秘密の生活——デカルト/グルニエ
58　晩夏、記憶のスクリーン
——ヘルマン・ヘッセとともに
59　少年、トゥリヨ——ヘッセの幸福感
60　食事の場面と文化——ジンメルの視点
61　食事について——ベンヤミンとともに
62　明るい空間と暗さの体験
63　夜の音——七二会小学校、学級通信「峠」
64　台所の音——幸田露伴と幸田　文
65　公共空間と音——車内広告「気をつけて、音《ね》」
66　横浜線
67　昭和館
68　釣堀
69　市人の暮らし
——鏑木清方のモチーフとアプローチ
70　清方の「朝夕安居」/朝

わたしによれば、思考する人間とは運動している人間である。

人間たちはかならず関係しあっている。他人への信頼と希望なしに、ひとはこの世でなにがなしえよう。

ピラミッドは死の表徴である。（中略） ギリシアの神殿は生命の表徴である。

蜜蜂が巣をつくるからといって、彼らが社会を作っているとは言えない。共同作業はまだ社会ではない。社会をつくり出すのは、記念碑的建物、記録文書、要するに、コントの有名な表現にしたがえば、死者が生者を支配しなければならない。ただし、ここをよく理解していただきたい。遺伝される構造によってではなく、神殿、道具、図書館といった衣装によって。伝統はものであって観念ではないのだ。

建築物は主として、それが訪問者のうちに刻み込む運動というものによって定義される。

それは、人間が大いなる出会いを経験した際の、その人間のある身体の姿勢と、ある内的気分以外なにものをも表現してはいない。

道具はわれわれに思考の余裕を与えてくれる手足のようなものだ。

アラン

アラン、山崎庸一郎訳『プロポ 1』みすず書房、197 ページ、亡霊、219 ページ、三つの対神徳、319 ページ、ギリシアの神殿、330 ページ、習慣と衣装、350 ページ、凹凸のない画像、373 ページ、信念

【項目一覧】

フランス、シャルトル大聖堂にて

山岸　健（やまぎし　たけし）
1934 年11月 7 日、新潟県長岡市に生まれる。
1957 年 3 月、慶應義塾大学文学部卒業（社会学専攻）。
1962 年 3 月、慶應義塾大学大学院社会学研究科社会学専攻博士課程修了。
1967 年 9 月～ 1968 年 9 月、イギリス留学。
1973 年 9 月、社会学博士。
1976 年 4 月、慶應義塾大学文学部教授、1999 年 3 月まで在職する。慶應義塾大学名誉教授。
1999 年 4 月、大妻女子大学人間関係学部教授。
〔研究領域〕社会学的人間学、社会学理論・学説、日常生活の社会学、文化社会学、都市論、風景論、絵画論、生活空間論。
〔著書〕『都市構造論　社会学の観点と論点』慶應義塾大学出版会（1974 年 4 月）、『レオナルド・ダ・ヴィンチ考　その思想と行動』NHK ブックス 207、日本放送出版協会（1974 年 5 月）、『社会的世界の探究　社会学の視野』慶應義塾大学出版会（1977 年 5 月）、『日常生活の社会学』NHK ブックス 309、日本放送出版協会（1978 年 2 月）、『社会学の文脈と位相　人間・生活・都市・芸術・服装・身体』慶應義塾大学出版会（1982 年 10 月）、『風景的世界の探究　都市・文化・人間・日常生活・社会学』慶應義塾大学出版会（1992 年 7 月）、『風景とはなにか　都市・人間・日常的世界』NHK ブックス 673、日本放送出版協会（1993 年 10 月）、『絵画を見るということ　私の美術手帖から』NHK ブックス 786、日本放送出版協会（1997 年 7 月）、『人間的世界と空間の諸様相　人間／人間関係／生活／文化／東京／風景／絵画／旅／社会学』文教書院（1999 年 4 月）、『人間的世界の探究　トポス／道／旅／風景／絵画／自己／生活／社会学／人間学』慶應義塾大学出版会（2001 年 10 月）。
〔共著〕（山岸美穂と共著）『日常的世界の探究　風景／音風景／音楽／絵画／旅／人間／社会学』慶應義塾大学出版会（1998 年 5 月）、（山岸美穂と共著）『音の風景とは何か　サウンドスケープの社会誌』NHK ブックス 853、日本放送出版協会（1999 年 6 月）ほか。
〔編著書〕奥井復太郎著　日本都市学会編『都市の精神　生活論的分析』日本放送出版協会（1975 年 11 月）、『現象学的社会学　意味へのまなざし』三和書房（1985 年 4 月）ほか。

日常生活と人間の風景　社会学的人間学的アプローチ

2002 年 10 月 1 日　初版第 1 刷発行

著　者　　山岸　健

発行者　　高橋　考

発行所　　**三和書籍** *Sanwa Co., Ltd.*

〒 112-0013　東京都文京区音羽 2 - 2 - 2
電話　03-5395-4630　FAX　03-5395-4632
sanwa@sanwa-co.com　http://www.sanwa-co.com/

印刷／製本　株式会社平河工業社

ISBN4-916037-48-0